JN299903

# 土木職公務員試験
## 過去問と攻略法

― 水理学・構造力学・土質力学 ―

山本 忠幸・金光 寿一・峯岸 邦夫 著

共立出版

# まえがき

　平成24年度より，多様な人材の確保，新たな人材供給源の対応，能力・実績に基づく人事管理への転換などを理由に，国家公務員採用試験の受験要領が従来のⅠ，Ⅱ，Ⅲ種試験から総合職，一般職試験へと様変わりした．

　新制度の一般職における土木系の専門試験では，旧制度45問に対し40問が出題される．出題分野は表のとおり旧制度とまったく同様である．全出題数40問において，工学に関する基礎科目の占める割合は50％と旧制度と比べ大きく増加した．

| 出題分野 | 工学に関する基礎<br>（数学・物理） | 構造力学・水理学<br>土質力学・測量 | 土木材料・土木<br>設計・土木施工 | 土木計画 | 環境工学<br>衛生工学 |
|---|---|---|---|---|---|
| 出題数<br>（旧制度） | 20<br>(13) | 11<br>(17) | 3<br>(5) | 4<br>(7) | 2<br>(3) |
| 出題率％ | 50 | 27.5 | 7.5 | 10 | 5 |

　基礎科目以外の土木専門科目の出題数20問に対し，水理学（Hydraulics）・構造力学（Structural mechanics）・土質力学（Soil mechanics）の占める割合は，旧制度同様50％と高く，土木でいわれている「水・材料・土」の3つの基礎力学（3cs）の出来，不出来で合否が決まると考えられる．したがって，これらの攻略がKey Pointになるため，本書は「ESSENCE & PRACTICES」として，最近出題された国家Ⅰ種，Ⅱ種問題，さらにはオリジナル問題を多用して，やさしく解説したものである．

　過去5年間（平成19年〜23年度）の出題傾向は次のようである．

　水理学は各種断面に作用する静水圧，流れの基礎原理であるベルヌーイの定理，管水路におけるエネルギー線および動水勾配線，開水路における比エネルギー・常流・射流，不等流の水面形である．

　構造力学はトラス部材の軸力，静定・不静定梁の反力・せん断・曲げモーメント・たわみ，柱の座屈である．

　そして土質力学は，土の基本的性質，土の圧縮性と圧密，土の強さ，土圧と

斜面の安定，地盤材料試験と地盤調査法である．

　本書の対象は，試験区分として一般職を受験する大学，高専，専門学校で土木を履修した学生である．しかしながら，総合職に挑戦する院生，大学生にもSTEP-UP として基本的な事項を確認する意味で本書は活用できる．さらに，地方公務員の上級（1類），中級（2類）試験および企業への就職試験を受ける学生にも本書は必携と考える．

　執筆は水理学が山本，構造力学が金光，土質力学を峯岸がそれぞれ担当し，全体の調整は山本が行った．本書の刊行に当たり，数多くの文献・資料を参考にさせていただいた．これらの図書の関係各位に，厚く謝意を表する次第です．また，本書の出版および編集に際しては，共立出版(株)の瀬水勝良氏に全面的な協力をいただいた．厚くお礼申し上げたい．

　最後に，本書が大学，高専，専門学校などで土木を修めた学生が社会に巣立つための最初の通過点もしくは試練を，少しでもクリアーする一助となれば望外の幸いである．

　　2013 年 4 月

　　　　　　　　　　　　　　　　　　　　　　　　　　　　著　者

# 目　次

## 第Ⅰ編　水理学

| | | | |
|---|---|---|---|
| 第1章 | 国際（SI）単位 | （要点・例題・チャレンジ） | 2 |
| 第2章 | 静水圧 | （要点・例題・チャレンジ） | 4 |
| 第3章 | 浮体の安定 | （要点・例題・チャレンジ） | 11 |
| 第4章 | 相対的静止の水面形 | （要点・例題・チャレンジ） | 15 |
| 第5章 | ベルヌーイの定理 | （要点・例題・チャレンジ） | 19 |
| 第6章 | 運動量の法則 | （要点・例題・チャレンジ） | 24 |
| 第7章 | 小孔口からの流出 | （要点・例題・チャレンジ） | 29 |
| 第8章 | 管水路の流れにおけるエネルギー線と動水勾配線 | （要点・例題・チャレンジ） | 33 |
| 第9章 | 開水路の等流 | （要点・例題・チャレンジ） | 41 |
| 第10章 | 開水路の常流，射流 | （要点・例題・チャレンジ） | 46 |
| 第11章 | 開水路の不等流水面形 | （要点・例題・チャレンジ） | 52 |
| 第12章 | 地下水の流れ | （要点・例題・チャレンジ） | 59 |
| 第13章 | 相似則 | （要点・例題・チャレンジ） | 62 |
| 第14章 | その他の関連出題 | （例題） | 65 |

## 第Ⅱ編　構造力学

| | | | |
|---|---|---|---|
| 第1章 | 構造物の静定と不静定の判別 | （要点・例題・チャレンジ） | 70 |
| 第2章 | 各種梁の反力，断面力 | （要点・例題・チャレンジ） | 73 |
| 第3章 | トラス部材応力 | （要点・例題・チャレンジ） | 89 |
| 第4章 | 断面二次モーメント | （要点・例題・チャレンジ） | 93 |
| 第5章 | 組合せ部材応力 | （要点・例題・チャレンジ） | 98 |
| 第6章 | 座屈荷重 | （要点・例題・チャレンジ） | 105 |
| 第7章 | 影響線 | （要点・例題・チャレンジ） | 109 |

第 8 章　たわみおよびたわみ角　　　　　（要点・例題・チャレンジ）　119

## 第Ⅲ編　土質力学

第 1 章　土の基本的性質　　　　　　　　（要点・例題・チャレンジ）　140
第 2 章　土の中の透水と毛管現象　　　　（要点・例題・チャレンジ）　150
第 3 章　土の圧密現象　　　　　　　　　（要点・例題・チャレンジ）　156
第 4 章　土の強さ　　　　　　　　　　　（要点・例題・チャレンジ）　165
第 5 章　土　圧　　　　　　　　　　　　（要点・例題・チャレンジ）　173
第 6 章　斜面の安定　　　　　　　　　　（要点・例題・チャレンジ）　185
第 7 章　地盤の支持力　　　　　　　　　（要点・例題・チャレンジ）　192
第 8 章　地盤改良　　　　　　　　　　　（要点・例題・チャレンジ）　196
第 9 章　地盤材料試験および地盤調査法　（要点・例題・チャレンジ）　199

チャレンジ問題の解答 …………………………………………………… 203
索　引 …………………………………………………………………… 249

# 第Ⅰ編

# 水理学

# 1　国際（SI）単位

## 要　点

　単位には**絶対単位**と**重力（工学）単位**がある．絶対単位は質量（gr），長さ（cm），時間（sec）を基本とした **CGS 系単位**と，質量（kg），長さ（m），時間（sec）を基本とした **MKS 単位系**とがある．特に，MKS 系の力の単位は，ニュートンの法則から質量（$M$）1 kg の物体に 1 m/sec² の加速度（$g$）を与える力（$F$）をとり，これを 1 ニュートン（N）とする．

$$F = Mg = 1^{kg} \times 1^{m/sec^2} = 1 \text{ kg·m/sec}^2 = 1 \text{ N}$$

重力単位である重さ（$W$）の 1 kgf は，**重力加速度** $g = 9.8 \text{ m/sec}^2$ とすると

$$W = 1 \text{ kgf} = 1^{kg} \times 9.8^{m/sec^2} = 9.8 \text{ kg·m/sec}^2 = 9.8 \text{ N}$$

　以上のように，絶対単位のうち MKS 単位を拡張し，国際的に統一した単位を**国際単位**（**SI 単位**，International System of Unit）という．表 1.1 は SI 単位と重力単位の関係を示している．

　なお，1 m² の単位面積当たりに 1 N の力が働く場合の圧力を 1 Pa（パスカ

表 1.1　SI 単位と工学単位との関係

| 物理量 | 重力単位 | SI 単位 |
|---|---|---|
| 力 | 1 kgf | 9.8 N |
|   | 1 tf | 9.8 kN |
| 圧力 | 1 tf/m² | 9.8 kN/m² （9.8 kPa, 98 hPa） |
|   | 1 kgf/m² | 9.8 N/m² （9.8 Pa） |
|   | 1 kgf/cm² | 98 kN/m² （98 kPa） |
|   | 1 kgf/mm² | 9.8 MN/m² （9.8 MPa） |
| 仕事 | 1 kgf·m | 9.8 N·m （9.8 J） |

h：ヘクト，k：キロ，M：メガ

ル），1 N の力で 1 m 移動させる仕事の大きさを 1 J（ジュール），1 sec の単位時間当たり 1 J の仕事（**仕事率**）は 1 W（ワット）である．

水の**単位体積重量** $w_0$ は，**密度** $\rho$，重力加速度 $g$ とすると，次のような関係になる．

$$w_0 = \rho g = 1000 \text{ kg/m}^3 \times 9.8 \text{ m/sec}^2 = 9800 \text{ N/m}^3$$

$$(9.8 \text{ kN/m}^3 \fallingdotseq 10 \text{ kN/m}^3)$$

## 例 題

**1.1** 1 気圧を 1013 hPa として，水深 10 m 地点の**絶対圧力**の強さはいくらか．ただし，淡水の密度を 1000 kg/m³，重力加速度を 9.8 m/sec² とする．

1. 19.8 kPa　　2. 98.3 hPa　　3. 101.3 kPa
4. 161.3 kPa　　5. 199.3 kPa

(**解**)　絶対圧力 ($p'$) ＝大気圧 ($p_0$) ＋ **静水圧（ゲージ圧** $p$）

水深 10 m の静水圧　　$p = \rho g h = 1000^{\text{kg/m}^3} \times 9.8^{\text{m/sec}^2} \times 10^{\text{m}}$

$$= 98000 \text{ kg} \cdot \text{m/sec}^2 / \text{m}^2$$
$$= 98 \text{ kN/m}^2$$
$$= 98 \text{ kPa}$$

したがって，1013 hPa ＝ 101.3 kPa より

$$絶対圧力\ p' = 101.3^{\text{kPa}} + 98^{\text{kPa}} = 199.3 \text{ kPa} \qquad （正解 5）$$

## チャレンジ

(問題 A は国家 II 種程度に対応，
問題 B は国家 I 種程度に対応．
解答は巻末．)

**A.1** 高さ 760 mm の水銀柱の底面の圧力（標準大気圧：1 気圧）を工学単位および SI 単位で示せ．ただし，水銀の比重 13.595 とする．

**A.2** 海水 2 l の質量は 2.050 kg であった．海水の密度 $\rho$，単位体積重量 $w_0$，および比重 $\gamma$ を求めよ．

# 2　静水圧

## 要　点

### (1) 平面に働く静水圧

図 2.1 に示す水中の鉛直平面に作用する全水圧は，この微小部分に作用する**静水圧**（水圧）の合計であり，鉛直板の幅 $B$ とすると微小部分の水圧 $dP$ は

$$dP = w_0 z B dz$$

鉛直板全体に働く**全水圧** $P$ を求めると

$$P = w_0 B \int_{h_1}^{h_2} z\, dz = \frac{1}{2} w_0 B (h_2{}^2 - h_1{}^2) = w_0 \left( h_1 + \frac{h_2 - h_1}{2} \right)(h_2 - h_1) B = w_0 H_G A$$

ここで，$H_G$：水面から鉛直板重心までの距離，$A$：鉛直板の面積．

図 2.1 の水圧台形図から全水圧 $P$ を求めると

$$P = \frac{1}{2} w_0 (h_1 + h_2)(h_2 - h_1) B = \frac{1}{2} w_0 B (h_2{}^2 - h_1{}^2)$$

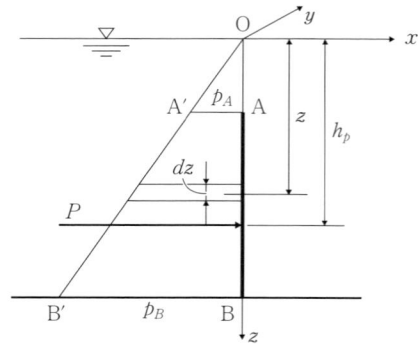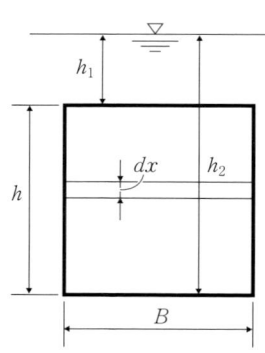

**図 2.1**　水中の鉛直平面に作用する水圧

全水圧の作用する水面からの位置 $h_p$ は，微小部分の水圧と全水圧とについて $y$ 軸に関する力のモーメントを考えると

$$Ph_p = \int_{h_1}^{h_2} zdP = w_0 \int_{h_1}^{h_2} Bz^2 dz = w_0 I_y$$

$\int Bz^2 dz$ は $y$ 軸（水面）に関する断面二次モーメントであるから

$$h_p = \frac{w_0 I_y}{P} = \frac{I_y}{H_G A}$$

鉛直板重心軸を通り，平行な $y$ 軸（水面）に関する**断面二次モーメント**は

$$I_y = I_G + H_G^2 A$$

ここで，$I_G$：鉛直板の重心を通る断面二次モーメント（$I_G = Bh^3/12$）．

上2式より，求める水面からの作用位置は次のようになる．

$$h_p = \frac{I_G}{H_G A} + H_G = \frac{2(h_1^2 + h_1 h_2 + h_2^2)}{3(h_1 + h_2)}$$

作用点は台形の重心の位置であるから，水圧台形図から求めると

$$h_p = h_1 + \frac{h}{3} \times \left(\frac{a + 2b}{a + b}\right) = \frac{2(h_1^2 + h_1 h_2 + h_2^2)}{3(h_1 + h_2)}$$

となり，同様の結果を示す．ここで，$a = w_0 h_1$, $b = w_0 h_2$, $h = h_2 - h_1$.

### (2) 曲面に働く静水圧

曲面に作用する水圧は，水平方向の水圧，すなわち曲面が鉛直面に投影した面に働く水圧と鉛直方向の水圧，すなわち曲面の上にのっている水の重さに等しく，水圧の分力としてそれぞれ求めることができる．

図2.2のようなローリングゲートに働く水平方向の全水圧 $P_H$ はゲート幅1mにつき

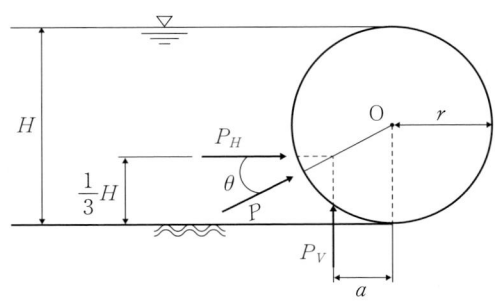

**図 2.2** 曲面に作用する水圧

$$P_H = w_0 A H_G = 2 w_0 r^2$$

鉛直方向の全水圧 $P_V$ は同様に

$$P_V = w_0 V = \frac{1}{2} w_0 \pi r^2$$

ここで，$V$：半円の面積．

合力 $P$ とその方向 $\theta$ は

$$P = \sqrt{P_H{}^2 + P_V{}^2}, \quad \tan\theta = \frac{P_V}{P_H}$$

$P_H$ の作用位置は $y = H/3 = 2r/3$，$P_V$ の作用位置 $a$ は中心 O を支点として力のモーメントを考えると

$$a = \frac{p_H}{P_V}(r-y) = \frac{P_H}{3P_V}r$$

## 例　題

**2.1**　図2.3のように，上端がヒンジ，下端が小さなシル（戸当たり）で固定された高さ2.0 m，幅2.5 mの長方形ゲートがある．ゲートを挟んで左側の水位が6.0 mであるとき，ゲート下端にあるシル（戸当たり）における反力 $R$ として最も妥当なのはどれか．ただし，水の単位体積重量を $10\,\mathrm{kN/m^3}$ とする．　　　　　　　　　　　（H18 国家Ⅱ種）

1.　67 kN　2.　125 kN　3.　133 kN　4.　267 kN　5.　383 kN

**(解)**　ゲートに働く全水圧 $P$ は水圧図の面積として求める．

$$P = \frac{1}{2} \times (40+60)^{\mathrm{kN/m^2}} \times 2^{\mathrm{m}} \times 2.5^{\mathrm{m}} = 250\,\mathrm{kN}$$

$$(P = w_0 H_G A = 10^{\mathrm{kN/m^3}} \times 5^{\mathrm{m}} \times 2.5^{\mathrm{m}} \times 2^{\mathrm{m}} = 250\,\mathrm{kN})$$

全水圧 $P$ の作用位置 $y$ は水圧図の重心より

$$y = \frac{1}{3} \times 2^{\mathrm{m}} \times \left(\frac{2 \times 4 + 6}{4 + 6}\right) = \frac{14}{15}\,\mathrm{m} \quad (\text{ゲート下端から})$$

$$\left(h_p = H_G + \frac{I_G}{H_G A} = 5^{\mathrm{m}} + \left(\frac{2.5 \times 2^3/12}{5 \times (2.5 \times 2)}\right)^{\mathrm{m}} = \frac{76}{15}\,\mathrm{m} : \text{水面から}\right)$$

ゲート取付点を支点として力のモーメントを考えると，反力 $R$ は

$$2R = \left(2 - \frac{14}{15}\right)^m \times 250^{kN}$$

$\qquad R = 133$ kN

（正解 3）

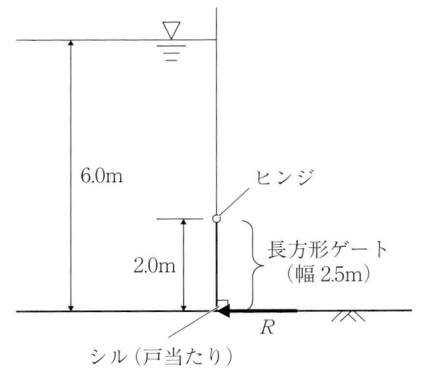

図 2.3

---

**2.2** 図 2.4 のような円弧形のテンターゲートがある．このゲートの単位幅当たりに作用する水圧の合力 $P(kN/m)$ の水平方向成分 $P_x(kN/m)$ と鉛直方向成分 $P_z(kN/m)$ の大きさの組合せとして最も妥当なのはどれか．ただし，水の単位体積重量を $10 kN/m^3$，円周率を 3.1，$\sqrt{3} = 1.7$ とする．

(H19 国家Ⅱ種)

|  | 1. | 2. | 3. | 4. | 5. |
|---|---|---|---|---|---|
| $P_x$ | 180 | 180 | 180 | 360 | 360 |
| $P_z$ | 0 | 33 | 44 | 33 | 44 |

**（解）** 水平方向成分の全水圧 $P_x$ は

$$P_x = \frac{1}{2} \times 60^{kN/m^2} \times 6^m = 180 \text{ kN/m}$$

$P_x$ の作用位置 $y_x$ は

$$y_x = \frac{1}{3} \times 6^m = 2 \text{ m}$$

（テンターゲート下端より）

鉛直方向成分の全水圧 $P_z$ は

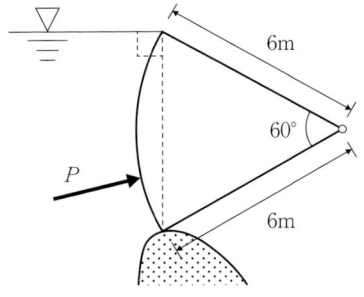

図 2.4

$$P_z = 10^{\text{kN/m}^3} \times \left\{\left(\frac{\pi \times 12^2}{4} \times \frac{60°}{360°}\right) - \left(\frac{1}{2} \times 6 \times 6 \times \sin 60°\right)\right\}^{\text{m}^2} = 33 \text{ kN/m}$$

$P_z$ の作用位置 $y_z$ は O 点を中心にモーメントを考えると

$$y_z = \frac{P_x \times (3 - y_x)}{P_z} = 5.45 \text{ m}$$

合力 $R$ は

$$R = \sqrt{180^2 + 33^2} = 183 \text{ kN/m} \qquad (\text{正解 2})$$

## チャレンジ

**A.3** 図 2.5 のように,河川から取水するため,堤防内に高さ 3.0 m,幅 2.5 m の長方形断面の暗渠を設け,取水口に門扉を取り付けた.このとき,門扉に作用する全水圧はおよそいくらか.ただし,門扉の厚みは無視するものとし,水の単位体積重量を $10 \text{ kN/m}^3$ とする.

(H21, 23 国家 II 種)

1. $4.1 \times 10^2$ kN　2. $5.5 \times 10^2$ kN　3. $7.1 \times 10^2$ kN　4. $8.3 \times 10^2$ kN
5. $1.7 \times 10^3$ kN

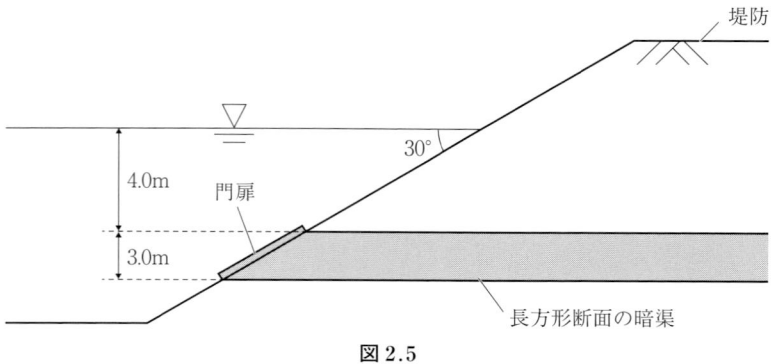

図 2.5

**A.4** 図 2.6 のような 4 つの水門 A〜D がある.これらの水門に作用する全水圧の水平成分の大きさを,それぞれ $F_A$,$F_B$,$F_C$,$F_D$ とすると,これらの大小関係を正しく表しているのはどれか.ただし,水門 A〜D

の奥行き長さはすべて同一とする．また，図の $h$ は水深を示す．

(H15 国家Ⅱ種)

1. $F_A<F_B<F_C<F_D$  2. $F_A=F_B=F_C>F_D$  3. $F_A>F_B=F_C=F_D$
4. $F_A>F_B=F_C>F_D$  5. $F_A>F_B>F_C>F_D$

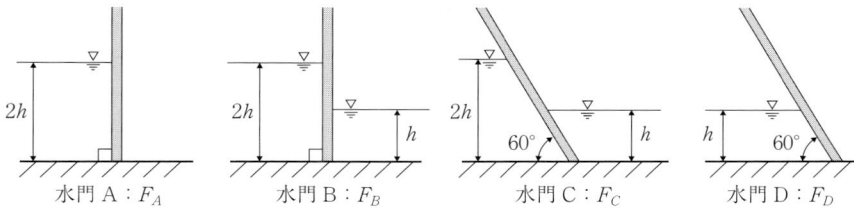

図 2.6

A.5 図 2.7 のような形の板で水をせき止めた．板に作用する水平方向の単位奥行き当たりの全水圧力 $P$ とその水面からの作用位置 $Z$ の組合せとして正しいものはどれか．ただし，水の密度を $\rho$，重力加速度を $g$ とする． (H10 国家Ⅱ種)

|    | $P$ | $Z$ |
|----|----|----|
| 1. | $4.5\rho gH^2$ | $H$ |
| 2. | $4.5\rho gH^2$ | $2H$ |
| 3. | $5\rho gH^2$ | $2H$ |
| 4. | $9\rho gH^2$ | $H$ |
| 5. | $9\rho gH^2$ | $2H$ |

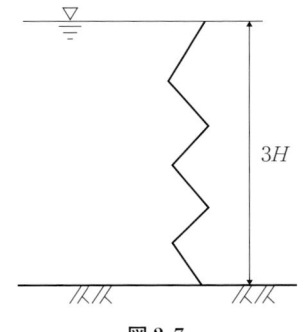

図 2.7

A.6 図 2.8 のようにヒンジのついた止水板で密度の異なる液体が仕切られている．止水板が安定して静止しているとき，$\rho'$ はどれか．

(H13 国家Ⅱ種)

1. $\rho$  2. $2\rho$  3. $3\rho$  4. $4\rho$  5. $8\rho$

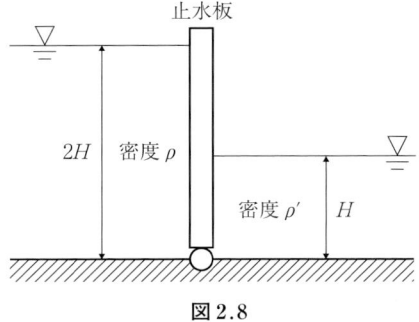

図 2.8

A.7 図2.9のようなテンターゲートにかかる圧力などの数値の組合せとして最も妥当なのはどれか．ただし，全水圧 $P$ の水平成分を $P_x$(kN)，鉛直成分を $P_y$(kN) とし，作用方向は水平面から角度 $\theta$ とする．また，ゲート面は円弧で中心角は 30°，中心までの距離は 10 m，ゲート幅は 2.0 m，水の単位体積重量を 10 kN/m³ とする． (H22 国家Ⅱ種)

|   | $P_x$(kN) | $P_y$(kN) | $\tan\theta$ |
|---|---|---|---|
| 1. | 63 | 30 | 0.47 |
| 2. | 63 | 38 | 0.61 |
| 3. | $2.5\times 10^2$ | 91 | 0.36 |
| 4. | $2.5\times 10^2$ | $1.2\times 10^2$ | 0.47 |
| 5. | $2.5\times 10^2$ | $1.5\times 10^2$ | 0.61 |

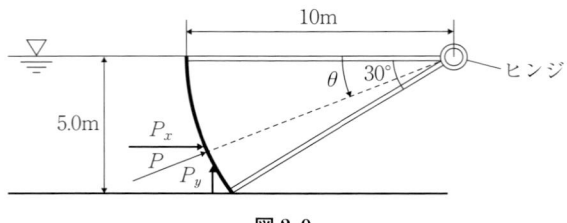

図 2.9

B.1 図2.10のような鉛直止水壁の片側には混じり合わない液体 A，B が2層をなして静止し，その反対側には液体 C が単層で静止している．液体 A，B，C の密度はそれぞれ $\rho$，$3\rho$，$2\rho$ であり，液層 A，B の深さはそれぞれ 1 m である．いま，液体 A と B の 2 層が鉛直止水壁に及ぼす全水圧と液体 C による全水圧が等しくなった．このとき，液体 C 層の深さ $h_3$ として最も妥当なのはどれか． (H17 国家Ⅰ種)

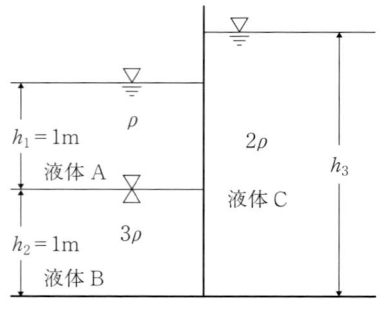

図 2.10

1. $\sqrt{2}$ m　2. $\sqrt{3}$ m　3. 2 m　4. $\sqrt{6}$ m　5. $2\sqrt{2}$ m

# 3 浮体の安定

要　点

　水面に浮かんだ物体が傾いたり，転覆したりしないかどうかという問題を**浮体の安定**という．物体の**重心** G が**浮心** C（喫水体積の重心）より低い場合は，浮体はまったく安定で傾いても常に元に戻る．逆に，重心 G が浮心 C より高い場合には，傾いたときの復元力は物体の重心 G と浮体が傾いたことによる新浮心 C′ の鉛直上方と浮体中立軸との交点である**傾心** M（**メタセンター**）の位置によって決まる．図 3.1 のように傾心 M が重心 G より下方にあれば浮体は不安定状態となり転覆する．（MG＜0）

　ここでは，物体が浮いた場合の**喫水**について調べる．物体の体積 $V$，長さ $L$，単位体積重量 $w$ とすると，図 3.2 より物体の全重量 $W$ は

$$W = wV = wBHL$$

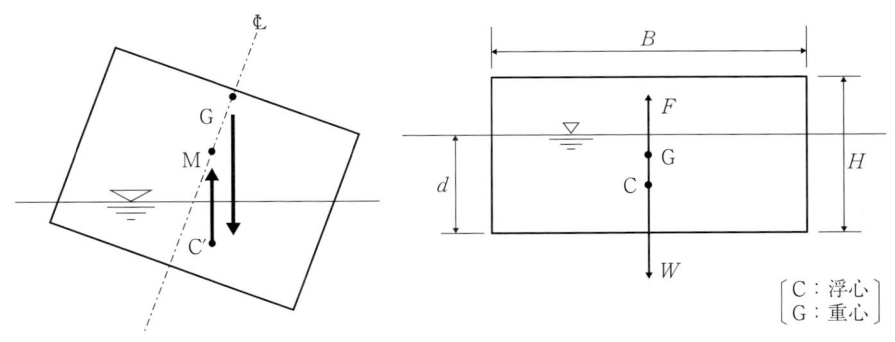

図 3.1　不安定状態 (MG＜0)　　　　　図 3.2　浮　体

物体が受ける浮力 $F$ は，**アルキメデスの原理**より喫水部分に相当する水の重量であるから

$$F = w_0 V' = w_0 BdL$$

ここで，$V'$：喫水部分の体積，$w_0$：水の単位体積重量，$d$：喫水．
したがって，$W = F$ より

$$d = \frac{w}{w_0} H \quad (w/w_0 \text{ は物体の**比重**})$$

## 例 題

**3.1** 図 3.3 のような，幅 $B=4\,\mathrm{m}$，高さ $H=3\,\mathrm{m}$，長さ $l=5\,\mathrm{m}$，比重 $\gamma=0.80$ の三角柱の浮体が水中に浮かんでいる．浮体の重心 G と浮心 C の距離 $\overline{\mathrm{GC}}$ を求めよ．ただし，水の比重を 1，$\sqrt{5}=2.2$ とする．
　1．0.04 m　2．0.14 m　3．0.24 m　4．0.34 m　5．0.44 m

**(解)**
浮体の重量
　$W = \dfrac{1}{2} \times 4^{\mathrm{m}} \times 3^{\mathrm{m}} \times 5^{\mathrm{m}} \times 0.80^{\mathrm{tf/m^3}} = 24\,\mathrm{tf}$
浮体が受ける浮力
　$F = \dfrac{1}{2} \times \left(\dfrac{4}{3}d\right)^{\mathrm{m}} \times (d)^{\mathrm{m}} \times 5^{\mathrm{m}} \times 1^{\mathrm{tf/m^3}} = \dfrac{10}{3}d^2\,\mathrm{tf}$
したがって
　$W = F$ より喫水 $d$ は　$d = \dfrac{6\sqrt{5}}{5} = 2.64\,\mathrm{m}$
浮体の先端からの浮心までの距離
　$\overline{\mathrm{OC}} = \dfrac{2}{3} \times 2.64 = 1.76\,\mathrm{m}$
浮体の先端からの重心までの距離 $\overline{\mathrm{OG}} = \dfrac{2}{3} \times 3 = 2\,\mathrm{m}$
重心から浮心までの距離 $\overline{\mathrm{GC}} = \overline{\mathrm{OG}} - \overline{\mathrm{OC}} = 0.24\,\mathrm{m}$

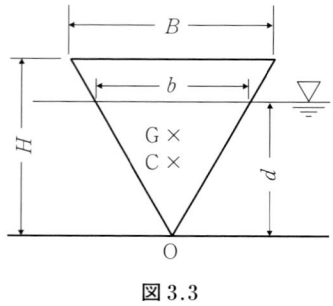

図 3.3

（正解 3）

# 第3章 浮体の安定

## チャレンジ

**A.8** 図3.4のような鉄筋コンクリート製ケーソン（$H$, $L$, $W$を3辺とする直方体から，二つの同じ大きさの直方体をくり抜いた形状のもの）を工場で製作し，施工現場まで海面に浮かせて曳航することとした．このとき，海面より上部に出ている部分の高さ$h$はおよそいくらか．ただし，$H=15\,\mathrm{m}$, $L=30\,\mathrm{m}$, $W=15\,\mathrm{m}$, $T=1\,\mathrm{m}$, 海水の比重を1.02, 鉄筋コンクリートの比重2.4とし，ケーソンの移動及び波浪に伴う影響は無視するものとする． (H20 国家Ⅱ種)

1. 3.8 m  2. 5.0 m  3. 5.4 m  4. 6.4 m  5. 11.2 m

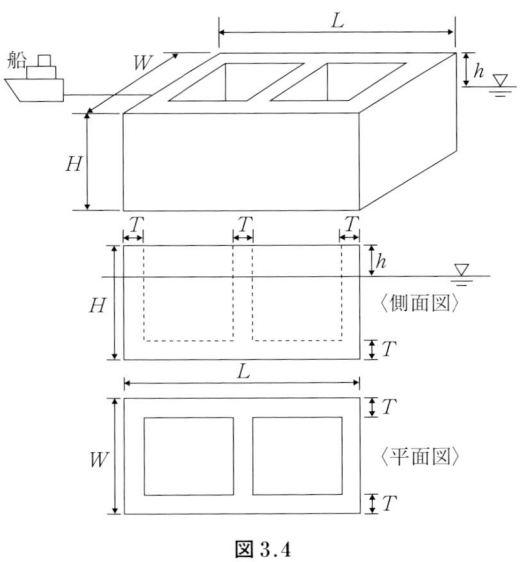

図 3.4

**B.2** 図3.5のように，平面の大きさ$40\,\mathrm{m}\times 20\,\mathrm{m}$，高さ4mのポンツーン（浮桟橋）がある．この上に$5\,\mathrm{kN/m^2}$の上載荷重が満載されたときの$\overline{\mathrm{MG}}$の長さを求め安定度を検討せよ．ただし，ポンツーンの自重を20,000 kN, 重心の高さを底から1.6 mとし，海水の単位体積重量

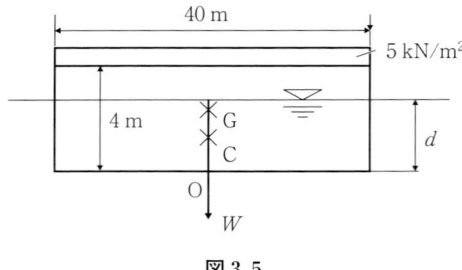

図 3.5

$10\,\mathrm{kN/m^3}$ とする．ただし，上載荷重の厚さは薄く，重心の位置をポンツーン甲板面とする．

1. $\overline{\mathrm{MG}}=0$（中立）
2. $\overline{\mathrm{MG}}=5.31\,\mathrm{m}>0$（安定）
3. $\overline{\mathrm{MG}}=10.61\,\mathrm{m}>0$（安定）
4. $\overline{\mathrm{MG}}=-0.84\,\mathrm{m}<0$（転覆）
5. $\overline{\mathrm{MG}}=-1.68\,\mathrm{m}<0$（転覆）

# 4 相対的静止の水面形

## 要　点

### (1) 水平加速度を受ける水面

水を入れた容器を水平に加速度 $\alpha$ で引張ると，中の水は慣性によって逆向き $\alpha$ の加速度を受ける．したがって，図 4.1 のように**慣性力** $F = m\alpha$ （$m$：水の質量）の力と $W = mg$ の**重力**との合力 $R$ に対し，水面は垂直になろうとする．水面の傾き $\theta$ とすると

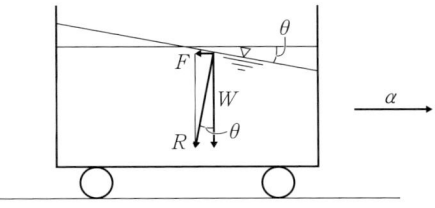

**図 4.1** 水平加速度を受ける水面

$$\tan\theta = \frac{F}{W} = \frac{m\alpha}{mg} = \frac{\alpha}{g}$$

となる．この場合，水は容器に対しては $-\alpha$ の加速度を受けながら静止していることになる．つまり，この状態は**相対的に静止**の状態であるという．

### (2) 回転運動している水面

水を入れた容器が回転して，中の水が全体として回転している場合を考えると，水は**遠心力**を受けて外側に引張られているので，水面は図 4.2 のように遠心力 $C$ と重力 $W$ の合力 $R$ の方向に対して垂直になる．遠心力によって，容器内の水は相対的に静止している状態として考えることができる．

遠心力による加速度は，**回転半径** $r$，**角速度** $\omega$ とすると $\omega^2 x$ で表され，中

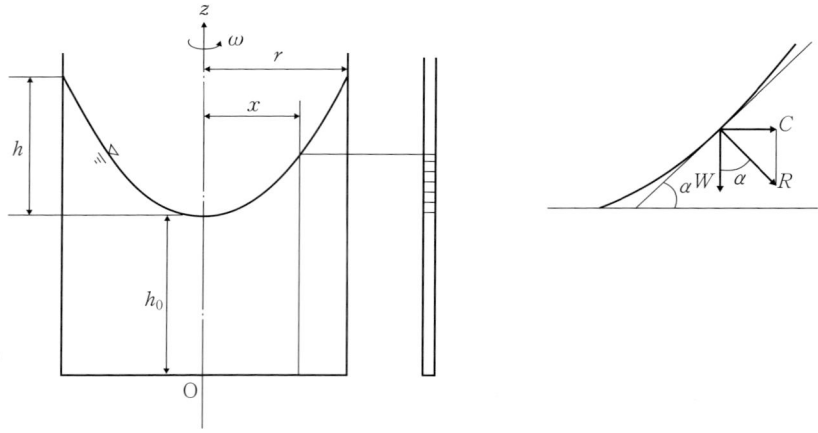

**図 4.2** 回転運動をしている水の水面

心から半径 $x$ の位置の水面の傾き $\alpha$ は

$$\tan \alpha = \frac{F}{W} = \frac{m\omega^2 x}{mg} = \frac{\omega^2}{g}x$$

任意点の水面勾配は，曲線の接線 $\tan \alpha = dz/dx$ で表されるから，これを積分して

$$z = \int \frac{\omega^2}{g} x\,dx = \frac{\omega^2}{2g}x^2 + C = \frac{\omega^2}{2g}x^2 + h_0$$

となる．ここで，中心 $(x=0)$ の水面の位置は $z=h_0$ を示すことになる．したがって，上式は放物線を示し，水面は放物面であることがわかる．

図 4.2 に示す水面の高底差 $h$ は $x=r$ において，$z=h_0+h$ であるから次のようになる．

$$h = \frac{\omega^2}{2g}r^2$$

## 例　　題

**4.1** 図 4.3 のように水を入れた容器を水平と 30° の角をなす斜面に沿って，一定の加速度 $0.5g$ を加えながら引き上げると，水面と水平のなす

角度 $\theta$ はいくらか．

1. $\tan^{-1}\left(\dfrac{\sqrt{2}}{4}\right)$　　2. $\tan^{-1}\left(\dfrac{\sqrt{2}}{3}\right)$　　3. $\tan^{-1}\left(\dfrac{\sqrt{3}}{4}\right)$

4. $\tan^{-1}\left(\dfrac{\sqrt{3}}{5}\right)$　　5. $\tan^{-1}\left(\dfrac{2\sqrt{3}}{3}\right)$

**（解）** 水粒子は重力加速度 $g$ と，左下向きの加速度 $0.5\,g$ を受けることになる．したがって，図 4.4 のように水平方向に作用する力 $F$ は

$$F = 0.5\,g\cos 30° = \dfrac{\sqrt{3}}{4}g$$

鉛直方向に作用する力 $W$ は

$$W = g + 0.5\,g\sin 30° = \dfrac{5}{4}g$$

したがって，水面が水平となす角度 $\theta$ は

$$\tan\theta = \dfrac{F}{W} = \dfrac{\sqrt{3}}{5} \quad \therefore \quad \theta = \tan^{-1}\left(\dfrac{\sqrt{3}}{5}\right)$$

（正解 4）

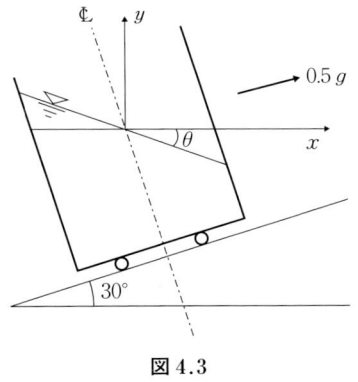

図 4.3

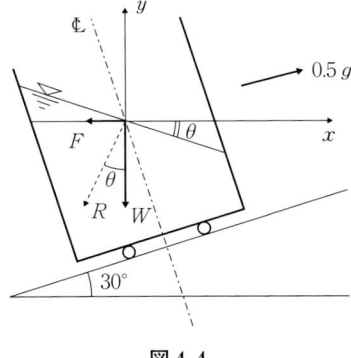

図 4.4

## チャレンジ

**A.9** 図4.5のような半径$R$の円筒形容器に水を深さ$H$まで入れ，中心軸を鉛直にして一定の角速度で容器を回転させる．半径$R$を$r$, $2r$, $3r$と変化させるとき，回転前の水深$H$からのA点における水深の増加分をそれぞれ$h_r$, $h_{2r}$, $h_{3r}$とすれば$h_r : h_{2r} : h_{3r}$は次のどれか．ただし，容器から水はこぼれ出ないものとし，中心軸の水深$h_0$は常に$h_0 > 0$である．
(H11 国家Ⅰ種)

|   | $h_r$ | : | $h_{2r}$ | : | $h_{3r}$ |
|---|---|---|---|---|---|
| 1. | 1 | : | 1 | : | 1 |
| 2. | 1 | : | 2 | : | 3 |
| 3. | 1 | : | 4 | : | 9 |
| 4. | 1 | : | $\sqrt{2}$ | : | $\sqrt{3}$ |
| 5. | 1 | : | $2^{\frac{3}{2}}$ | : | $3^{\frac{3}{2}}$ |

**B.3** 図4.6のように水が入っている角柱容器が水平に対して$\theta$傾いている斜面上を滑り落ちているとき，水平に対する水面の傾き$\alpha$はどれか．ただし，$0 < \theta < 90°$であり，容器と斜面との摩擦および空気抵抗は無視する．
(H10 国家Ⅰ種)

1. $\alpha = \dfrac{\theta}{2}$  2. $\alpha = \dfrac{\sqrt{3}}{3}\theta$  3. $\alpha = \dfrac{\sqrt{2}}{2}\theta$  4. $\alpha = \dfrac{\sqrt{3}}{2}\theta$  5. $\alpha = \theta$

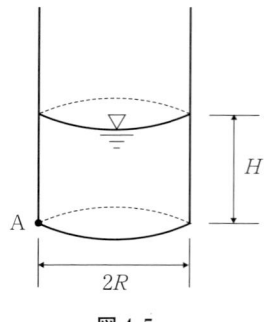

図4.5

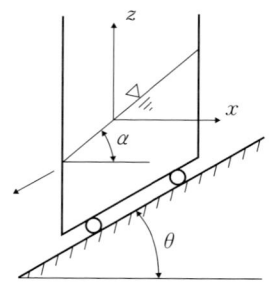

図4.6

# 5　ベルヌーイの定理

## 要　　点

　管を絞ることによって，流速が増加，圧力を低下させて流量を計測する管を**ベンチュリー管**といい，この管に取り付けられた圧力計をベンチュリメータという．いま，完全流体の定常状態における**エネルギー保存則**に従って，図5.1に示すベンチュリー管において流れの各断面の位置，圧力および速度エネルギーの総和は一定であるとした，**ベルヌーイの定理**を適用すると

$$z_1 + \frac{p_1}{w_0} + \frac{V_1^2}{2g} = z_2 + \frac{p_2}{w_0} + \frac{V_2^2}{2g} = \mathrm{const.}\,(一定)$$

ここで，$z$：**位置水頭**，$p/w_0$：**圧力水頭**，$V^2/2g$：**速度水頭**，特に，位置水頭と圧力水頭の和を**ピエゾ水頭**という．

　したがって，水平管なので基準線を管中心に据えて上式を整理すると

$$h = \frac{p_1}{w_0} - \frac{p_2}{w_0} = \frac{V_2^2}{2g} - \frac{V_1^2}{2g}$$

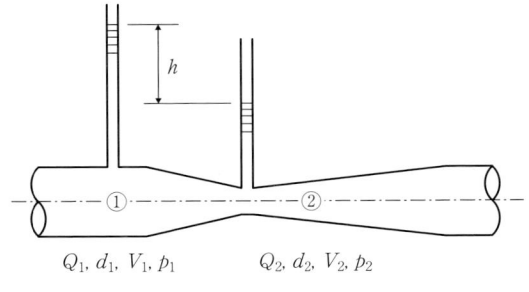

図5.1　ベンチュリメータ

$A_1$, $A_2$ を管断面積として，**水の連続性** $Q_1=Q_2$ から，流速比は

$$V_1 = \frac{A_2}{A_1} V_2 \quad \text{or} \quad V_1 = \left(\frac{d_2}{d_1}\right)^2 V_2$$

以上より各流速は

$$V_1 = \sqrt{\frac{2gh}{\left(\frac{A_1}{A_2}\right)^2 - 1}}, \quad V_2 = \sqrt{\frac{2gh}{1-\left(\frac{A_2}{A_1}\right)^2}}$$

となり，管内の流量は次に示すとおりである．ここで，$C$ は**流量係数**

$$Q = CAV = C\frac{\pi d_1^2}{4} V_1 = C\frac{\pi d_2^2}{4} V_2$$

## 例 題

**5.1** 図5.2のようなベンチュリー管において，流量 $Q$ のときの水頭差が $h$ である．水頭差が $2h$ になるときの流量として最も妥当なのはどれか．ただし，エネルギー損失は無視できるものとする．

(H21 国家Ⅱ種)

1. $Q$　　2. $\sqrt{2}Q$　　3. $2Q$　　4. $2\sqrt{2}Q$　　5. $4Q$

(**解**)　ベルヌーイの定理を適用し，圧力水頭差を $h$ とすると

$$h = \frac{V_2^2}{2g} - \frac{V_1^2}{2g}$$

$Q = A_1 V_1 = A_2 V_2$ であるから，この関係を上式に代入すると

$$\frac{1}{2g}\left\{\left(\frac{Q}{A_2}\right)^2 - \left(\frac{Q}{A_1}\right)^2\right\} = h$$

これより，水頭差 $h$ の流量 $Q_h$ は

$$Q_h = \sqrt{\frac{2gh A_1^2 A_2^2}{A_1^2 - A_2^2}} = A_1 A_2 \sqrt{\frac{2gh}{A_1^2 - A_2^2}}$$

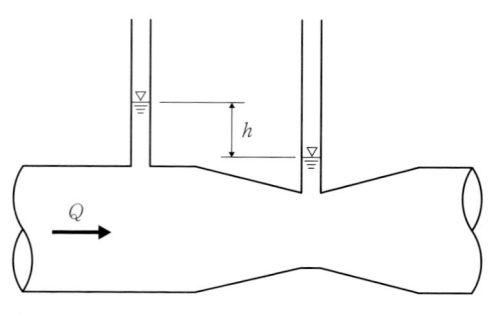

図5.2

水頭差 $2h$ の流量 $Q_{2h}$ は

$$Q_{2h} = A_1 A_2 \sqrt{\frac{4gh}{A_1{}^2 - A_2{}^2}}$$

したがって

$$Q_{2h} = \sqrt{2}\, Q_h \qquad \text{(正解 2)}$$

## チャレンジ

**A.10** 図 5.3 のような，円管部の断面積が $A$ で，狭さく部の断面積が $A/3$ であるベンチュリー管において，円管部と狭さく部の水頭差が $h$ であるときの円管部の流速 $V$ として最も妥当なのはどれか．ただし，エネルギー損失は無視できるものとし，重力加速度を $g$ とする．

(H19 国家 II 種)

1. $\dfrac{\sqrt{gh}}{2}$    2. $\sqrt{\dfrac{gh}{2}}$    3. $\sqrt{gh}$    4. $\sqrt{2gh}$    5. $2\sqrt{gh}$

**A.11** 図 5.4 のように内径 $D_0$ の蛇口より速度 $V_0$ で水が鉛直に流出しているとき，蛇口より下方 $y$ の位置における水流の直径 $D$ はいくらか．ただし，重力加速度を $g$ とする．

(H10 国家 II 種)

1. $D_0 \left(1 + \dfrac{2gy}{V_0{}^2}\right)^{-1/4}$    2. $D_0 \left(\dfrac{2gy}{V_0{}^2}\right)^{-1/4}$    3. $D_0 \left(1 + \sqrt{\dfrac{2gy}{V_0{}^2}}\right)^{-1/4}$

4. $D_0 \left(1 + \sqrt{\dfrac{2gy}{V_0{}^2}}\right)^{-1/2}$    5. $D_0 \left(\dfrac{2gy}{V_0{}^2}\right)^{-1/2}$

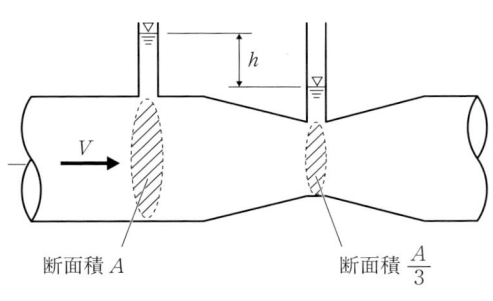

図 5.3

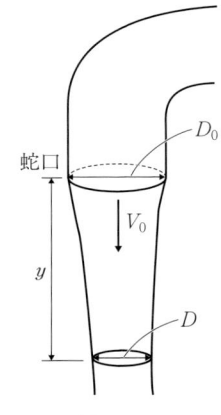

図 5.4

**A.12** 図5.5のような断面積が$A$で，水平に置かれた管路に水が一定量$Q$流れている．この管路の断面 b には弁が付けられており，断面積$B$を変えることができる．いま，断面 b の断面積$B$を$0.5A \sim A$まで変化させる．このとき，断面 a での圧力$p_a$と断面 b での圧力$p_b$の差$\Delta p = p_b - p_a$と断面積の比$B/A$の関係を正しく表しているのは図5.6の1〜5のどれか．ただし，エネルギー損失は無視できるものとする．

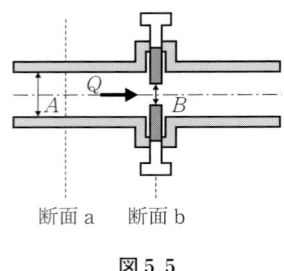

図5.5

(H12 国家Ⅱ種)

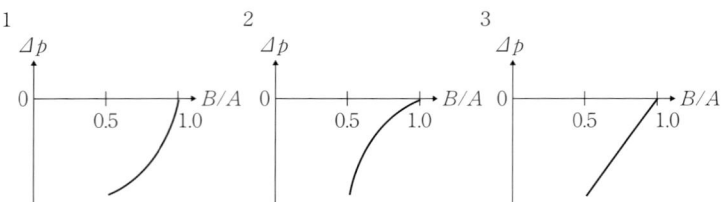

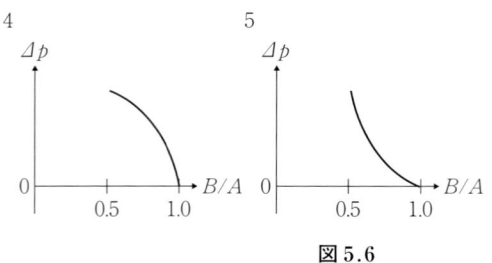

図5.6

**B.4** 図5.7のような異なった径を有した管が水平に置かれている．いま，断面Ⅰが流速$v_1$，圧力$p_1$で水が流れ，出口の断面Ⅲは大気に開放されて，その流速は$v_3$である．そこで，断面Ⅱの下に置かれた水槽からの水の吸い上げ高を$h$にするためには，断面Ⅱの管径$d_2$はいくらにすればよいか．

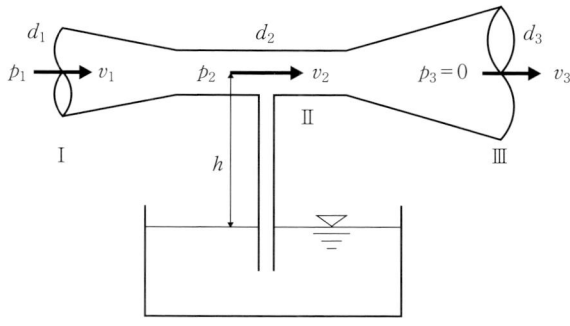

図 5.7

1. $d_2 = \dfrac{d_3}{\left(1+\dfrac{2gh}{v_3{}^2}\right)^{\frac{1}{2}}}$   2. $d_2 = \dfrac{2d_3}{\left(1-\dfrac{2gh}{v_3{}^2}\right)^{\frac{1}{2}}}$   3. $d_2 = \dfrac{d_3}{\left(1+\dfrac{2gh}{v_3{}^2}\right)^{\frac{1}{4}}}$

4. $d_2 = \dfrac{d_3}{\left(1-\dfrac{2gh}{v_3{}^2}\right)^{\frac{1}{4}}}$   5. $d_2 = \dfrac{2d_3}{\left(1+\dfrac{2gh}{v_3{}^2}\right)^{\frac{1}{4}}}$

**B.5** 図 5.8 のような 4 つの水槽からの流出速度の大きさを比較せよ．液体の密度 $\rho_1$，一方の液体の密度 $\rho_2$，重力加速度 $g$ とする．ただし，両者は混合しないものとし，$\rho_2 > \rho_1$ とする．

1. $v_1 < v_2 < v_3 < v_4$   2. $v_1 < v_2 < v_3 = v_4$   3. $v_1 = v_2 < v_3 < v_4$
4. $v_1 > v_2 > v_3 > v_4$   5. $v_4 > v_1 = v_2 > v_3$

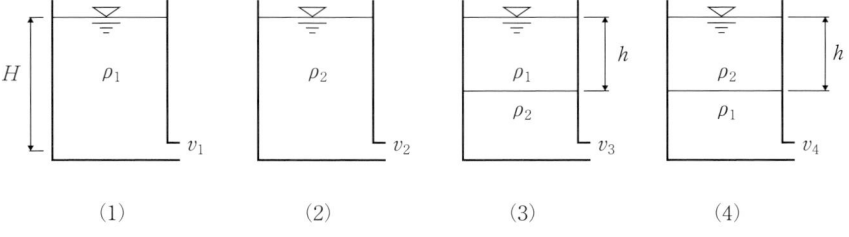

図 5.8

# 6 運動量の法則

## 要　点

　図6.1および図6.2のように，ノズルからの**噴流**が壁に衝突し直角に曲がる場合，または噴流がある角度をもって曲がって流れる場合には，壁や屈曲部に運動量の変化による力が加わる．噴流が直角に曲がる場合の壁に加わる力 $F$ は1秒間で考えると，1秒間の質量 $m$，すなわち，流量 $Q$ で表すと

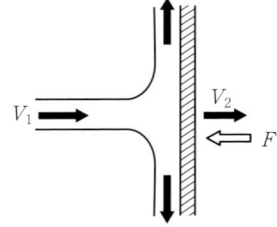

**図6.1**　噴流が垂直壁に作用する力

$$Ft = F = m(V_1 - V_2) = \rho Q(V_1 - V_2) = \frac{w_0 Q}{g}(V_1 - V_2) = \frac{w_0 A}{g} V_1^2$$

これを**運動量の法則**といい，$Ft$ を**力積**という．この場合，壁は後退しない

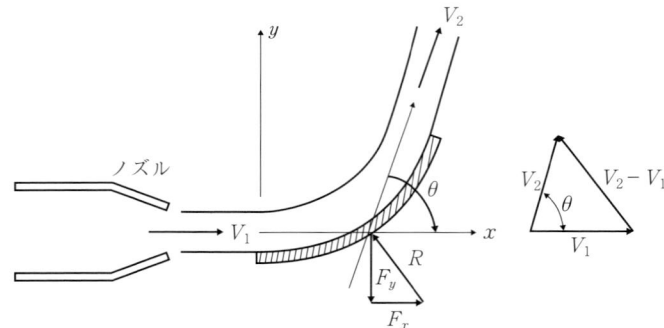

**図6.2**　噴流が湾曲壁に作用する力

($V_2=0$) とする．なお，$Q=AV_1$（$A$：ノズル断面積）である．

次に，噴流が $\theta$ の角度をもって速度が変化して流れていく場合の壁に加わる力 $F$ は，$x$ 方向の速度変化として

$$F_x = \frac{w_0 Q}{g}(V_1 - V_2 \cos\theta) = \frac{w_0 A}{g} V_1(V_1 - V_2 \cos\theta)$$

$y$ 方向の速度変化は

$$F_y = \frac{w_0 Q}{g}(0 - V_2 \sin\theta) = -\frac{w_0 A}{g} V_1 V_2 \sin\theta$$

合力 $R$ は

$$R = \sqrt{F_x^2 + F_y^2} = w_0 Q \sqrt{V_1^2 - 2V_1 V_2 \cos\theta + V_2^2}/g$$

例　題

**6.1** 図 6.3 のように，ノズルから流量 $Q_0$，平均流速 $v_0$ の流体が噴出し，60°の角度で板に当たっており，流量が $Q_1$ および $Q_2$ に分かれ，断面 1 および断面 2 での平均流速がいずれも $v_0$ であるとする．$Q_1/Q_2$（流量配分比）として最も妥当なのはどれか．ただし，流体は完全流体とし，重力の影響は無視する．　　　　　　　　　　　　　　　　（H22 国家 II 種）

1. $(2-\sqrt{3})^2$　　2. $\dfrac{1}{3}$　　3. 1　　4. 3　　5. $(2+\sqrt{3})^2$

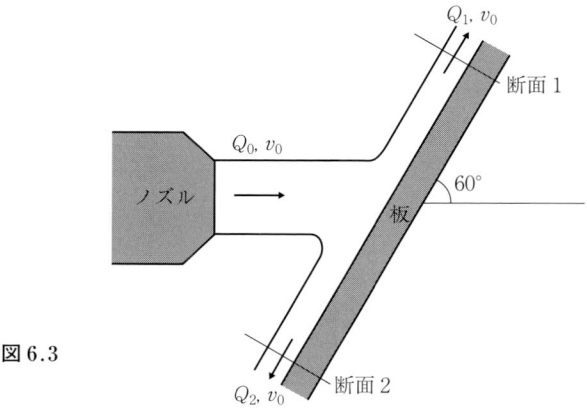

図 6.3

**(解)** ジェットの放出口は大気圧であるから，ベルヌーイの定理より
$$V_0^2/2g = V_1^2/2g = V_2^2/2g$$
したがって，$V_0 = V_1 = V_2$．
壁面に沿った方向の運動量方程式は
$$\frac{w_0}{g}(Q_1 V_0 - Q_2 V_0 - Q_0 V_0 \cos 60°) = 0$$
整理すると
$$Q_1 - Q_2 = Q_0 \cos 60° = \frac{1}{2}Q_0$$
題意より，$Q_0 = Q_1 + Q_2$ を上式に代入すると
$$Q_1 = 3Q_2 \qquad \text{(正解 4)}$$

## チャレンジ

**A.13** 図6.4のように，水槽の側壁の水深 $h$ の位置に直径 $d$ の小孔があり，そこから水が水平方向に噴出している．このとき，水の噴流により壁に対し直交する方向に力 $F$ が作用している．これに関する次の記述の（ア），（イ）に当てはまるものの組合せとして最も妥当なのはどれか．ただし，小孔からの流出量は水槽の容量に対し無視できるものとし，直径 $d$ は水深 $h$ よりも十分に小さいものとする．また，水の粘性は無視し，縮流は生じないものとする．

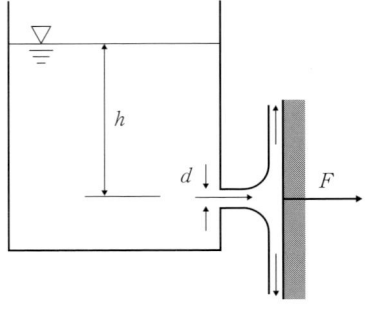

図6.4

(H19 国家 II 種)

① 小孔の直径 $d$ を2倍にしたとき，力 $F$ は（ア）倍となる．
② さらに，水深 $h$ を2倍にしたとき，力 $F$ は①の状態と比べて（イ）倍となる．

|     | （ア） | （イ） |
| --- | --- | --- |
| 1.  | $\frac{1}{2}$ | 2 |
| 2.  | 2 | 2 |
| 3.  | 2 | 4 |
| 4.  | 4 | 2 |
| 5.  | 4 | 4 |

**A.14** 図 6.5 のように，水槽の側壁に直径 $d$ の小孔を水深 $h$ の位置にあけ，そこから水が水平方向に噴出している．このとき，水の噴流により平板に対し直交する方向に作用する力 $F$ に関する次の記述の（ア），（イ）に当てはまる値の組合せとして正しいのはどれか．ただし，$d$ は $h$ よりも十分に小さいものとし，縮流は生じないものとする．また，水の密度 $\rho$ とし，重力加速度を $g$ とする．さらに，水の粘性は無視する．

(H14 国家Ⅱ種)

① 平板を鉛直方向に立てたときの力 $F_1$ は（ア）となる．
② 平板を 60° に傾けたときの力 $F_2$ は力 $F_1$ の（イ）倍となる．

|     | （ア） | （イ） |     | （ア） | （イ） |     | （ア） | （イ） |
| --- | --- | --- | --- | --- | --- | --- | --- | --- |
| 1.  | $\frac{\rho g \pi d^2 h}{2}$ | $\frac{1}{2}$ | 2. | $\frac{\rho g \pi d^2 h}{2}$ | $\frac{\sqrt{3}}{2}$ | 3. | $\frac{\rho g \pi d^2 h}{4}$ | $\frac{1}{2}$ |
| 4.  | $\frac{\rho g \pi d^2 h}{4}$ | $\frac{\sqrt{3}}{2}$ | 5. | $\frac{\rho g \pi d^2 h}{8}$ | $\frac{\sqrt{3}}{2}$ |     |     |     |

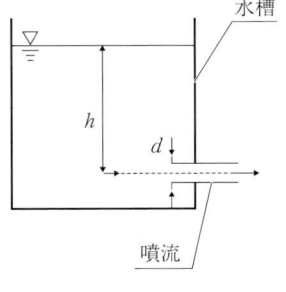
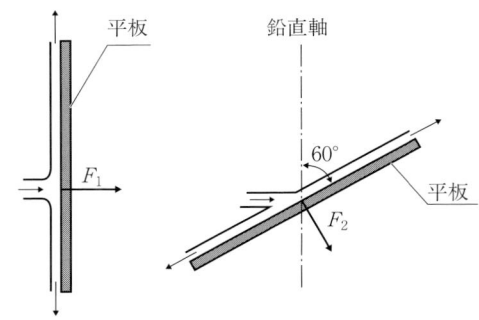

図 6.5

**A.15** 図 6.6 のような直径が $D$ の円管の先に出口直径 $D/3$ のノズルを設けた．円管内の流速が $V$ のとき，断面Ⅰにおける圧力 $P$ 及びノズルに働く力 $F$ はいくらか．ただし，水の密度 $\rho$，重力加速度 $g$ とし，円管壁面における摩擦の影響は無視する．　　　　　　　　　　（H16 国家Ⅱ種）

|   | $P$ | $F$ |
|---|---|---|
| 1. | $40\rho V^2$ | $4\rho\pi D^2 V^2$ |
| 2. | $40\rho V^2$ | $8\rho\pi D^2 V^2$ |
| 3. | $80\rho V^2$ | $4\rho\pi D^2 V^2$ |
| 4. | $80\rho V^2$ | $8\rho\pi D^2 V^2$ |
| 5. | $120\rho V^2$ | $10\rho\pi D^2 V^2$ |

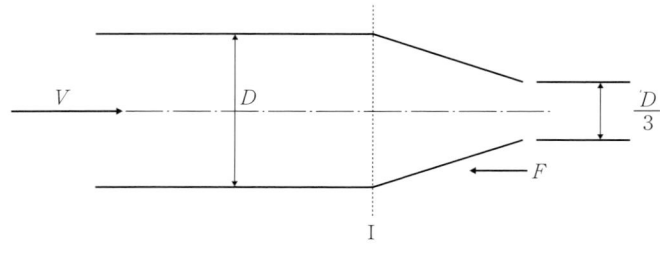

図 6.6

**B.6** 図 6.7 のように同一水平面内で，流量 $Q_1$ の水平ジェットが角度 $\theta$ だけ傾斜している平板に衝突して $Q_2$ と $Q_3$ に分流するとき，流量比 $Q_2/Q_3$ は次のうちどれか．

（H10 国家Ⅰ種）

1. $\dfrac{1+\cos\theta}{1-\cos\theta}$　　2. $\dfrac{1+\sin\theta}{2(1-\cos\theta)}$

3. $\dfrac{1+\sin^2\theta}{2(1-\cos^2\theta)}$

4. $\dfrac{1+\cos^2\theta}{1-\cos\theta}$　　5. $\dfrac{1+\cos^2\theta}{1-\cos^2\theta}$

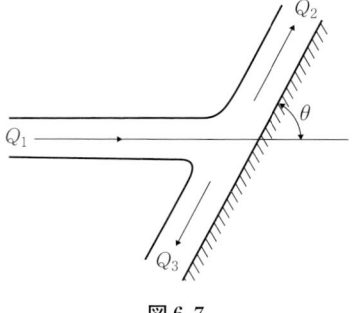

図 6.7

# 7　小孔口からの流出

## 要　点

　図 7.1 のように，水槽の側面あるいは底面に小孔を開けて水を噴出させるものを**孔口（オリフィス）**という．孔口から噴出する流出速度は**トリチェリーの定理**から

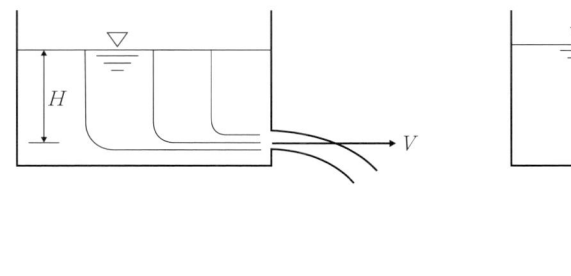

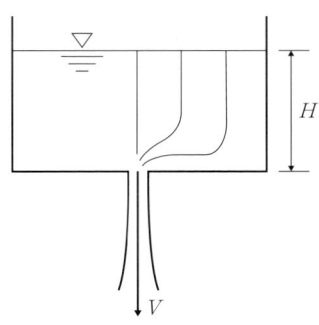

**図 7.1**　水平孔口と垂直孔口

$$V = \sqrt{2gH}$$

で示すことができる．この場合，水面の水位は一定とする．また，**流速係数** $C_V$ を乗じて補正することもある．

　孔口からの流出量 $Q$ は

$$Q = CAV = CA\sqrt{2gH}$$

ここで，$C$ は流速係数や**断面収縮係数**を考慮した**流量係数**（$C<1$），$A$ は孔口の面積

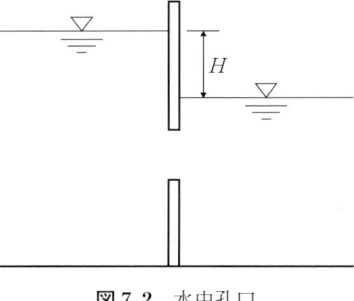

**図 7.2**　水中孔口

である．

図 7.2 のような**水中孔口**の場合の流出速度は次のように表す．
$$V = \sqrt{2gH}$$
ここで，$H$ は両水槽の水面差である．

## 例　題

**7.1**　図 7.3 のように，高さ $H$ の台の上に固定された水槽があり，水槽の底面から水面までの高さ $H$ とする．いま，水槽の底面から高さ $h$ の位置に穴を開け，水を横方向に噴出させるとき，水平面において水を最も遠くに届かせる（図の $L$ を最大にする）ためには，$h$ をおよそいくらにすればよいか．ただし，水槽の断面積は穴の断面積より十分大きいものとする．
(H20 国家 II 種)

1. 0　2. $\dfrac{H}{4}$　3. $\dfrac{\sqrt{2}H}{4}$　4. $\dfrac{H}{2}$　5. $\dfrac{\sqrt{2}H}{2}$

**(解)**　$t$ 秒後の水平方向の移動距離 $x$ および $t$ 秒後の鉛直下方向の落下距離 $z$ は
$$x = Vt, \quad z = \frac{1}{2}gt^2$$
上式から $t$ を消去して，小孔の噴出速度 $V = \sqrt{2g(H-h)}$ を代入すると

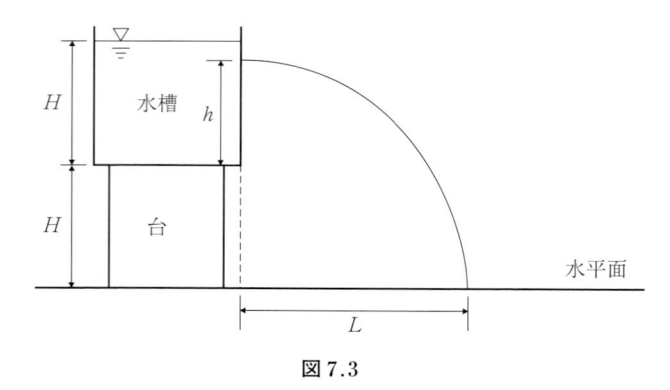

図 7.3

$$z = \frac{g}{2V^2}x^2 = \frac{1}{4(H-h)}x^2$$

いま，$z=H+h$ で $x=L$ であるから $L=2\sqrt{H^2-h^2}$，$L$ を最大にする $h$ は

$$\frac{dL}{dh} = \frac{-2h}{\sqrt{H^2-h^2}} = 0$$

したがって，$h=0$ のとき $L$ は最大となる．その値は $L=2H$ である．

（正解 1）

## チャレンジ

**A.16** 図7.4のように，直径 1 m，長さ 10 m の円筒形ノズルを取り付けた直径 20 m の円筒形タンクがある．このタンクの水位を 10 m に保つために必要な注水量 $Q$ として最も妥当なのはどれか．ただし，すべてのエネルギー損失は無視し，水の単位体積重量を $10 \text{ kN/m}^3$，重力加速度を $10 \text{ m/sec}^2$ とする．　　　　　　　　　　　　　　（H18 国家Ⅱ種）

1. $6 \text{ m}^3/\text{sec}$　　2. $12 \text{ m}^3/\text{sec}$　　3. $16 \text{ m}^3/\text{sec}$
4. $20 \text{ m}^3/\text{sec}$　　5. $22 \text{ m}^3/\text{sec}$

**A.17** 図7.5のように，水位が一定に保たれている十分に大きい水槽の2箇所に小孔 A，B を開けた．A，B から流出した水の水平到達距離をそれぞ

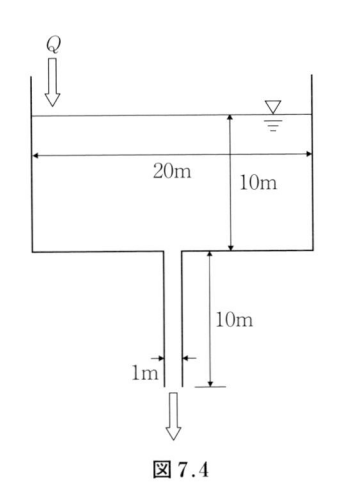

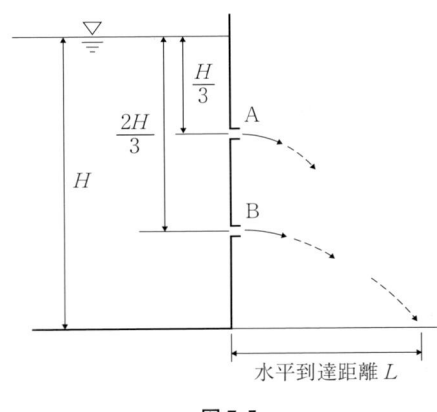

図7.4

図7.5

れ $L_A$, $L_B$ とするとき，$L_A : L_B$ はいくらか．ただし，流出時の摩擦や空気抵抗によるエネルギー損失は無視する．　　　　　(H11 国家Ⅱ種)

$L_A : L_B$
1. $1 : \sqrt{2}$
2. $1 : 2$
3. $1 : 1$
4. $\sqrt{2} : 1$
5. $2 : 1$

**B.7** 図 7.6 のような柱状形のタンクの底に穴を開けたオリフィスで流量を求める際，接近流速の影響のみによる流量計算の誤差を 2% 以内にしたい．

このとき，接近流速を無視できる $a/A$ の限界値はおよそいくらか．ただし，$A$ は接近流速を考慮する断面積，$a$ はオリフィスの面積，流量係数は 0.60 とする．

(H12 国家Ⅰ種)

1. 0.13　　2. 0.20　　3. 0.26
4. 0.33　　5. 0.40

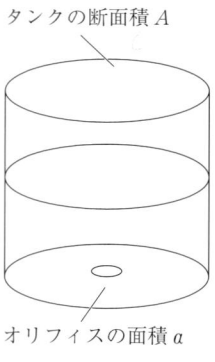

図 7.6

# 8 管水路の流れにおける エネルギー線と動水勾配線

## 要　点

　水理学で取り扱う水路の流れを大別すると，管路の中を水が充満して流れている**管水路**と，逆に自由水面を有しながら河川，下水管内を流れる**開水路**がある．いま，管水路の流れにおける断面①，②に**マノメータ**（圧力計）を取り付けると，図 8.1 より管の中心から圧力水頭 $p/w_0$ だけ上昇し，基準面からの水位は，位置水頭 $z$ との和 $(z+p/w_0)$ となる．これを**ピエゾ水頭**といい，各断面のピエゾ水頭を結んだ線を**動水勾配線**，その傾きを**動水勾配** $I$ という．

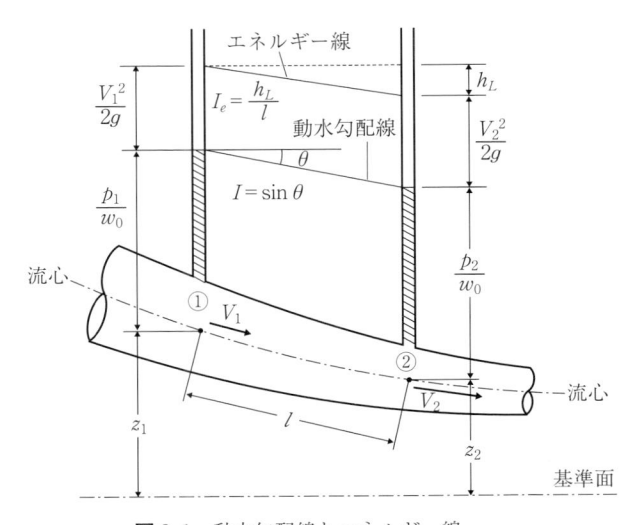

図 8.1　動水勾配線とエネルギー線

$$I = \frac{1}{l} \times \left\{ \left(z_1 + \frac{p_1}{w_0}\right) - \left(z_2 + \frac{p_2}{w_0}\right) \right\}$$

次に，各断面の水のもっている位置，圧力，速度の各エネルギーの合計である全水頭を結んだ線を**エネルギー線**，その勾配を**エネルギー勾配** $I_e$ という．

$$I_e = \frac{1}{l} \times \left\{ \left(z_1 + \frac{p_1}{w_0} + \frac{V_1^2}{2g}\right) - \left(z_2 + \frac{p_2}{w_0} + \frac{V_2^2}{2g}\right) \right\} = \frac{h_L}{l}$$

ここで，$h_L$：①断面～②断面間の各種損失水頭の和，つまり，2断面間の全水頭差が損失水頭である．各種損失水頭には，**入口損失**，管の**摩擦損失**，管の**曲がり損失**，管の**急拡損失・急縮損失**，**出口損失**などがある．エネルギー線の変化をみることにより，どの程度の損失によって，エネルギーが減少していくのか判断することができ，動水勾配線をみることによって速度の変化もみることができる．動水勾配線は最終的に管の出口や水槽の水面に一致し，エネルギー線は出口損失水頭（速度水頭）分だけ動水勾配線より上に位置する．

## 例 題

**8.1** 図8.2のような管路の流れにおいて，基準面からの高さ100 mの断面Ⅰにおける管の内径は2.0 m，流速は2.0 m/sec，圧力は $2.0 \times 10^2$ kPa (kN/m$^2$) で，基準面からの高さ10 mの断面Ⅱにおける管の内径は1.0 m，圧力は $1.0 \times 10^3$ kPa (kN/m$^2$) であった．断面Ⅰ，断面Ⅱ間における損失水頭はおよそいくらか．ここで，流体の密度は $1.0 \times 10^3$ kg/m$^3$，重力加速度の大きさは9.8 m/sec$^2$ とする． (H23 国家Ⅱ種)

1. 3.8 m　2. 4.3 m　3. 5.3 m　4. 6.8 m　5. 8.8 m

**（解）** 断面Ⅰ，断面Ⅱにベルヌーイの定理を適用すると

$$z_1 + \frac{p_1}{w_0} + \frac{V_1^2}{2g} = z_2 + \frac{p_2}{w_0} + \frac{V_2^2}{2g} + h_L$$

ここで，$h_L$ は損失水頭，上式を整理すると

第 8 章　管水路の流れにおけるエネルギー線と動水勾配線　　　35

**図 8.2**

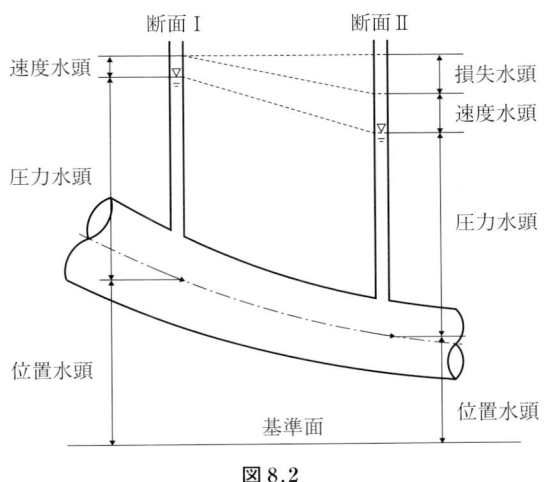

$$h_L = (z_1 - z_2) + \left(\frac{p_1}{w_0} - \frac{p_2}{w_0}\right) + \left(\frac{V_1^2}{2g} - \frac{V_2^2}{2g}\right)$$

水の連続性から，流速比は

$$\frac{V_2}{V_1} = \left(\frac{d_1}{d_2}\right)^2 = \left(\frac{2}{1}\right)^2 = 4 \quad \therefore \quad V_2 = 4V_1$$

題意により，諸数値を代入すると（$w_0 = \rho g = 9.8 \text{ kN/m}^3$）

$$h_L = (100 - 10) + \frac{1}{9.8} \times (200 - 1000) + \frac{1}{2 \times 9.8} \times (2^2 - 8^2) = 5.3 \text{ m}$$

（正解 3）

---

**8.2** 図 8.3 のように，水位の異なる二つの水槽を異径管路で連結し，水位差を一定に保ちながら水を流した．このとき，この管路の動水勾配線とエネルギー線を定性的に示した図として最も妥当なのはどれか．ただし，各選択枝において，実線を動水勾配線，破線をエネルギー線とする．

（H18, 21 国家 II 種）

**図8.3**

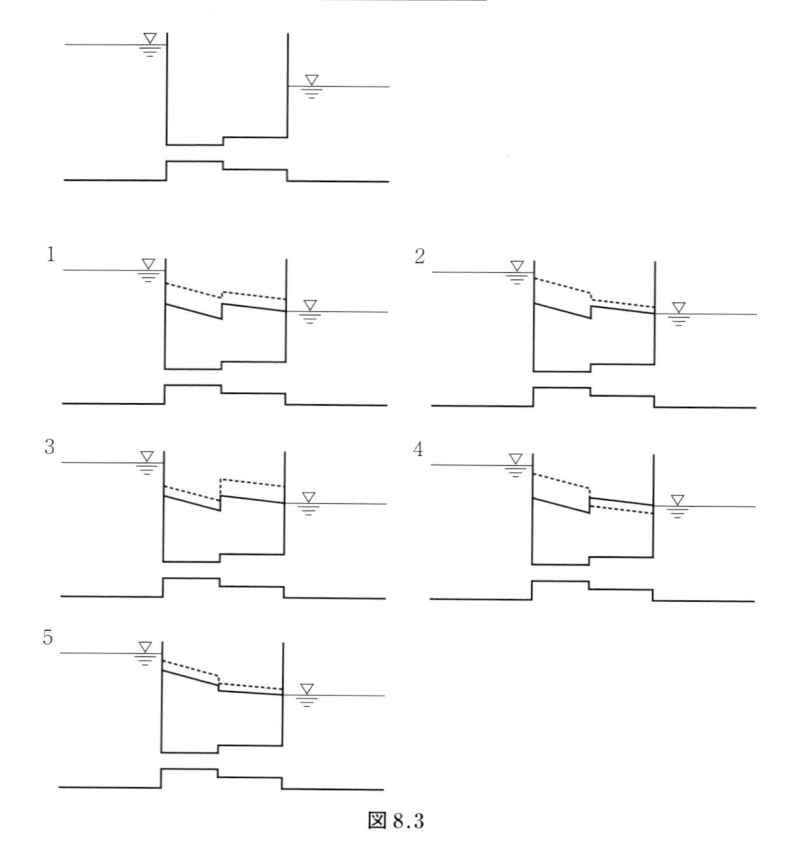

**(解)** 2水槽の水位差（落差）$H$ はベルヌーイの定理により

$$H = \sum h_{\text{Loss}} = h_i + h_{f1} + h_e + h_{f2} + h_0 = ① + ② + ③ + ④ + ⑤$$

ここで，①入口損失水頭，②，④摩擦損失水頭，③急拡損失水頭，⑤出口損失水頭．エネルギー線（全水頭の高さから各種の損失水頭を除いて結んだ線）は

$$\left| z + \frac{p}{w_0} + \frac{V^2}{2g} \right| = (H - \text{各種の損失水頭})$$

動水勾配線（ピエゾ水頭の高さを結んだ線）は

$$\left| z + \frac{p}{w_0} \right| = (H - \text{各種の損失水頭}) - \frac{V^2}{2g}$$

したがって，エネルギー線は動水勾配線の上に位置し，各損失部で流下ととも

に減少，動水勾配線は最終的には下池水面に一致する．

しかし，管の急拡部においては流速が減少するので動水勾配線は立ち上がることに注意する．したがって，2番が正しい図となる． (正解 2)

---

**8.3** 図 8.4 のように，水平面に置かれた円形断面の管 1，管 2 があり，分流点 A から合流点 B に定常的に水を流す．管 1 の流量 $Q_1$，管 2 の流量 $Q_2$ の比 $Q_1/Q_2$ を 1/2 にしたいとき，管 1 の管径 $D_1$ と管 2 の管径 $D_2$ の比 $D_1/D_2$ はおよそいくらにすればよいか．ただし，管 1 と管 2 の長さ，摩擦損失係数は同じであり，また，各種形状損失は無視するものとする．

(H20 国家 II 種)

1. $\left(\dfrac{1}{2}\right)^{\frac{1}{3}}$  2. $\left(\dfrac{1}{2}\right)^{\frac{2}{5}}$  3. $\left(\dfrac{1}{2}\right)^{\frac{1}{2}}$  4. $\left(\dfrac{1}{2}\right)^{\frac{3}{5}}$  5. $\left(\dfrac{1}{2}\right)^{\frac{2}{3}}$

---

**(解)** 両管の摩擦抵抗，すなわち分岐点 A，合流点 B 間の圧力差はどちらの管でも同じであるから，摩擦損失水頭 $h_f$（ワイスバッハ式）は

$$h_f = f_1 \frac{l_1}{D_1} \times \frac{V_1^2}{2g} = f_2 \frac{l_2}{D_2} \times \frac{V_2^2}{2g}$$

$$\therefore \quad V_2 = \sqrt{\frac{D_2}{D_1}} \times V_1$$

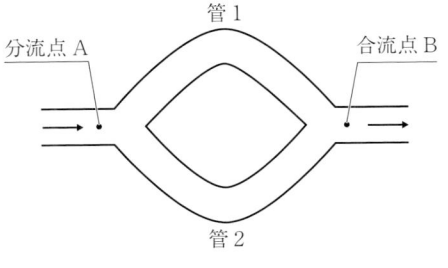

図 8.4

ここで，題意より $l_1 = l_2$，$f_1 = f_2$，次に $Q_1 = Q_2/2$ より

$$\frac{\pi D_1^2}{4} \times V_1 = \frac{1}{2} \times \frac{\pi D_2^2}{4} \times \sqrt{\frac{D_2}{D_1}} \times V_1 \quad \therefore \quad \left(\frac{D_1}{D_2}\right)^5 = \frac{1}{4} = \left(\frac{1}{2}\right)^2$$

よって

$$\left(\frac{D_1}{D_2}\right) = \left(\frac{1}{2}\right)^{\frac{2}{5}}$$

(正解 2)

## チャレンジ

**A.18** 図 8.5 のような水平な管路において，2 点間の摩擦損失水頭に関する次の記述の（ア）〜（エ）に当てはまるものの組合せとして最も妥当なのはどれか．ただし，重力加速度は $g$ とする． (H22 国家Ⅱ種)

「摩擦損失水頭は距離 $L$ に（ア）し，（イ）で表される速度水頭に（ウ）する．また，管路の直径および径深に（エ）する．」

|   | （ア） | （イ） | （ウ） | （エ） |
|---|---|---|---|---|
| 1. | 比 例 | $V^2/2g$ | 反比例 | 比 例 |
| 2. | 比 例 | $V^2/2g$ | 比 例 | 反比例 |
| 3. | 比 例 | $V/2g$ | 比 例 | 反比例 |
| 4. | 反比例 | $V^2/2g$ | 反比例 | 比 例 |
| 5. | 反比例 | $V/2g$ | 比 例 | 比 例 |

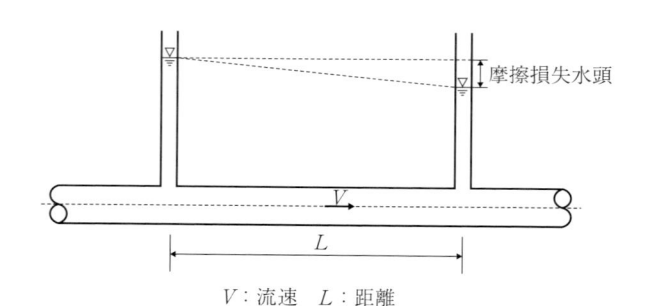

$V$：流速　$L$：距離

**図 8.5**

**A.19** 図 8.6 のような円管水路で結ばれた二つの貯水池がある．貯水池の水位差が 8 m のときに管内の流速が 4 m/sec であった．貯水池の水位差が 2 m のときの管内の流速はいくらか．

(H13 国家Ⅱ種)

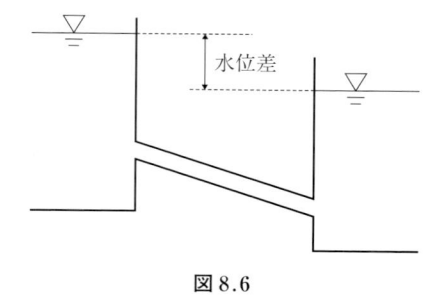

**図 8.6**

1. $1\,\mathrm{m/sec}$   2. $\sqrt{2}\,\mathrm{m/sec}$   3. $2\,\mathrm{m/sec}$   4. $4\,\mathrm{m/sec}$   5. $16\,\mathrm{m/sec}$

**A.20** 図8.7のような水平面に置かれた管1（長さ $l_1$，管の内径 $D_1$）と管2（長さ $l_2$，内径 $D_2$）で構成された並列分流管がある．いま，分流点Aから合流点Bに向かって水が定常的に流れているとき，管1を流れる水の流量 $Q_1$ と管2を流れる水の流量 $Q_2$ の比 $=(Q_1/Q_2)$ はいくらか．ただし，管1，管2の摩擦損失係数をそれぞれ $f_1$, $f_2$ とし，管の形状による損失は無視するものとする．　　　　（H14 国家Ⅱ種）

1. $\left(\dfrac{f_2 l_2}{f_1 l_1}\right)^{\frac{1}{2}} \cdot \left(\dfrac{D_1}{D_2}\right)^{\frac{3}{2}}$   2. $\left(\dfrac{f_2 l_2}{f_1 l_1}\right)^{\frac{3}{2}} \cdot \left(\dfrac{D_1}{D_2}\right)^{\frac{3}{2}}$   3. $\left(\dfrac{f_2 l_2}{f_1 l_1}\right)^{\frac{1}{2}} \cdot \left(\dfrac{D_1}{D_2}\right)^{\frac{5}{2}}$

4. $\left(\dfrac{f_2 l_2}{f_1 l_1}\right)^{\frac{3}{2}} \cdot \left(\dfrac{D_1}{D_2}\right)^{\frac{5}{2}}$   5. $\left(\dfrac{f_2 l_2}{f_1 l_1}\right)^{\frac{5}{2}} \cdot \left(\dfrac{D_1}{D_2}\right)^{\frac{3}{2}}$

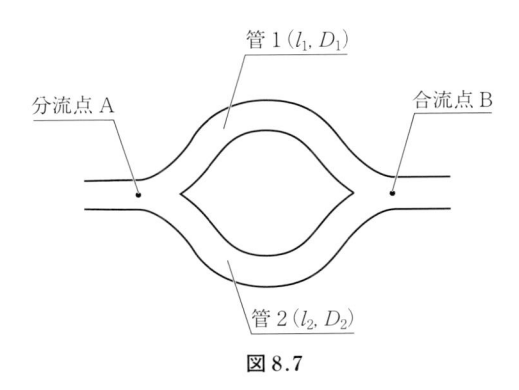

図8.7

**A.21** 図8.8のような，水平に置かれた管路の急拡損失水頭として最も妥当なのはどれか．ただし，急拡前後の平均流速をそれぞれ $3v$, $v$ とする．また，重力加速度を $g$ とする．
（H17 国家Ⅱ種）

1. $\dfrac{v^2}{4g}$   2. $\dfrac{v^2}{2g}$   3. $\dfrac{v^2}{g}$

4. $\dfrac{2v^2}{g}$   5. $\dfrac{4v^2}{g}$

図8.8

**B.8** 図 8.9 のような管長 $l_{AB}=60$ m, $l_{BC}=120$ m, 管径 $D=30$ cm のサイホンにおいて，成立するためには水槽水面から B 点までの高さ $h$ をいくらにしたらよいか．ただし，管路はエネルギー補正係数 $\alpha=1$，摩擦損失係数 $f=0.04$ の均一な円管とし，摩擦以外の損失を無視する．水槽水面から管出口までの高さ $H=10$ m，B 点における負圧の限度 $p_B/\rho g = -8$ m とする．

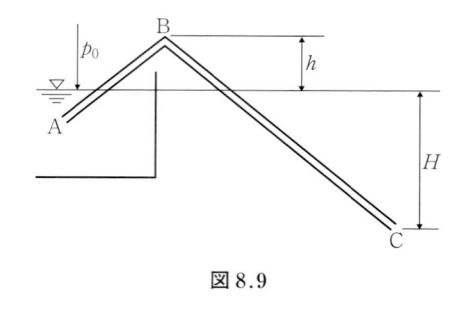

  1．2.25 m 2．3.25 m 3．4.25 m 4．5.25 m 5．6.25 m

図 8.9

# 9 開水路の等流

### 要　点

　開水路において，河川のような上面が開いているものを開渠，下水管のように閉じているものを暗渠という．開水路の流れを分類すると，どの断面についても流量が時間の経過とともに変化しない流れを**定常流**（**定流**），逆に変化している流れを**非定常流**（**不定流**）と呼んでいる．定常流のうち，水路内のどの断面においても，水深，流速が等しい流れを**等流**といい，**流積**が変化している流れを**不等流**という．

　実際の河川では経験的に等流状態の流れでは，管水路の場合，同様に次式のような**マニング（Manning）の平均流速公式**がよく使用されている．

$$V = \frac{1}{n} \times R^{\frac{2}{3}} \times I^{\frac{1}{2}} \quad (\text{m/sec})$$

ここで，$V$：平均流速，$n$：**粗度係数**（自然河川で河床がレキ，草岸 $0.030 \sim 0.040$，人工水路で河床が粗いコンクリート $0.012 \sim 0.018$），$R$：**径深**（$= A/S$），$A$：流積，$S$：**潤辺**（流水が水路に接している長さ），$I$：**水面勾配**（≒河床勾配，エネルギー勾配）．

　下水暗渠を流れる流速にもマニングの平均流速公式が使用され，特に図 9.1 のよう

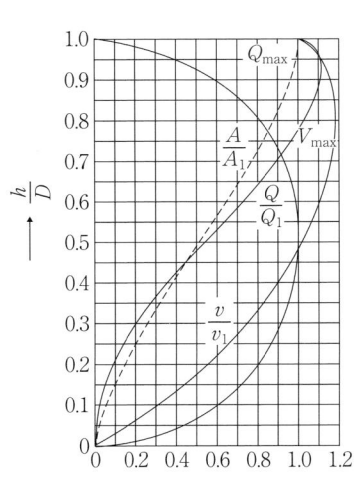

図 9.1　水理特性曲線

な**水理特性曲線**によって，流積，潤辺，径深，流速，流量との関係を満水時のそれらとの比を図示することによって，管径と任意の水深に対して流速，流量等が実用的に求めることができる．この図で注意することは，流速および流量の最大は満水時ではなく，$h/D=0.813$ で流速，$h/D=0.938$ で流量がそれぞれ最大値を示すことである．この理由は満水時の水深に近づくと流積の増加に比べて潤辺の増加の方が大きくなり，径深が減少するからである．

次に，**水理学的有利な断面**とは，ある勾配の水路で断面積を一定とした場合に流量が最大になるような断面形のことをいい，結局，潤辺 $S$ が最小になるような断面である．長方形断面水路の場合，潤辺 $S$ が最小になるような断面は，水路幅 $b$ が水深 $h$ の 2 倍となる断面であり（$b=2h$），次に，図 9.2 の台形断面水路においても同様である．側辺勾配 $1:m$ とすると

$$b = 2h\left(\frac{1}{\sin\theta} - m\right) = 2h\left(\frac{1-\cos\theta}{\sin\theta}\right) = 2h\tan\frac{\theta}{2}$$

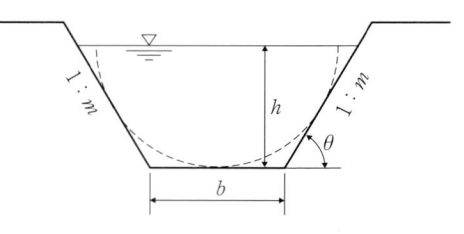

図 9.2 水理上有利な台形断面

したがって，水理学的有利な断面とは一般的に長方形断面および台形断面水路ともに水面に中心がある半径 $h$ の半円に外接する断面である．

## 例 題

**9.1** 図 9.3 Ⅰ，Ⅱ，Ⅲは水路の断面を示したものである．図Ⅰ，Ⅱ，Ⅲの断面の径深をそれぞれ $R_1$，$R_2$，$R_3$ とするとき，その大小関係として最も妥当なのはどれか．ただし，図Ⅰの示す断面は直角二等辺三角形，図Ⅱの示す断面は長方形，図Ⅲの示す断面は半円形とする．

(H21 国家Ⅱ種)

1. $R_1=R_2=R_3$　　2. $R_1>R_2>R_3$　　3. $R_2=R_3>R_1$
4. $R_2>R_3>R_1$　　5. $R_3>R_1>R_2$

第 9 章　開水路の等流

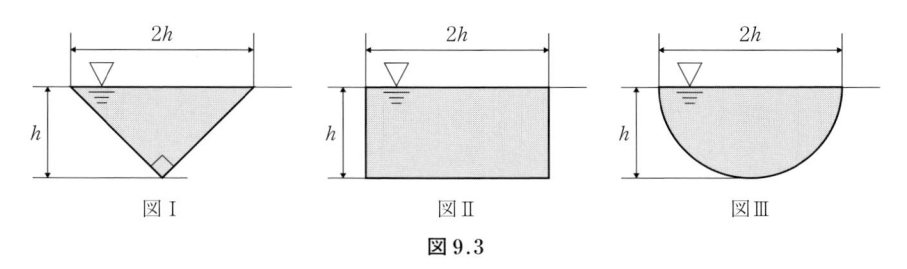

図Ⅰ　　　　　図Ⅱ　　　　　図Ⅲ

**図 9.3**

(**解**)　径深 $R$ は $A$ を流積，$S$ を潤辺とすると

$$R=\frac{A}{S}$$

図-Ⅰの径深 $R_1$ は

$$R_1=\frac{h^2}{2\sqrt{2}\,h}=\frac{\sqrt{2}\,h}{4}$$

図-Ⅱの径深 $R_2$ は

$$R_2=\frac{2h^2}{4h}=\frac{h}{2}$$

図-Ⅲの径深 $R_3$ は

$$R_3=\frac{\frac{1}{2}\pi h^2}{\pi h}=\frac{h}{2}$$

したがって，$R_1<R_2=R_3$.　　　　　　　　　　　　　　　(正解 3)

## チャレンジ

**A.22**　マニングの公式に関する次の記述の (ア), (イ), (ウ) に当てはまるものの組合せとして最も妥当なのはどれか.

　「平均流速 $V$ を導く公式として，河川や人工水路など，開水路の実験値から作られたマニングの公式が一般的に用いられる.

マニングの公式は，$V=\dfrac{1}{n}R^{(ア)}I^{\frac{1}{2}}$　(m/sec) で表される.

ここで，$R$ は径深，$I$ はエネルギー勾配である.

この式の $n$ は ( イ ) といわれ，平野部を流れる，雑草や灌木を有す

る小水路では（ウ）の値をとることが一般的である.」

(H22 国家Ⅱ種)

| | （ア） | （イ） | （ウ） |
|---|---|---|---|
| 1. | $\frac{1}{2}$ | 粗度係数 | 0.30 〜0.40 |
| 2. | $\frac{1}{2}$ | 流量係数 | 0.30 〜0.40 |
| 3. | $\frac{2}{3}$ | 粗度係数 | 0.030〜0.040 |
| 4. | $\frac{2}{3}$ | 流量係数 | 0.030〜0.040 |
| 5. | $\frac{3}{2}$ | 粗度係数 | 0.30 〜0.40 |

**A.23** 図 9.4 のような円形断面水路（直径 $D$）の水理特性曲線はグラフのようになる．ここで，任意の水深 $H$ における流積 $A$, 流量 $Q$, 径深を $R$, 流速を $v$ とし，満管（水路が水で満たされた状態：$H=D$）の場合の流積を $A_1$, 流量 $Q_1$, 径深 $R_1$, 流速 $v_1$ としている．この水理特性曲線に関する記述（ア），（イ），（ウ）の正誤の組合せとして最も妥当なのはどれか．

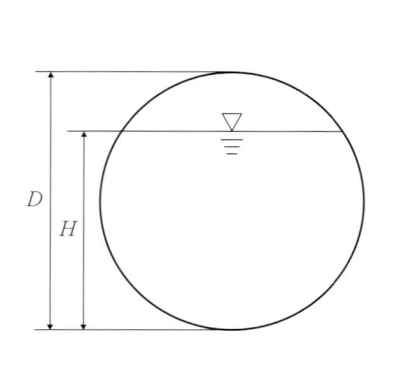

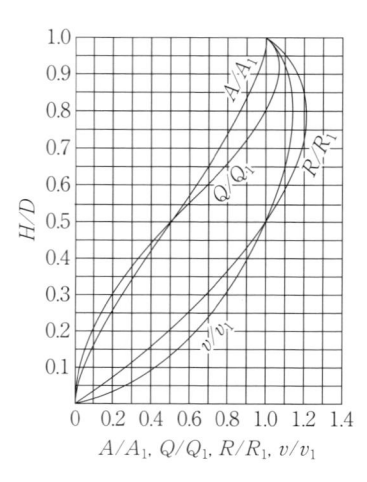

(H23 国家Ⅱ種)

図 9.4

(ア) $R/R_1$ は，$H/D$ が増えるにつれて増加するが，$H/D$ が約 0.8 より大きくなると，潤辺の増加率よりも流積の増加率が大きいため，減少する．
(イ) 流量が最大になる水深は満管のときである．
(ウ) 流速が最大になる水深は一つに定まる．

|    | (ア) | (イ) | (ウ) |
|----|-----|-----|-----|
| 1. | 正  | 誤  | 正  |
| 2. | 正  | 誤  | 誤  |
| 3. | 正  | 正  | 誤  |
| 4. | 誤  | 正  | 正  |
| 5. | 誤  | 誤  | 正  |

A.24 図 9.5 のような法面勾配が $1:m(m>0)$ である三角形断面を有した一様開水路に，水が等流状態で流れている．いま，この三角形断面を，一定流水断面積の下で流量が最大となるような断面とするとき，$m$ はいくらか．ただし，この開水路流についてマニングの平均流速公式が適用できるものとし，開水路の粗度係数及び水路勾配は一定とする．

(H15 国家 II 種)

1. $\dfrac{\sqrt{3}}{3}$  2. $\dfrac{\sqrt{2}}{2}$  3. 1  4. $\sqrt{2}$  5. $\sqrt{3}$

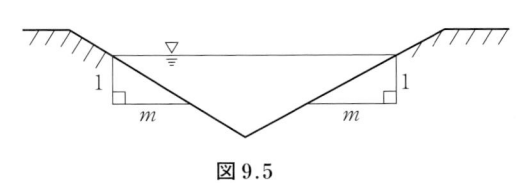

図 9.5

B.9 一定断面積 $A$ の長方形断面の開水路に流量 $Q$ の水を等流状態で流すのに必要な最小の水路床こう配は次のどれで表されるか．ただし，平均流速の公式はマニングの式を用い，この水路における粗度係数は $n$ とする．

1. $\dfrac{2^2 n^2 Q^2}{A^{\frac{8}{3}}}$  2. $\dfrac{2^{\frac{1}{2}} n^2 Q^2}{A^{\frac{8}{3}}}$  3. $\dfrac{2^{\frac{2}{3}} n^2 Q^2}{A^{\frac{8}{3}}}$  4. $\dfrac{3^{\frac{1}{2}} n^2 Q^2}{A^{\frac{8}{3}}}$  5. $\dfrac{3^{\frac{2}{3}} n^2 Q^2}{A^{\frac{8}{3}}}$

# 10 開水路の常流, 射流

## 要　点

　図 10.1 のような開水路の実験水路で, 水路の勾配を次第に急にしていくと, 流速は次第に速く, 水深は次第に小さくなって, やがてある程度以上の流速に達すると水面が平滑になり波のまったくない状態が現れる. これが**射流**である. 射流が下流で再び緩やかな流れになるときには, その境界点で流れに段ができ, この段は上流に進まず, その位置に止まっている. このような状態を**跳水**と呼んでいる. 跳水後の流れ, 射流前の流れを**常流**という.

　射流の流速は波の伝播速度よりも速く, 射流の水面には波が起こらない. 開水路の流れの一点をとり, この点で**ベルヌーイの定理**を適用すると

$$E = \frac{V^2}{2g} + z + \frac{p}{w_0} = \frac{V^2}{2g} + h$$

ここで, $p$：任意の点の圧力, $h$：水深, $V$：平均流速, $z$：水底から任意の点までの高さ, この $E$ を単位重量の水のもつエネルギーという意味で, **比エネルギー**という.

　いま, 幅 $b$, 水深 $h$ の長方形断面水路を考え, $V = Q/bh$ を上式に代入整理

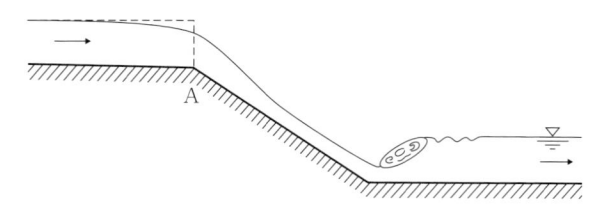

図 10.1　射流と跳水

すると

$$E=\frac{1}{2g}\left(\frac{Q}{bh}\right)^2+h$$

となる．流量 $Q$ を一定として，$E$〜$h$ の関係を示すと図 10.2 の $E=h$，$E$ 軸を漸近線とする曲線となる．これより，同じ流量で同じ比エネルギーの値をもつ高い水深と低い水深が勾配に応じてあることがわかる．$E$ が最小になる水深が，**限界水深** $h_c$ であり，この A 点より上の曲線が常流の水深，下の曲線は射流の水深を示している．$E$ が最小になるときの限界水深 $h_c$ は $dE/dh=0$ とおいて

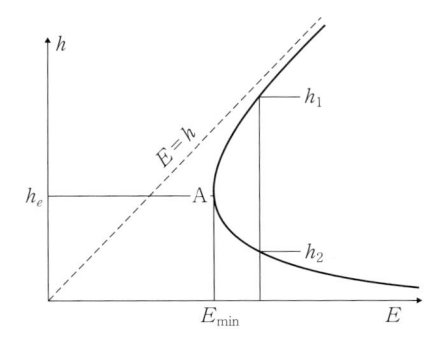

**図 10.2** 水深と比エネルギーの関係

$$h_c=\sqrt[3]{\frac{Q^2}{gb^2}}$$

$E$ の最小値は $E_{\min}=1.5h_c$ となる．

次に，比エネルギー $E$ を一定として，$Q$〜$h$ の関係を求めると，次式となり図 10.3 に示される．

$$Q=\sqrt{2gb^2h^2(E-h)}$$

これより，$Q$ は $h$ が $h=0$ と $h=E$ の中間値で最大になることがわかる．このときの水深が限界水深 $h_c$ であり，$dQ/dh=0$ とおくと $E=1.5h_c$ となり，先の限界水深と同じ結果となる．した

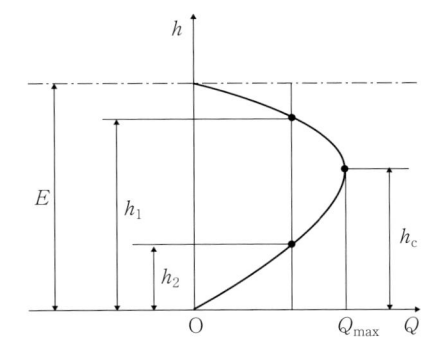

**図 10.3** 流量と水深の関係

がって，限界水深とは流量が一定ならば，比エネルギーが最小となり，比エネルギーが一定ならば流量が最大となる水深のことである．限界水深のときの流速を**限界流速** $V_c$ といい，先の限界水深式を変形すると

$$V_c=\sqrt{gh_c}$$

となり，**長波（津波）**の波速に一致する．すなわち，**限界流**は長波の波速に等しく，射流はこれよりも大きい流れで，常流は小さい流れである．その判定は

フルード数 $F_r$ で決める．

$$F_r = \frac{v}{\sqrt{gh}}$$

$F_r=1$：限界流，$F_r<1$：常流，$F_r>1$：射流である．

## 例　題

**10.1** 開水路の流れに関する次の記述の（ア）～（エ）に当てはまるものの組合せとして最も妥当なのはどれか．ただし，重力加速度を $g$ とする．
「流量 $Q$，断面積 $A$ の流れの比エネルギー $E$ は，水路床からの水深を $h$ とすると，$E=h+(Q^2/2gA^2)$ で表される．比エネルギーが一定のとき，ある流量に対しては一般に二つの水深が存在し，大きい方の水深での流れは（ア）であり，小さい方の水深での流れは（イ）である．また，流量が（ウ）となる水深を限界水深といい，長方形断面水路ではこのときの流速は（エ）となる．」　　　　　　　　　　　　　　　　（H18, H23 国家Ⅱ種）

|   | （ア） | （イ） | （ウ） | （エ） |
|---|---|---|---|---|
| 1. | 常流 | 射流 | 最大 | $\sqrt{gh}$ |
| 2. | 常流 | 射流 | 最小 | $\sqrt{gh}$ |
| 3. | 常流 | 射流 | 最小 | $\sqrt{2gh}$ |
| 4. | 射流 | 常流 | 最大 | $\sqrt{gh}$ |
| 5. | 射流 | 常流 | 最大 | $\sqrt{2gh}$ |

**（解）** 流量 $Q$ を一定とした場合，断面積 $A$ の流れの比エネルギー $E$ と水深 $h$ との関係は次のとおりである．（図 10.2 参照）

$$E = h + \frac{Q^2}{2gA^2}$$

比エネルギー一定の $h$-$Q$ の関係は次式で表す．（図 10.3 参照）

$$Q^2 = 2gA^2(E-h)$$

以上の関係から，限界水深 $h_c$ は，流量が一定ならば比エネルギー $E$ は最小，比エネルギー $E$ が一定ならば流量が最大となる．比エネルギーを最小にする水深は限界水深であるから，長方形断面水路の場合は

$$\frac{dE}{dh} = \frac{-Q^2}{gb^2h^3} + 1 = 0$$

したがって，このときの水深は

$$h = h_c = \sqrt[3]{\frac{Q^2}{gb^2}}$$

限界流速 $V_c$ は上式に $Q = bh_cV_c$ を代入して整理すると $V_c = \sqrt{gh_c}$ となり，長波の波速となる．限界水深 $h_c$ より大きい水深の流れを常流，小さい水深の流れを射流と呼んでいる．したがって，正解は 1 である．　　　　　（正解 1）

## チャレンジ

**A.25** 跳水現象に関する次の記述の（ア），（イ），（ウ）に当てはまるものの組合せとして最も妥当なのはどれか．
- 跳水区間の上流側では（ ア ）となり，下流側では（ イ ）となる．
- 跳水区間の上流側での比エネルギーを $E_1$，下流側での比エネルギーを $E_2$ とすると，$E_1 - E_2$ は（ ウ ）となる．　　　（H19 国家Ⅱ種）

|   | （ア） | （イ） | （ウ） |
|---|---|---|---|
| 1. | 射流 | 常流 | 正 |
| 2. | 射流 | 常流 | 負 |
| 3. | 常流 | 射流 | 正 |
| 4. | 常流 | 射流 | 0 |
| 5. | 常流 | 射流 | 負 |

**A.26** 断面形状，勾配が一様な水路 X において，限界水深 $h_c$ と等流水深 $h_0$ の関係，および限界勾配 $i_c$ と水路 X の勾配 $i_x$ の関係を示した（ア），（イ），（ウ）の正誤の組合せとして最も妥当なのはどれか．

　　　　　　　　　　　　　　　　　　　　　（H21 国家Ⅱ種）

（ア）流れが「常流」のとき　　$h_c > h_0$

(イ) 流れが「射流」のとき　　$i_c > i_x$

(ウ) 流れが「限界流」のとき　$i_c = i_x$

| | (ア) | (イ) | (ウ) |
|---|---|---|---|
| 1. | 正 | 正 | 正 |
| 2. | 正 | 正 | 誤 |
| 3. | 正 | 誤 | 正 |
| 4. | 誤 | 正 | 誤 |
| 5. | 誤 | 誤 | 正 |

**A.27** 水平水路床を有する断面幅が一定な一様矩形開水路の区間 i – ii で跳水が生じている．いま，跳水前となる断面 i での平均流速が 6.0 m/sec，水深が 0.6 m であるとき，跳水後となる断面 ii の水深はいくらか．ただし，流量は一定とし，重力加速度を 10 m/sec² とする．また，断面 i，ii ではそれぞれ静水圧分布が成立するものとし，水の粘性は無視する．　　　　　　　　　　　　　　　　　　　　　　　(H14 国家Ⅱ種)

　　1. 0.4 m　　2. 0.8 m　　3. 1.2 m　　4. 1.5 m　　5. 1.8 m

**B.10** 図 10.4 のように貯水池の広頂堰に設置したゲートを，閉じた状態から完全に開けた状態になるまで次第に開けていく．このときゲートからの流出水深 $h$ と流量 $Q$ の関係を表したグラフとして最も妥当なのはどれか．ただし，貯水池の水位は一定とする．また，グラフの点 A，B は図の状態 A，B に対応している．　　　　　　　　　(H19 国家Ⅱ種)

第 10 章 開水路の常流，射流

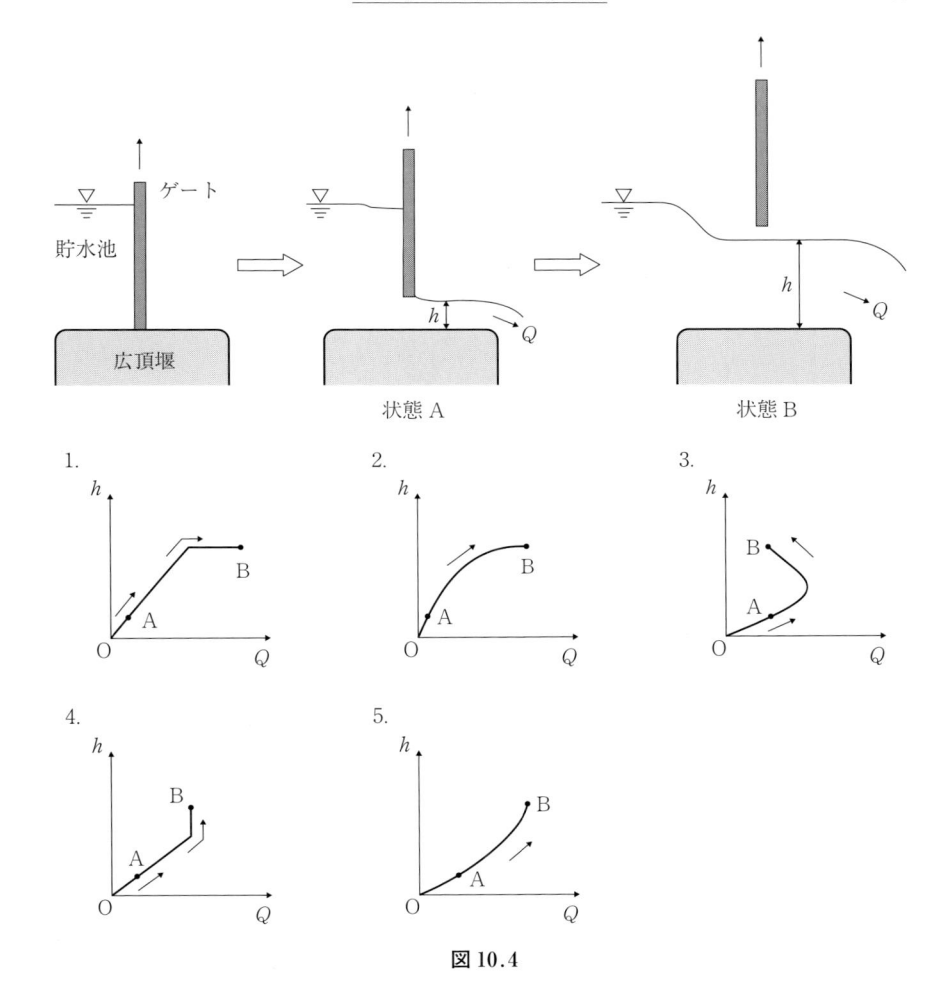

状態 A

状態 B

1.

2.

3.

4.

5.

図 10.4

# 11 開水路の不等流水面形

## 要　点

　定常な**開水路**の流れで，穏やかに変化する流下方向（$x$軸）の**不等流**（漸変流）の基礎方程式は，次式によって示される．

$$-i+\frac{dh}{dx}+\frac{1}{2g}\frac{d}{dx}\left(\frac{Q}{A}\right)^2+\frac{dh_L}{dx}=0$$

ここで，第1項：水路勾配，第1項＋第2項：水面勾配，第3項：速度水頭勾配，第4項：エネルギー勾配（摩擦損失勾配 $=f'Q^2/2gRA^2$），$Q$：流量，$g$：重力加速度，$R$：径深，$A$：流積，$f'$：摩擦損失係数．

　一般的な河川における水面形は，広幅長方形断面水路（径深 $R \fallingdotseq$ 水深 $h$）と考え，また限界水深（$h_c$）の定義，および穏やかに変化する流れにおける等流の場合の摩擦損失係数（$f_0$）と不等流の場合の摩擦損失係数（$f'$）とは近似できると仮定して，上式を $dh/dx$ について求めると，最終的に漸変流の水面形を示す以下の式に到達する．水深が流れる方向に深くなる場合は $dh/dx>0$，逆に浅くなる場合は $dh/dx<0$ となる．

$$\frac{dh}{dx}=i\frac{h^3-h_0^3}{h^3-h_c^3}$$

ここで，$h$：水深，$x$：距離，$i$：河床勾配，$h_0$：等流水深，$h_c$：限界水深．

　したがって，上式により次のように水面形が分類される．

　図11.1に示す緩勾配（mild slope）における常流のような緩やかな流れをダム，水門などでせき止めたとき，その断面変化の影響が上流側に伝わり，水深が上流に向かって減少して常流の等流水深に近づく．このような水面形の現象を**せ**

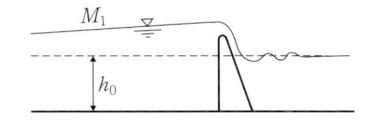

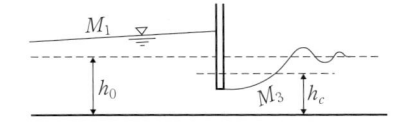

**図 11.1** ダム，水門によるせき上げ背水（$M_1$ 曲線）

き上げ背水曲線という（$M_1$ 曲線）．

図 11.2 に示す水路床勾配が緩勾配から**限界勾配**を越え，急勾配 (steep slope) になった場合，限界点から上流に起きる水面低下の現象を**低下背水曲線**という（$M_2$ 曲線）．限界点下流の水深は射流の等流水深に近づく（$S_2$ 曲線）．流れが常流から射流に遷移する限界点を**支配断面**という．

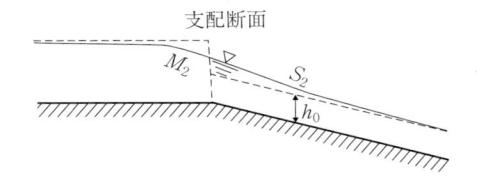

**図 11.2** 緩勾配から急勾配部への流れ（$M_2, S_2$）曲線

次に，図 11.3 に示す急勾配から緩勾配への変化点では，水面形は跳水を伴って変化する．跳水現象が変化点前の急勾配水路上で起こると，跳水後下流側水面へと移行していく（$S_1$ 曲線）．跳水現象が変化点後の緩勾配水路上で起こると，跳水前の射流の水面形（$M_3$ 曲線）から跳水へと移行し，跳水後の下流側水面に接続していく．

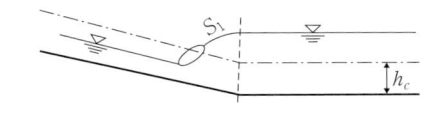

**図 11.3** 急勾配から緩勾配部への流れ（$S_1, M_3$）曲線

## 例　題

**11.1** 矩形断面の水路の底部に突起がある場合，常流と射流は図 11.4 の流れ (a) と流れ (b) のような水面形状になる．また，流れが常流から射流に遷移するとき，すなわち限界水深が現れるときは，流れ (c) の

ような水面形状になる．それぞれの流れの比エネルギーが同じとき，次の記述（ア），（イ），（ウ）の正誤の組合せとして最も妥当なのはどれか．

(H20 国家Ⅱ種)

(ア) 流量が最も大きいのは流れ（a）である．
(イ) 常流から射流に移る現象を「跳水」という．
(ウ) 図の①－①断面における平均流速が最も大きいのは流れ（c）である．

|  | （ア） | （イ） | （ウ） |
|---|---|---|---|
| 1. | 正 | 正 | 正 |
| 2. | 正 | 誤 | 正 |
| 3. | 正 | 誤 | 誤 |
| 4. | 誤 | 正 | 正 |
| 5. | 誤 | 誤 | 誤 |

**(解)** 単位幅流量 $q$ として，連続の式を流下方向 $x$ で微分すると

$$\frac{dq}{dx} = \frac{d(hv)}{dx} = h\frac{dv}{dx} + v\frac{dh}{dx} = 0$$

水路床高 $z$ として，比エネルギーを $x$ で同様に微分すると

$$\frac{dE}{dx} = \frac{v}{g}\frac{dv}{dx} + \frac{dh}{dx} + \frac{dz}{dx} = 0$$

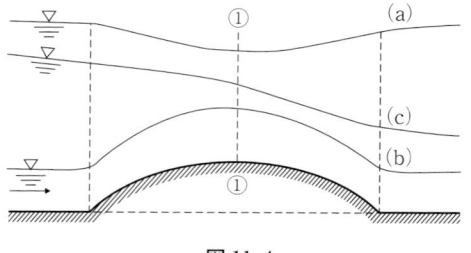

図11.4

以上，$dv/dx$ を消去すると，水路床の変化に伴う水面形の方程式が得られる．

$$\frac{dh}{dx} = -\frac{dz/dx}{1-F_r^2}$$

上式より，常流 $(F_r<1)$ では，$dh/dx$ と $dz/dx$ は異符号をとり，図11.5のように河床が上昇すれば $(dz/dx>0)$，水深が浅くなり $(dh/dx<0)$，流速は大きくなる．河床が下降すれば $(dz/dx<0)$，水深が深くなり $(dh/dx>0)$，流速は小さくなる．つまり，水面形は河床形状とは反位相を示すことになる．逆に射流

では水面形と河床形状とは同位相を示し，頂部（クレスト）では常流水深と射流水深は一致することがある．この水深が限界水深である．

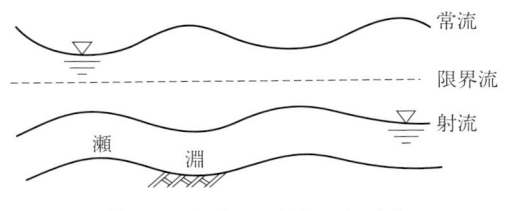

次に，射流から常流に移行するときの現象に跳水がある．頂部を流れる流速は射流＞限界流＞常流の関係にある．比エネルギーを一定としたならば，流量を最大にする流れは限界水深のときであり，その流れは限界流である．

**図 11.5** 河床の凹凸部の水面形

(正解 5)

## チャレンジ

**A.28** 図 11.6 のように，断面幅と水路勾配が一定な一様矩形開水路に水が定常的に流れている．いま，この開水路において限界水深 $h_c$ と等流水深 $h_0$ の関係が $h_c < h_0$ であり，水の流れは全域にわたって常流であった．このとき，この開水路の水路勾配 $i$ と限界勾配 $i_c$ の関係式と，水深 $h$ が存在し得るすべての領域の組合せとして正しいものはどれか．

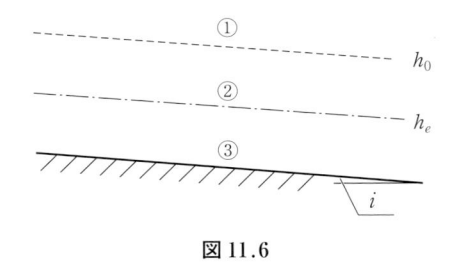

**図 11.6**

(H14,17 国家Ⅱ種)

   $i_c$ の関係式  $h$ の存在領域
1.  $i < i_c$    ①
2.  $i < i_c$    ①，②
3.  $i < i_c$    ③
4.  $i > i_c$    ①，②
5.  $i > i_c$    ③

**A.29** 図 11.7 のような水平水路床を有した開水路に，水が定常状態で流れて

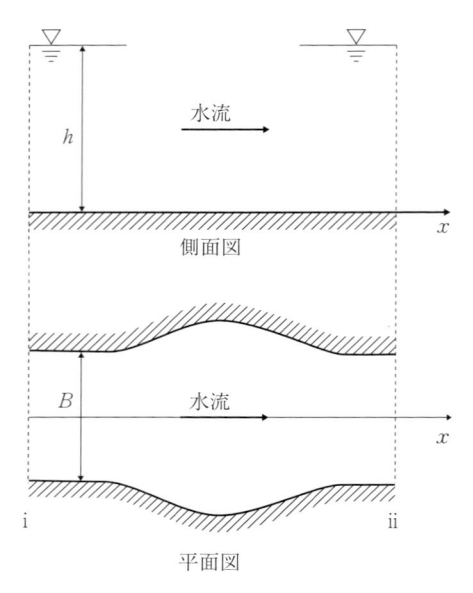

図 11.7

いる．ここで，図のように，水路床の延長方向に $x$ 軸をとり，水の粘性と摩擦損失の影響を無視すれば，水深 $h$ と水路幅 $B$ の関係は次式で表される．

$$\frac{dh}{dx} = \frac{F_r^2}{1-F_r^2} \cdot \frac{h}{B} \cdot \frac{dB}{dx}$$

ここに，$F_r = \dfrac{v}{\sqrt{gh}}$，$v$：断面平均流速，$g$：重力加速度．

いま，図 11.8 のように，水路幅がわずかに拡大する断面 i - ii 間におい

図 I   図 II   図 III

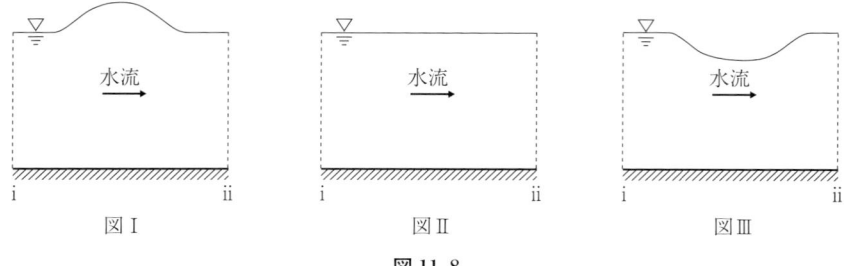

図 11.8

て，流れが上下流にわたって常流であるとき及び射流であるときの水深の変化を定性的に表した図Ⅰ，Ⅱ，Ⅲの組合せとして最も妥当なのはどれか． (H15 国家Ⅱ種)

|    | 常流 | 射流 |
|----|------|------|
| 1. | 図Ⅰ | 図Ⅱ |
| 2. | 図Ⅰ | 図Ⅲ |
| 3. | 図Ⅱ | 図Ⅰ |
| 4. | 図Ⅲ | 図Ⅰ |
| 5. | 図Ⅲ | 図Ⅱ |

**A.30** 図 11.9 のような断面幅が広く水路勾配が一定な一様矩形開水路に，水が層流状態で定常的に流れているときの流下方向（$x$ 軸方向）に関する $y$ 軸方向の流速分布 $u$ は次式で表される．

$$u = \frac{gI}{\nu}\left(hy - \frac{y^2}{2}\right)$$

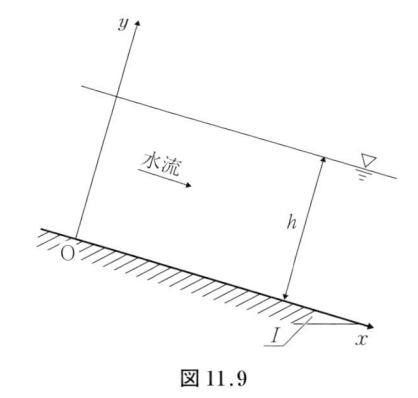

**図 11.9**

$\tau$ の分布図    $\tau_0$

1. 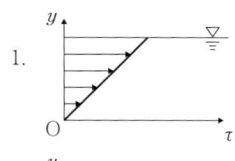  　　　　　　　0

2. 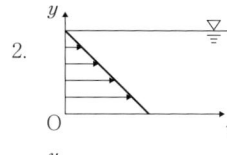  　　　　　　　$\dfrac{\rho g h I}{2}$

3. 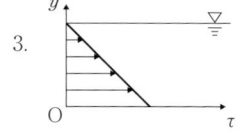  　　　　　　　$\rho g h I$

4. 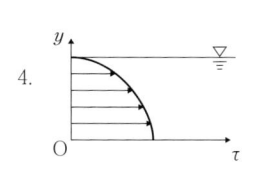  　　　　　　　$\dfrac{\rho g h I}{2}$

5. 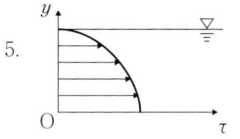  　　　　　　　$\rho g h I$

**図 11.10**

ここで，$g$：重力加速度，$I$：水路勾配，$\nu$：水の動粘性係数，$h$：水深．このとき，水の流れによる流下方向に関する $y$ 軸方向のせん断応力 $\tau$ の分布を定性的に表した図と，水路床に作用するせん断応力 $\tau_0$ の組合せとして正しいのはどれか（図 11.10）．ただし，水の密度を $\rho$ とし，水深は変化しないものとする． (H14 国家Ⅱ種)

**B.11** 図 11.1 のような一様な広長方形断面水路における不等流の水面形の概形として正しいのはどれか．いずれの場合も流れは左から右に向かっているものとし，$h_0$ は等流水深，$h_c$ は限界水深，$i$ は水路勾配，$i_c$ は限界勾配である．ただし，水深 $h$ の流下方向（$x$ 軸）の変化率は次式で表される．

$$\frac{dh}{dx} = \frac{i - \dfrac{Q^2}{C^2 R A^2}}{\dfrac{dE}{dh}}$$

ここで，$Q$ は流量，$C$ はシェジーの係数，$R$ は径深，$A$ は流積，$E$ は比エネルギーとする． (H10 国家Ⅰ種)

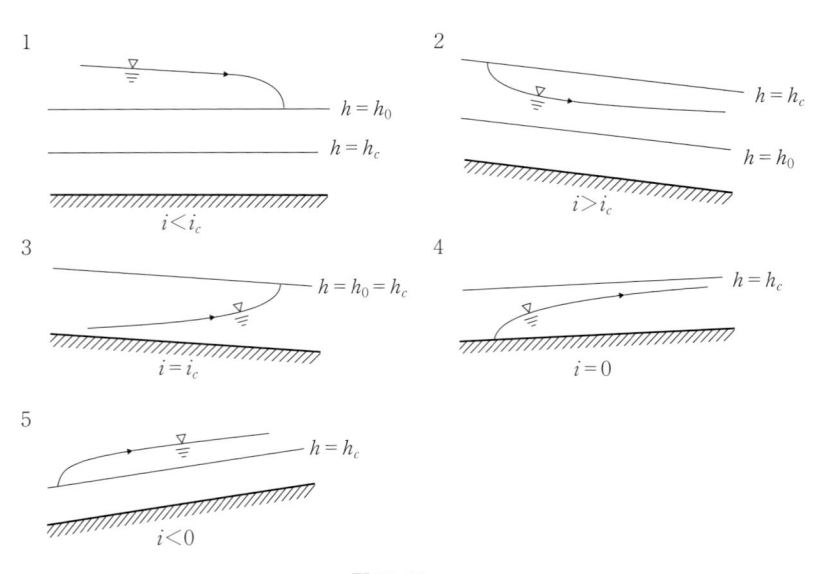

図 11.11

# 12 地下水の流れ

## 要　点

　地下水（重力水）は不透水層の傾斜に沿って低い方へ移動するが，地中であるためにその速度は非常に遅い．もちろん地層によって異なるが，粘土は $3\times10^{-5}$ mm/sec，細砂は $0.15$ mm/sec，小砂利が $30$ mm/sec 程度である．このように，雨水が地中に浸透していく見かけの速度は，地下水面の勾配によって決まることをダルシー（Darcy）によって見出され，ダルシーの法則と呼ばれている．つまり，地下水の流速は動水勾配に比例するというものである．いま，図 12.1 のように断面積 $A$，長さ $l$ の管に砂が詰まっていて，水頭差 $h$ で水を流すと，砂の中をゆっくり浸透しながら流れる流速 $v$ は**ダルシーの法則**によって，次式のように示される．実験によれば，ダルシーの法則の適用範囲は，**レイノルズ数** $R_e = vd/\nu < 1 \sim 10$ の層流域のとき成立する．

$$v = kI = k\frac{h}{l}$$

ここで，$v$：地下水の流速，$k$：**透水係数**，$I$：動水勾配，$h$：水頭差，$l$：砂層の長さ，$d$：土粒子粒径，$\nu$：水の**動粘性係数**，$k$ は土質によって違い，単位をもつ比例定数であり，mm/sec の速度の単位をもつ．したがって，砂層を浸透する水量，流量 $Q$ は次のとおりである．

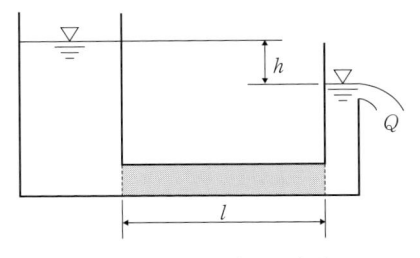

**図 12.1** 地下水流の実験

また，透水係数 $k$ は上式より次のようになり，一般的に室内試験の**定水位法**によって求めることができる．

$$Q = Av = A \cdot k \frac{h}{l}$$

$$k = \frac{Ql}{Ah}$$

## 例　題

**12.1** 図11.2のように，川に平行して水路がある．川及び水路の水面より下に不透水層に挟まれた，長さ30m，奥行き1m，厚さ0.5mの砂層があり，砂層を通って水路から川へ水が漏水している．1日の漏水量はおよそいくらか．ただし，砂層の透水係数は $3 \times 10^{-2}$ cm/sec とする．

(H20 国家Ⅱ種)

1. $2.2\,\mathrm{m^3/日}$　　2. $4.3\,\mathrm{m^3/日}$　　3. $6.5\,\mathrm{m^3/日}$
4. $8.6\,\mathrm{m^3/日}$　　5. $10.8\,\mathrm{m^3/日}$

**(解)**　ダルシーの法則から地下砂層を流れる流速 $V$ は

$$V = kI = 0.03 \times \frac{5}{30} = 0.005\,\mathrm{cm/sec} = 5 \times 10^{-3}\,\mathrm{cm/sec} = 5 \times 10^{-5}\,\mathrm{m/sec}$$

漏水流量 $Q$ は

$$Q = AV = (1 \times 0.5) \times 5 \times 10^{-5} = 2.5 \times 10^{-5}\,\mathrm{m^3/sec}$$

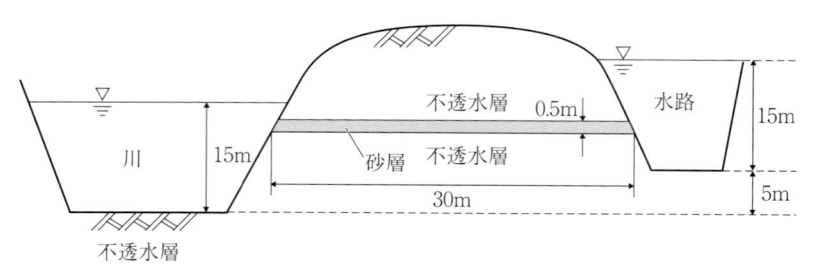

図 12.2

1日の漏水量 $Q$ は
$$Q = 2.5 \times 10^{-5} \times 3600 \times 24 = 2.16 \, \text{m}^3/\text{day} \qquad (\text{正解 1})$$

## チャレンジ

**A.31** 定水位法により，粒径 $d = 0.3$ mm の砂層を流れる透水係数 $k$ を求めたい．

試験によって求められた諸数値は，流量 $Q = 1 \times 10^{-8}$ m³/sec，動水勾配 $h/l = 0.1$，砂層の断面積 $A = 4$ cm² とする．

1. 0.15 mm/sec
2. 0.25 mm/sec
3. 0.35 mm/sec
4. 0.45 mm/sec
5. 0.55 mm/sec

# 13 相似則

## 要　点

　水の流れに関する現象を模型実験で解明しようとするとき，たとえば現地の水の速度をどのように再現したらよいのか複雑な問題である．このような現地（prototype）と模型（model）の関係を無次元量によって表すことを相似率と呼ばれ，それに従って現地の量を模型の量で再現することを**相似則**という．

　水理学では一般的にダムや河川など重力の影響が支配的である流れは，**フルード相似則**を使用する．つまり，**慣性力** $m\alpha$ と**重力** $mg$ の比として表す．

$$\frac{m\alpha}{mg} = \frac{\rho L^2 V^2}{\rho L^3 g} = \frac{V^2}{gL} \quad \text{or} \quad \frac{V}{\sqrt{gL}} = F_r$$

ここに，$\rho$：密度，$V$：流速，$L$：代表的な長さ，$g$：重力加速度，$F_r$：フルード数．

　次に，管水路の抵抗則や排水などの粘性の影響が支配的である流れは，**レイノルズ相似則**を使用する．つまり，慣性力 $m\alpha$ と**粘性力** $\tau_A$ の比として表す．

$$\frac{m\alpha}{\tau_A} = \frac{\rho L^2 V^2}{\mu(V/L)L^2} = \frac{VL}{\nu} = R_e$$

ここで，$\tau$：せん断応力（摩擦力），$A$：面積，$\mu$：**粘性係数**，$\nu$：水の**動粘性係数**（$\rho/\mu$），$R_e$：**レイノルズ数**．

　主な要素に対するフルード相似率，レイノルズ相似率を表13.1に示す．

# 第13章 相似則

**表13.1** フルード数およびレイノルズ数による相似率

| 要素 | フルード数 | レイノルズ数 |
|---|---|---|
| 長さ | $\lambda$ | $\lambda$ |
| 時間 | $\lambda^{1/2}$ | $\lambda^2$ |
| 速度 | $\lambda^{1/2}$ | $\lambda^{-1}$ |
| 加速度 | 1 | $\lambda^{-3}$ |
| 流量 | $\lambda^{5/2}$ | $\lambda$ |
| 力 | $\lambda^3$ | 1 |
| 圧力 | $\lambda$ | $\lambda^{-2}$ |

($\lambda$：長さの縮尺比)

## 例題

**13.1** 水路の模型実験において，実流量が $1000\,\mathrm{m^3/sec}$ のとき，縮尺 $1/25$ の模型におけるフルード相似則に基づく流量はいくらか．

(H22 国家Ⅱ種)

1. $0.32\,\mathrm{m^3/sec}$  2. $1.6\,\mathrm{m^3/sec}$  3. $8.0\,\mathrm{m^3/sec}$
4. $40\,\mathrm{m^3/sec}$  5. $2.0\times10^2\,\mathrm{m^3/sec}$

**(解)** 一般に重力の影響が支配的な場合，フルード則に従う．添字 m を模型，p を現物とすると，フルード則は

$$F_r = \frac{V_m}{\sqrt{gh_m}} = \frac{V_p}{\sqrt{gh_p}}$$

長さ $L$，縮尺比を $\lambda$ として，整理すると

$$\frac{V_m}{V_p} = \sqrt{\frac{h_m}{h_p}} = \sqrt{\frac{L_m}{L_p}} = \sqrt{\lambda}$$

流量をフルード則に適用すると

$$\frac{Q_m}{Q_p} = \frac{A_m V_m}{A_L V_L} = \left(\frac{L_m}{L_p}\right)^2 \times \sqrt{\lambda} = \lambda^2 \times \sqrt{\lambda} = \lambda^{\frac{5}{2}}$$

したがって，実流量 $Q_p = 1000\,\mathrm{m^3/sec}$，$\lambda = 1/25$ とすると，実験流量 $Q_m$ は

$$Q_m = \left(\frac{1}{25}\right)^{\frac{5}{2}} \times 1000 = \left(\frac{1}{5}\right)^{5} \times 1000 = 0.32 \text{ m}^3/\text{sec} \qquad \text{(正解 1)}$$

## チャレンジ

**A.32** 水理模型実験を行うとき，粘性力が卓越する現象における，模型の流速 $V_m$ と実物の流速 $V_p$ との流速比 $V_m/V_p$ として最も妥当なのはどれか．ただし，模型と実物の動粘性係数を $\nu_m$，$\nu_p$，長さを $L_m$，$L_p$ とし，また，長さの縮尺比を $\lambda_L (= L_m/L_p)$ とする． (H20 国家Ⅱ種)

1. $\dfrac{\nu_m}{\nu_p}\lambda_L^{\frac{1}{2}}$  2. $\dfrac{\nu_m}{\nu_p}\dfrac{1}{\lambda_L}$  3. $\left(\dfrac{\nu_m}{\nu_p}\right)^{\frac{1}{2}}\lambda_L$  4. $\left(\dfrac{\nu_p}{\nu_m}\right)^{\frac{1}{2}}\lambda_L$  5. $\dfrac{\nu_p}{\nu_m}\dfrac{1}{\lambda_L}$

# 14 その他の関連出題

## 例 題

**14.1** 河川の流量に関する次の記述の（ア）～（エ）に当てはまる語句の組合せとして正しいのはどれか．

「河川の流量は，マニングの公式を用いれば

$$Q = \frac{1}{n} R^{2/3} I^{1/2} A \quad \text{となる．}$$

$n$：（ア），$R$：径深，$I$：水面勾配，$A$：断面積

断面積及び径深は，それぞれの河川断面に対して，水深 $h$ の関数として示されるので，流量 $Q$ と水深 $h$ との間には，相関関係が成り立つ．高水時には流水が（イ）であり，増水期の水面勾配が減水期に比べ大きいため，図 14.1 に示した**水位流量曲線**の①は（ウ）期であり，②では（エ）期である．」　　　　　　　　　　（H 10, 18 国家Ⅱ種）

|   | （ア） | （イ） | （ウ） | （エ） |
|---|---|---|---|---|
| 1. | 流出係数 | 定　常 | 増　水 | 減　水 |
| 2. | 粗度係数 | 非定常 | 増　水 | 減　水 |
| 3. | 流出係数 | 定　常 | 減　水 | 増　水 |
| 4. | 粗度係数 | 非定常 | 減　水 | 増　水 |
| 5. | 粗度係数 | 定　常 | 増　水 | 減　水 |

**(解)** 河川の高水時（非定常流：時間とともに流量が変化）における水深と流量の関係は，ループを描き，同じ水深でも水深の上昇時（増水）の方が下降時（減水）よりも流量が大きくなる．その理由は，減水期に比べ増水期の水面勾配が大きいからである．したがって，ループ状の②は増水期，①は減水期となる．また，流量と水深の最大値は同時に生じず，増水期において，流量の方が水深より先に最大になり，水深が最大に達したとき流量は減少期に入っている．まとめると，最大流速，最大流量，最大水深が現れる時刻をそれぞれ $t_V$, $t_Q$, $t_h$ とすると，その関係は $t_V > t_Q > t_h$ となる．

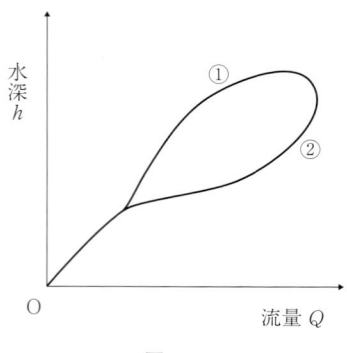

図14.1

（正解 4）

---

**14.2** 図14.2のような水深 $H = 3.0$ m の矩形断面水路の中央で，プロペラ流速計を用い水面から深さ方向 0.3 m ごとに流速を測定した結果，表のようになった．

このとき，**三点法**によって求めた断面中央の平均流速はおよそいくらか．

なお，三点法とは水面からの深さが水深の 0.2 倍，0.6 倍，0.8 倍のところで測定した流速をそれぞれ，$V_{0.2H}$, $V_{0.6H}$, $V_{0.8H}$，平均流速を $V_M$ とすると

$$V_M = \frac{V_{0.2H} + 2V_{0.6H} + V_{0.8H}}{4}$$

として平均流速を求める方法である．　　　　（H23 国家Ⅱ種）

| 水深 $h$(m) | 0.3 | 0.6 | 0.9 | 1.2 | 1.5 | 1.8 | 2.1 | 2.4 | 2.7 |
|---|---|---|---|---|---|---|---|---|---|
| 流速 $V_h$(m/sec) | 0.93 | 0.95 | 0.94 | 0.93 | 0.91 | 0.89 | 0.86 | 0.83 | 0.79 |

1. 0.87 m/sec　　2. 0.88 m/sec　　3. 0.89 m/sec
4. 0.90 m/sec　　5. 0.91 m/sec

第 14 章　その他の関連出題

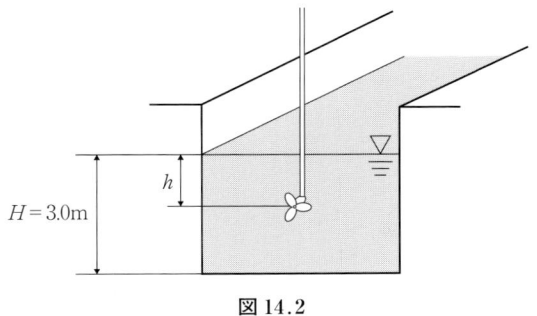

図 14.2

**(解)**　三点法の平均流速

$$V_M = \frac{V_{0.2} + 2V_{0.6} + V_{0.8}}{4} = \frac{0.95 + 2 \times 0.89 + 0.83}{4} = 0.89 \text{ m/sec}$$

ここで，$V_{0.2}$：水面から水深の 2 割の位置の実測流速，$V_{0.6}$：水面から水深の 6 割の位置の実測流速，$V_{0.8}$：水面から水深の 8 割の位置の実測流速である．

河川の平均流速測定には，他に二点法，四点法などがある．

　　**一点法**　　$V_M = V_{0.6}$
　　**二点法**　　$V_M = \dfrac{V_{0.2} + V_{0.8}}{2}$
　　**四点法**　　$V_M = \dfrac{1}{5}\left\{(V_{0.2} + V_{0.4} + V_{0.6} + V_{0.8}) + \dfrac{1}{2}\left(V_{0.2} + \dfrac{V_{0.8}}{2}\right)\right\}$

（正解 3）

# 第Ⅱ編
# 構造力学

# 1 構造物の静定と不静定の判別

## 要　点

　ある梁構造物が静定であるか不静定であるかを判別するには，反力が**つり合いの3条件**

$$\Sigma H=0, \ \Sigma V=0, \ \Sigma M=0$$

を満足しているかで決める．
　静定梁においては，$N$：**不静定次数**，$R$：**反力数**，$j$：梁の中にある**ヒンジ数**とした場合

$$N=R-3-j=0$$

となる．
　**可動支点**，**ヒンジ支点**および**固定支点**の表示と反力数は図1.1のとおりである．

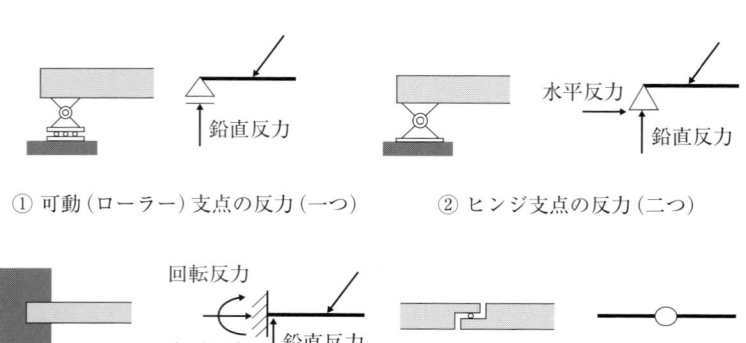

① 可動（ローラー）支点の反力（一つ）　　② ヒンジ支点の反力（二つ）

③ 固定支点の反力（三つ）　　④ ゲルバー形式ヒンジ（j）の記号

図1.1

## 例　題

**1.1** 図1.2に示す構造物のうち，一次の**不静定構造**はどれか．
1. 図Ⅰ　2. 図Ⅱ　3. 図Ⅲ　4. 図Ⅳ　5. 図Ⅴ

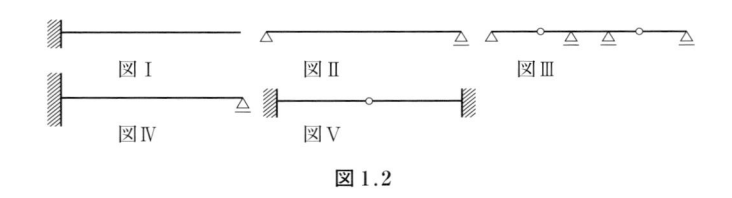

図1.2

**（解）**
(a)　図Ⅰは片持ち梁で
   反力数$(R)=$ 鉛直反力 $+$ 水平反力 $+$ 回転反力 $=1+1+1=3$
   $N=R-3-j=3-3-0=0$
したがって，静定梁である．

(b)　図Ⅱは単純梁で
   反力数$(R)=$ 鉛直反力 $+$ 水平反力 $+$ 回転反力 $=2+1+0=3$
   $N=R-3-j=3-3-0=0$
したがって，静定梁である．

(c)　図Ⅲはゲルバー梁で
   反力数$(R)=$ 鉛直反力 $+$ 水平反力 $+$ 回転反力 $=4+1+0=5$
   梁の中にあるヒンジ数$(j)=2$
   $N=R-3-j=5-3-2=0$
したがって，静定梁である．

(d)　図Ⅳは一端固定，他端可動梁で
   反力数$(R)=$ 鉛直反力 $+$ 水平反力 $+$ 回転反力 $=2+1+1=4$
   $N=R-3-j=4-3-0=1$

したがって，一次の不静定梁である．

(e) 図Ⅴは両端固定梁で

反力数 = 鉛直反力 + 水平反力 + 回転反力 = 2+2+2 = 6（片側3つ）

梁の中にあるヒンジ数$(j)=1$

$$N=R-3-j=6-3-1=2$$

したがって，二次の不静定梁である． （正解4）

## チャレンジ

**A.1** 図1.3において，図ⅠからⅣに示す構造物のうちから，静定構造物のみを選び出しているのはどれか． （H19 国家Ⅱ種）

1. 図Ⅰ，図Ⅱ　　2. 図Ⅰ，図Ⅲ　　3. 図Ⅱ，図Ⅲ
4. 図Ⅱ，図Ⅳ　　5. 図Ⅲ，図Ⅳ

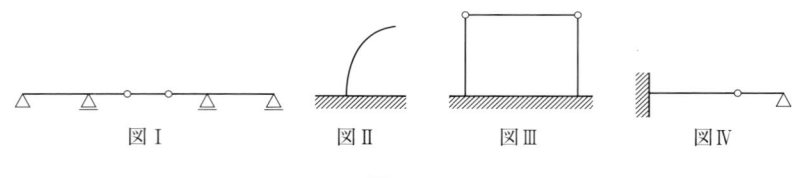

図1.3

**A.2** 図1.4のような梁A，B，Cにおいて，静定構造物のみをすべて選び出しているのはどれか． （H23 国家Ⅱ種）

1. A　　2. B　　3. A, B　　4. A, C　　5. B, C

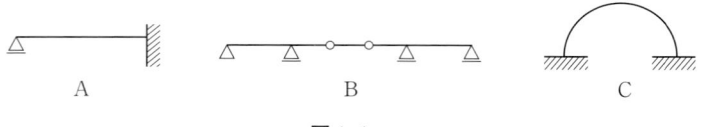

図1.4

# 2 各種梁の反力，断面力

要　点

静定構造物である**単純梁**，**片持ち梁**，**張出し梁**，**ゲルバー梁**，**間接荷重梁**および静定ラーメンの反力や断面力（軸力，せん断力，曲げモーメント）の計算においては，これら各種梁の構造形式とともに基本となる単純梁および片持ち梁の解法を十分理解することが必要である．

### (1) 反　力

静定梁である単純梁の反力 $(R_A, R_B)$ は，つり合いの3条件である回転のつり合いから求める．

$R_A$ は反対側の B 支点より $\sum M_B=0$ で，$R_B$ は A 支点でのつり合い $\sum M_A=0$ で求める．

また回転力は

$$回転力 = 力 \times 距離，右回転（+），左回転（-）$$

である．回転の正負は，図2.1に示すようにスパナとボルトでボルトの回転力を考えるとわかりやすい．

反力の計算が終われば，必ず

$$\sum V = R_A + R_B - 全荷重 = 0$$

で確認すること．

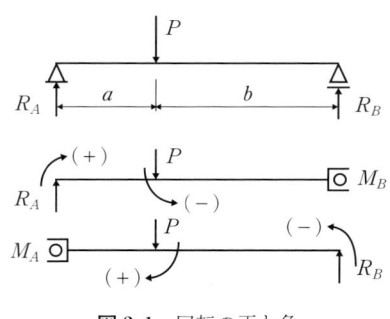

図 2.1　回転の正と負

## (2) せん断力（$S$）

**せん断力**は，反力と荷重によって計算される．せん断力の正（＋）と負（－）は図 2.2 に示すとおりである．図からわかるように左側（A 支点）から計算すると，上向きの力は（＋）で，下向きの力は（－）として計算を順次進めることになる．右側（B 支点）から計算する場合には，その符号は反対になる．

したがって，A 支点側は（＋）に B 支点側は（－）のせん断力図になることがわかる．また，単純梁のせん断力図の（＋）と（－）の面積は，荷重にかかわらず同一になる．

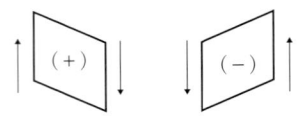

図 2.2　せん断力の正と負

## (3) 曲げモーメント

**曲げモーメント**の計算は，図 2.3 の曲げ変形を理解して進める．正の曲げ変形では，左端から右回転が，右端から左回転が作用する．また，負の曲げ変形は左端から左回転が，右端から右回転が作用する．

最大曲げモーメントはせん断力が 0 の位置で起こるが，等変分布荷重などでは次の関係を理解しておくと簡単に求められる場合がある．

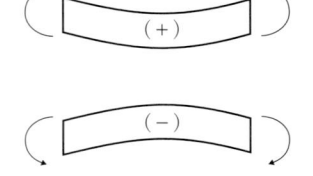

図 2.3　曲げモーメントの正と負

荷重 $w$，せん断力 $S$，曲げモーメント $M$ には次の関係がある．

$$S_x = \int w_x dx, \quad M_x = \int S_x dx$$

等分布荷重から得られるせん断力図および曲げモーメント図からもわかるように，等分布荷重の面積がせん断力の大きさとなり，そのせん断力図の面積が曲げモーメントの大きさになっている．

第2章 各種梁の反力，断面力

## 例　題

**2.1** 次の図2.4に示す単純梁にモーメント荷重が作用するとき，反力 $R_A$ の大きさはいくらか．
1. 28 kN　　2. 32 kN　　3. 40 kN　　4. 48 kN　　5. 52 kN

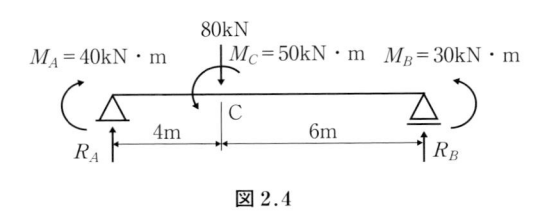

図 2.4

**(解)**

(1) 反力の計算

$R_A$ は反対側の B 支点より $\sum M_B=0$ で，$R_B$ は A 支点でのつり合い $\sum M_A=0$ で求める．また，**モーメント荷重**は，図より $M_A$ は右回転（＋），$M_B$ は左回転で（－），$M_C$ は左回転で（－）になる．

$$\sum M_B = R_A \times 10\,\text{m} - 80\,\text{kN} \times 6\,\text{m} + 40\,\text{kN·m} - 50\,\text{kN·m} - 30\,\text{kN·m} = 0$$

$$\therefore\ R_A = \frac{1}{10}(80 \times 6 - 40 + 50 + 30) = 52\,\text{kN}$$

$$\sum M_A = -R_B \times 10\,\text{m} + 80\,\text{kN} \times 4\,\text{m} + 40\,\text{kN·m} - 50\,\text{kN·m} - 30\,\text{kN·m} = 0$$

$$\therefore\ R_B = \frac{1}{10}(80 \times 4 + 40 - 50 - 30) = 28\,\text{kN}$$

検算すると，$\sum V = R_A + R_B - $ 全荷重 $=0$ である．　　　　　　（正解 5）

以下，せん断力と曲げモーメントの計算を示しておく．

(2) せん断力の計算

せん断力を左側（A 支点）から計算すると，図2.5のように上向きの力は（＋）で，下向きの力は（－）として計算を順次進める．モーメント荷重は，

せん断力の計算には考慮しない．

$S_{A \sim C} = R_A = 52$ kN

$S_{C \sim B} = -R_B = 52 - 80 = -28$ kN

(3) 曲げモーメントの計算

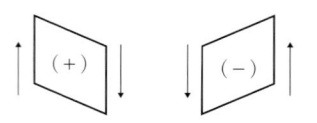

図 2.5 せん断力の正と負

正の曲げ変形では，左端から右回転が，右端から左回転が作用する．また，負の曲げ変形は左端から左回転が，右端から右回転が作用する．

$M_A = 40$ kN·m

$M_{C(左)} = 40$ kN·m $+ R_A \times 4$ m $= 248$ kN·m

$M_{C(右)} = 248$ kN·m $- M_C = 248 - 50$
$= 198$ kN·m

$M_B = 30$ kN·m

つまり，A 支点から曲げモーメントの計算を進める場合，右回転が（＋），左回転を（－）とする（図 2.6 参照）．一方，$M_{C(右)}$ を B 支点から計算すると，左回転が（＋）となり（図 2.7）

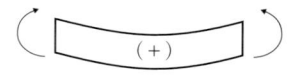

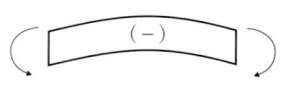

$M_{C(右)} = 30$ kN·m $+ R_B \times 6$ m $= 198$ kN·m

図 2.6 曲げモーメントの正と負

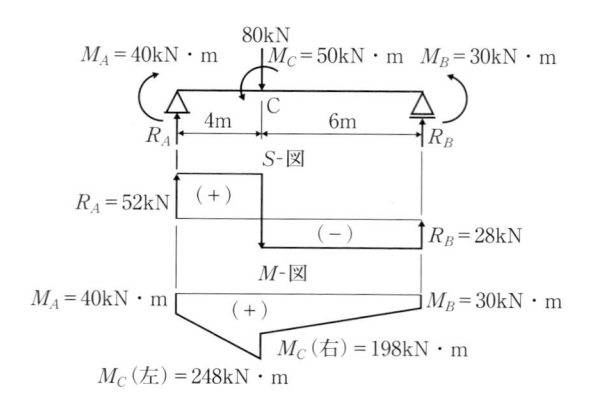

図 2.7

**2.2** 図2.8に示す**片持ち梁**の曲げモーメント $M_A$ の大きさはいくらか．
1. $-26\,\text{kN}\cdot\text{m}$　　2. $-36\,\text{kN}\cdot\text{m}$　　3. $-46\,\text{kN}\cdot\text{m}$
4. $-56\,\text{kN}\cdot\text{m}$　　5. $-86\,\text{kN}\cdot\text{m}$

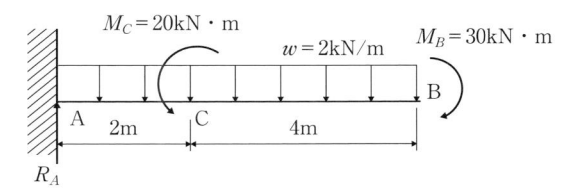

図2.8

（**解**）　A点の曲げモーメント $M_A$ をB端（右）から計算すると，右回転は負，反対に左回転は正の曲げモーメントとなる．

$$M_A = -(2\,\text{kN/m} \times 6\,\text{m}) \times 3\,\text{m} - 30\,\text{kN}\cdot\text{m} + 20\,\text{kN}\cdot\text{m} = -46\,\text{kN}\cdot\text{m}$$

（正解 3）

以下図2.9に，計算されたせん断力図と曲げモーメント図を示しておく．

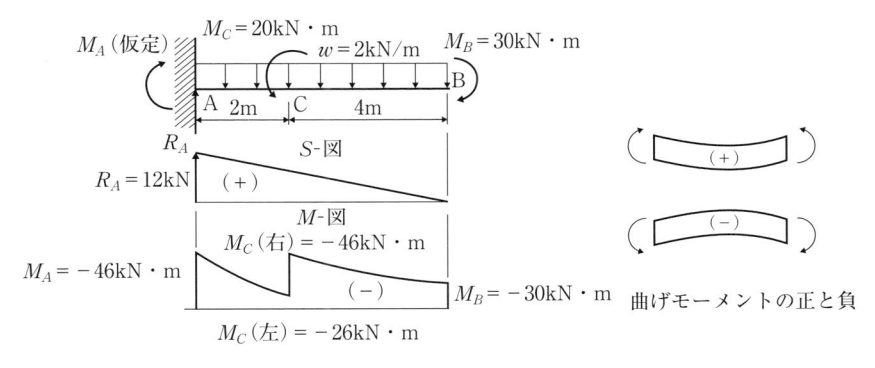

図2.9

**2.3** 次の図 2.10 に示す**張出し梁**の最大曲げモーメント $M_{\max}$ の大きさはいくらか.

1. 10 kN·m　2. 25 kN·m　3. 30 kN·m　4. 35 kN·m　5. 40 kN·m

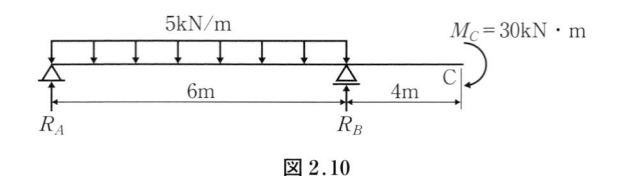

図 2.10

**(解)**

(1) 反力 ($R_A$, $R_B$)

1) $R_A$ は, $\sum M_B = 0$ より

$$\sum M_B = R_A \times 6\,\text{m} - (5\,\text{kN/m} \times 6\,\text{m}) \times 3\,\text{m} + 30\,\text{kN·m} = 0$$

$$\therefore R_A = \frac{1}{6}(30 \times 3 - 30) = 10\,\text{kN}$$

2) $R_B$ は, $\sum M_A = 0$ より

$$\sum M_A = -R_B \times 6\,\text{m} + (5\,\text{kN/m} \times 6\,\text{m}) \times 3\,\text{m} + 30\,\text{kN·m} = 0$$

$$\therefore R_B = \frac{1}{6}(30 \times 3 + 30) = 20\,\text{kN}$$

(2) せん断力 ($S$)

$$S_A = R_A = 10\,\text{kN}$$
$$S_{B(左)} = R_A - (5\,\text{kN/m} \times 6\,\text{m}) = -20\,\text{kN}$$
$$S_{B(右) \sim C} = -20\,\text{kN} + R_B = 0$$

また, せん断力 $S = 0$ の位置は A 支点より $x\,(\text{m})$ とすると

$$S_x = R_A - (5\,\text{kN/m} \times x) = 0$$

$x = 2\,\text{m}$　この位置で曲げモーメントが最大となる.

(3) 曲げモーメント ($M$) (図 2.11)

$$M_A = 0$$
$$M_B = -30\,\text{kN·m}$$
$$M_C = -30\,\text{kN·m}$$

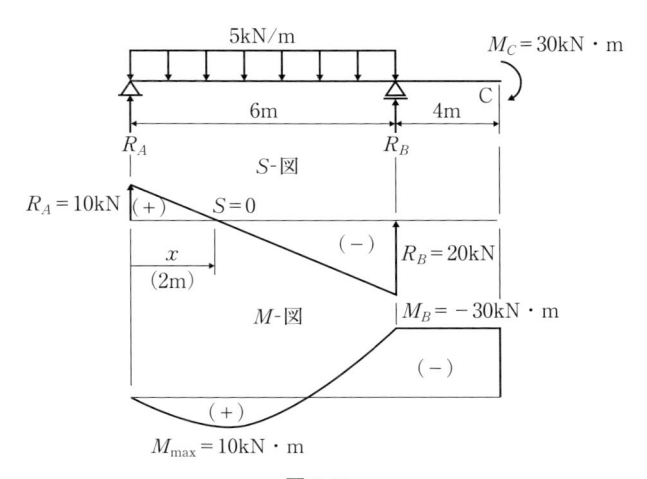

第2章 各種梁の反力，断面力　79

図 2.11

せん断力図の面積が曲げモーメントの大きさになることから

$$M_{\max} = \frac{1}{2} \times R_A \times 2\,\mathrm{m} = 10\,\mathrm{kN \cdot m}$$

別解では

$$M_{\max} = R_A \times 2\,\mathrm{m} - (5\,\mathrm{kN/m} \times 2) \times \frac{2\,\mathrm{m}}{2} = 10\,\mathrm{kN \cdot m} \quad （正解 1）$$

---

**2.4** 図 2.12 に示す**ゲルバー梁**の B 支点の曲げモーメント $M_B$ の大きさはいくらか．
　1．$8\,\mathrm{kN \cdot m}$　2．$16\,\mathrm{kN \cdot m}$　3．$24\,\mathrm{kN \cdot m}$　4．$-16\,\mathrm{kN \cdot m}$　5．$-24\,\mathrm{kN \cdot m}$

---

（**解**）　ゲルバー梁は，連続梁の一部にヒンジ支承を設けたものである．図に示すように単純梁と張出し梁を組み合わせたもので，反力，せん断力および曲げモーメントの計算は，載っている単純梁の反力（$R_E$）から計算すればよい．

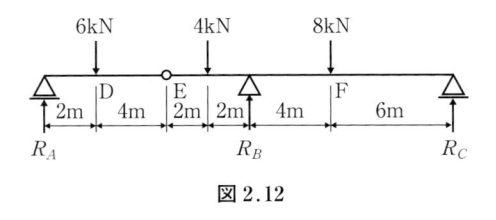

図 2.12

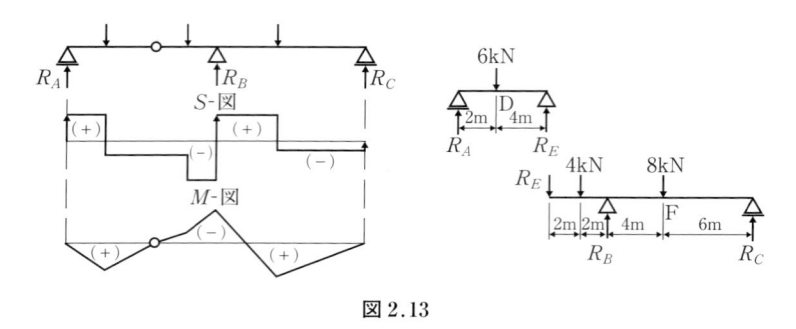

図 2.13

(1) 反力 ($R_E$)

$$R_E = \frac{1}{6}(6\,\text{kN} \times 2\,\text{m}) = 2\,\text{kN}$$

(2) 曲げモーメント $M_B$

図に示すように張出し梁と考えて E 点から計算する．

$$M_B = -R_E \times 4\text{m} - 4\,\text{kN} \times 2\,\text{m} = -16\,\text{kN}\cdot\text{m} \qquad (\text{正解 4})$$

以下図 2.13 に，せん断力図と曲げモーメント図を示しておく．

---

**2.5** 図 2.14 に示す**間接荷重梁**の最大曲げモーメント $M_\text{max}$ の大きさはいくらか．

1. $340\,\text{kN}\cdot\text{m}$  2. $420\,\text{kN}\cdot\text{m}$  3. $450\,\text{kN}\cdot\text{m}$  4. $520\,\text{kN}\cdot\text{m}$  5. $640\,\text{kN}\cdot\text{m}$

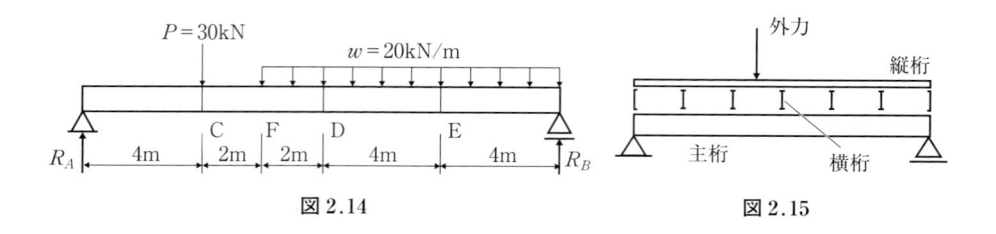

図 2.14

図 2.15

**(解)** 間接荷重梁は図 2.15 のように，主桁，横桁，縦桁からなる床組構造である．外力が縦桁に作用すると，横桁に伝達され，さらに横桁から主桁に作用する．

第2章 各種梁の反力, 断面力

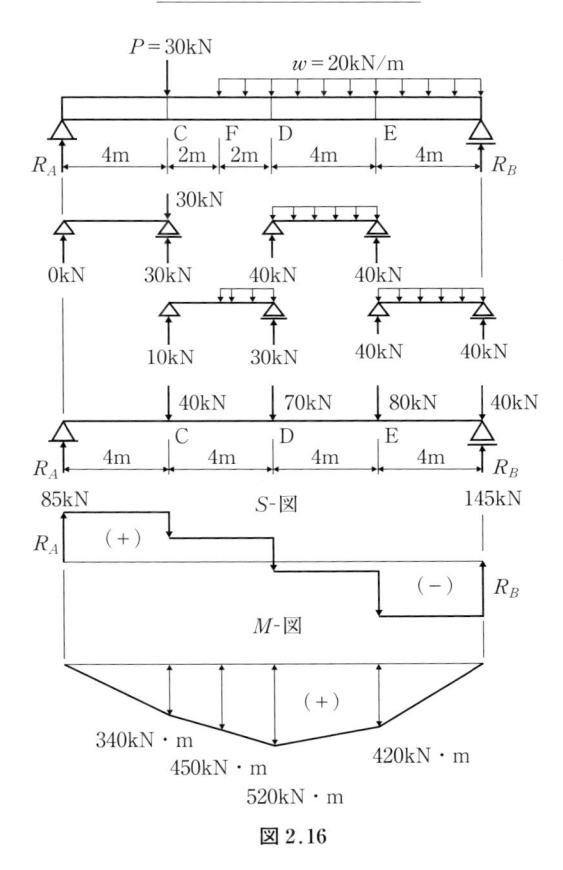

**図 2.16**

したがって，間接荷重を図 2.16 の単純梁として各反力を求めて，主桁に作用する直接荷重として反力 ($R_A$, $R_B$)，せん断力および曲げモーメントを計算する．

ここに，C 点に作用する $P=30$ kN は，図のように縦桁 AC に作用させても，CD に作用させても同様である．

(1) 反力 ($R_A$, $R_B$)

反力は，直接荷重と同様に

$$R_A = \frac{1}{16 \text{ m}} \{30 \text{ kN} \times 12 \text{ m} + (20 \text{ kN/m} \times 10 \text{ m}) \times 5 \text{ m}\} = 85 \text{ kN}$$

$$R_B = \frac{1}{16 \text{ m}} \{30 \text{ kN} \times 4 \text{ m} + (20 \text{ kN/m} \times 10 \text{ m}) \times 11 \text{ m}\} = 145 \text{ kN}$$

(2) せん断力 ($S$)

$$S_A = R_A = 85\,\text{kN}$$
$$S_{C \sim D} = R_A - 40\,\text{kN} = 45\,\text{kN}$$
$$S_{D \sim E} = 45\,\text{kN} - 70\,\text{kN} = -25\,\text{kN}$$
$$S_{E \sim B} = -R_B = -25\,\text{kN} - 80\,\text{kN} = -145\,\text{kN}$$

(3) 曲げモーメント ($M$)

$$M_A = 0$$
$$M_C = R_A \times 4\,\text{m} = 340\,\text{kN} \cdot \text{m}$$
$$M_D = R_A \times 8\,\text{m} - 40\,\text{kN} \times 4\,\text{m} = 520\,\text{kN} \cdot \text{m}$$
$$M_E = R_B \times 4\,\text{m} - 40\,\text{kN} \times 4\,\text{m} = 420\,\text{kN} \cdot \text{m}$$

せん断力 $S=0$ はD点で起こり，最大曲げモーメント $M_{\max} = M_D = 520\,\text{kN} \cdot \text{m}$ が得られる

（正解 4）

図2.16に，せん断力図と曲げモーメント図を示しておく．

**2.6** 図2.17に示す**静定ラーメン**のCD部材の中央G点の曲げモーメントの大きさはいくらか．

1. $-8\,\text{kN} \cdot \text{m}$　　2. $-12\,\text{kN} \cdot \text{m}$　　3. $-16\,\text{kN} \cdot \text{m}$
4. $-18\,\text{kN} \cdot \text{m}$　　5. $-32\,\text{kN} \cdot \text{m}$

**(解)**

(1) 鉛直反力 ($R_A$)

$$\sum M_B = R_A \times 10\,\text{m} + (4\,\text{kN/m} \times 6\,\text{m}) \times 7\,\text{m} - (4\,\text{kN/m} \times 10\,\text{m}) \times 5\,\text{m} - 20\,\text{kN} \times 5\,\text{m} = 0$$

$$R_A = \frac{1}{10}(-24 \times 7 + 40 \times 5 + 20 \times 5) = 13.2\,\text{kN}$$

また，$R_B$ は $\sum V = R_A + R_B - (4\,\text{kN/m} \times 10\,\text{m}) = 0$　より

$$R_B = 40 - R_A = 26.8\,\text{kN}$$

(2) 水平反力 ($H_A$)

$H_A$ を図のように左向きに仮定すると

第 2 章 各種梁の反力，断面力

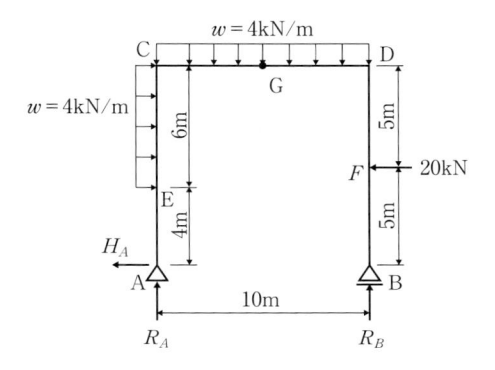

**図 2.17**

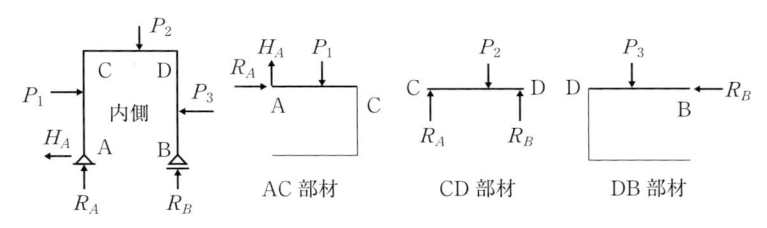

**図 2.18**

$$\sum H = H_A - (4\,\text{kN/m} \times 6\,\text{m}) + 20\,\text{kN} = 0$$

$H_A = 24 - 20 = 4\,\text{kN}$ （＋で仮定どおり左向き）

(3) せん断力 ($S$)

断面力の計算は，図 2.18 に示すように求めようとする部材の外側が上になるように置き換えて計算する．

また，その計算された断面力図（軸力 $N$，せん断力 $S$，曲げモーメント $M$）は，図 2.19 のように約束されている．

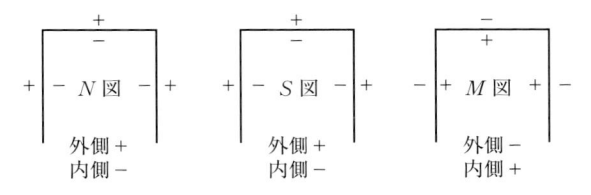

**図 2.19**

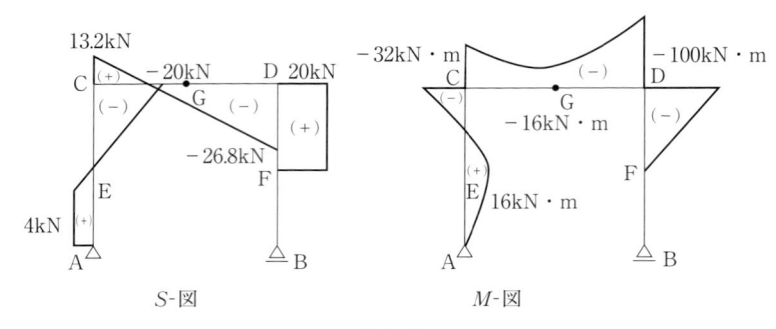

*S*-図　　　　　　　　　　　*M*-図

図 2.20

$$S_{A\sim E}=H_A=4\text{ kN}$$
$$S_{CA}=4-(4\text{ kN/m}\times 6\text{ m})=-20\text{ kN}$$
$$S_{CD}=R_A=13.2\text{ kN}$$
$$S_{DC}=-R_B=-26.8\text{ kN}$$
$$S_{D\sim F}=20\text{ kN}$$
$$S_{F\sim B}=0$$

(4) 曲げモーメント ($M$)（図 2.20）

$$M_A=0$$
$$M_E=H_A\times 4\text{ m}=4\text{ kN}\times 4\text{ m}=16\text{ kN}\cdot\text{m}$$
$$M_{CA}=H_A\times 10\text{ m}-(4\text{ kN/m}\times 6\text{ m})\times 3\text{ m}=-32\text{ kN}\cdot\text{m}$$
$$M_G=M_{CD}+R_A\times 5\text{ m}-(4\text{ kN/m}\times 5\text{ m})\times 2.5\text{ m}=-16\text{ kN}\cdot\text{m}$$
$$M_{DB}=-20\text{ kN}\times 5\text{ m}=-100\text{ kN}\cdot\text{m}$$
$$M_F=M_B=0$$

（正解 3）

　曲げモーメント図の描き方を理解するために，図 2.21 のような簡単に計算できる例を示しておく．求めようとする部材の外側が上になるように向きを変える．

　次に図 2.22 のような**不静定ラーメン**の曲げモーメント図についても理解しておこう．

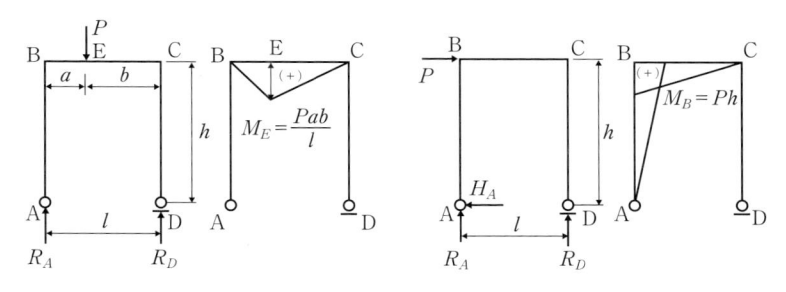

第 2 章　各種梁の反力，断面力

① 鉛直荷重　　　　　　　　　② 水平荷重

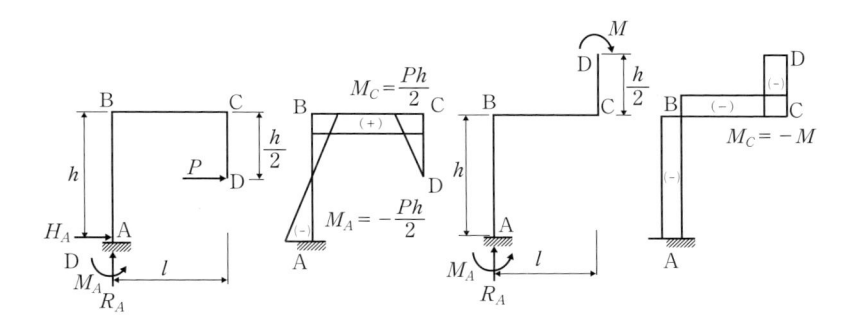

③ 片持梁式　　　　　　　　　④（H11 国家 II 種）

図 2.21

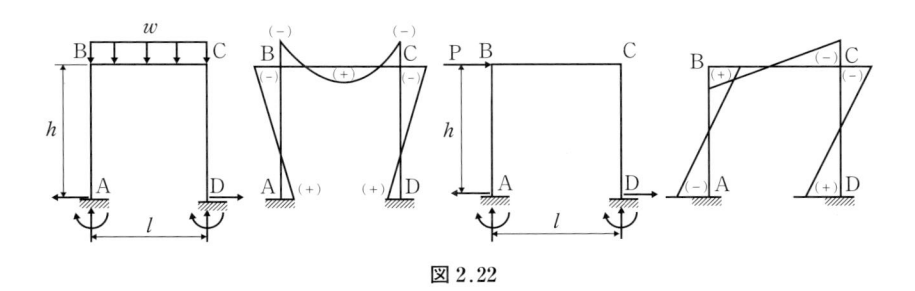

図 2.22

## チャレンジ

**A.3** 図 2.23 のように，長さ $L$ の梁に等辺分布荷重が作用している．このとき，梁の断面に発生する曲げモーメントの大きさの最大値として最も妥当なのはどれか．ただし，梁の自重は無視する．　（H23 国家Ⅱ種）

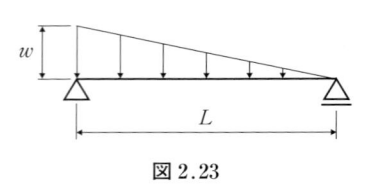

図 2.23

1. $\dfrac{5}{81}wL^2$　　2. $\dfrac{1}{16}wL^2$　　3. $\dfrac{\sqrt{3}}{27}wL^2$

4. $\dfrac{\sqrt{3}}{18}wL^2$　　5. $\dfrac{\sqrt{3}}{9}wL^2$

**B.1** 長さ $3l$ の**単純梁**の曲げモーメント図が図 2.24 のように示されるとき，作用する外力の状態として最も妥当なのはどれか．ただし，$M=3Pl$ とする．また，引張側を正とし，梁の自重は無視する．　（H17 国家Ⅱ種）

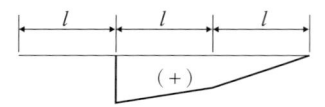

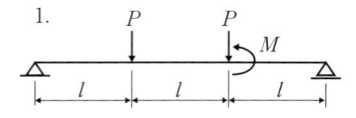

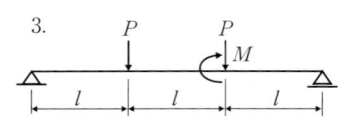

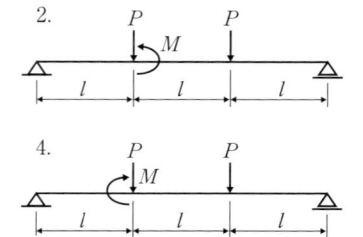

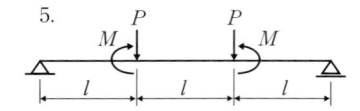

図 2.24

**B.2** 次に示す**片持ち梁**に図 2.25 のような分布荷重が作用するとき，固定端の曲げモーメント $M_A$ の大きさはいくらか．

1. $-13.3\,\mathrm{kN\cdot m}$
2. $-16.3\,\mathrm{kN\cdot m}$
3. $-21.3\,\mathrm{kN\cdot m}$
4. $-26.3\,\mathrm{kN\cdot m}$
5. $-29.3\,\mathrm{kN\cdot m}$

図 2.25

**A.4** 図 2.26 に示す**張出し梁**に**モーメント荷重**のみが作用するとき，曲げモーメント図として最も妥当なのはどれか．ただし，梁の自重は無視する．

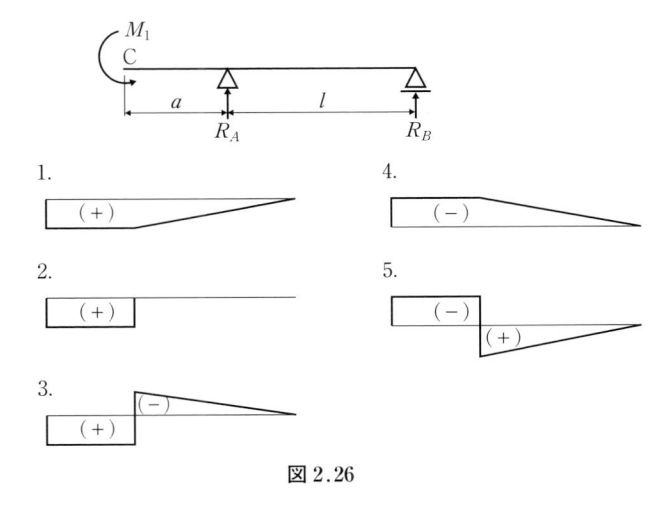

図 2.26

**A.5** 図 2.27 に示す**ゲルバー梁**の AB 区間の中点 G の曲げモーメント $M_G$ の大きさはいくらか．

1. $-15\,\mathrm{kN\cdot m}$  2. $-30\,\mathrm{kN\cdot m}$  3. $15\,\mathrm{kN\cdot m}$
4. $30\,\mathrm{kN\cdot m}$  5. $45\,\mathrm{kN\cdot m}$

$w=2\text{kN/m}$

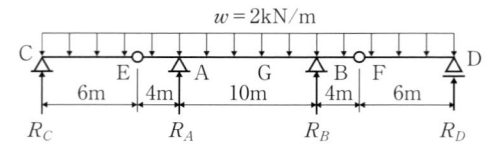

図 2.27

**B.3** 図 2.28 のように，**ラーメン構造**に鉛直集中荷重が作用しているとき，点 A における水平反力の大きさはおよそいくらか．（H23 国家 II 種）

1. 8.3 kN
2. 9.3 kN
3. 10.3 kN
4. 11.3 kN
5. 12.3 kN

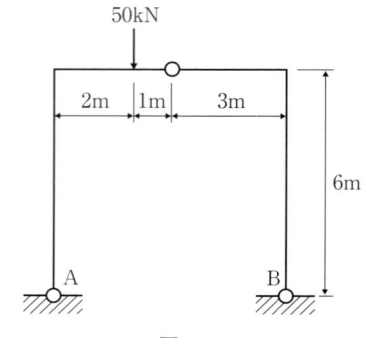

図 2.28

# 3 トラス部材応力

## 要 点

　トラスの部材力を求めるには，**節点法（格点法）** と **断面法**（せん断力法とモーメント法）がある．この節点法は，節点でつり合いの条件 $\sum V=0$, $\sum H=0$ を用いる．また，断面法のせん断力法は斜材および鉛直材の応力を，モーメント法（$\sum M=0$）では水平部材の応力を求める．出題される問題は応力を求める部材が指定されており，断面法を求める部材によって使い分けるのが便利である．$\sum V=0$, $\sum H=0$, $\sum M=0$ から求めるものであるから，切断する部材は3部材でのつり合いである．図3.1の**プラットトラス**の部材応力では

(1) $D_1$（斜材）は①-①断面で
$$\sum V = R_A - P_1 - P_2 - D_1 \sin\theta = 0$$

(2) $N_1$（鉛直材）は②-②断面で
$$\sum V = R_A - P_1 - P_2 + N_1 = 0$$

ここに，符号の（＋）（－）は切断面の部材応力が引張力と仮定したときの向き（上下）を示す．

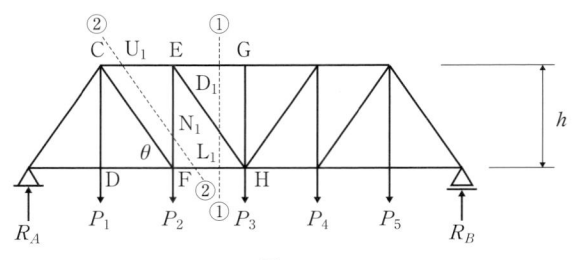

図 3.1

(3) $U_1$(上弦材)は $\sum M_F = 0$

$U_1$ 部材応力では,回転の中心を 2 部材の格点 F にとる.$\lambda$ は荷重間隔である.

$$\sum M_F = R_A \times 2\lambda - P_1 \times \lambda + U_1 \times h = 0$$

(4) $L_1$(下弦材)は $\sum M_E = 0$

$L_1$ 部材応力では,①-①断面で切断し回転の中心を 2 部材の格点 E にとる.

$$\sum M_E = R_A \times 2\lambda - P_1 \times \lambda - L_1 \times h = 0$$

## 例題

**3.1** 図 3.2 のように,部材の長さがすべて等しい静定トラスの節点 C, D, E に鉛直集中荷重が作用しているとき,斜材 AD に作用する軸力の種類とその大きさの組合せとして最も妥当なのはどれか.ただし,部材の自重は無視する. (H22 国家Ⅱ種)

| | 1. | 2. | 3. | 4. | 5. |
|---|---|---|---|---|---|
| 軸力の種類 | 引張力 | 引張力 | 圧縮力 | 圧縮力 | 圧縮力 |
| 軸力の大きさ | 19 kN | 22 kN | 19 kN | 22 kN | 25 kN |

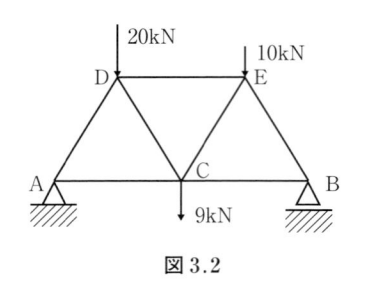

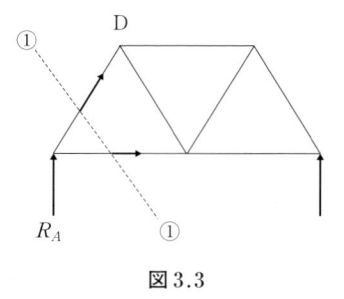

図 3.2

図 3.3

**(解)** 斜材 AD の軸力を求めるには,図 3.3 のように①-①断面で切断して $\sum V = 0$ から求める.

トラスは,長さが等しく正三角形で角度は 60° である.部材長を $l$ とする.

第 3 章　トラス部材応力

反力 $R_A$ は，単純梁と同様に $\sum M_B = 0$ より

$$R_A = \frac{1}{2l}\left\{20\,\text{kN} \times \left(\frac{1}{2}l + l\right) + 9\,\text{kN} \times l + 10\,\text{kN} \times \frac{1}{2}l\right\} = 22\,\text{kN}$$

$\sum V = R_A + \text{AD} \times \sin 60° = 0$ 　∴　$\text{AD} = -22\,\text{kN} \times \frac{2}{\sqrt{3}} = -25.4\,\text{kN}$（圧縮力）

以上より，AD 部材には引張力（＋）が作用していると仮定している．したがって，符号の（－）は圧縮力となる．　　　　　　　　　　　　（正解 5）

## チャレンジ

**A.6**　図 3.4 のような荷重が作用するトラスの部材 M に生ずる軸力として最も妥当なのはどれか．ただし，部材に生ずる軸力は引張を正とし，部材の自重は無視する．　　　　　　　　　　　　　　　　（H18 国家Ⅱ種）

　　　1．$-25\,\text{kN}$　　2．$-12.5\,\text{kN}$　　3．$0\,\text{kN}$　　4．$12.5\,\text{kN}$　　5．$25\,\text{kN}$

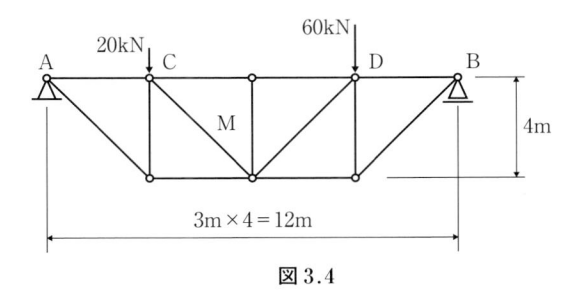

図 3.4

**B.4**　図 3.5 に示す**曲弦ワーレントラス**の部材 FG に作用する軸力の種類とそ

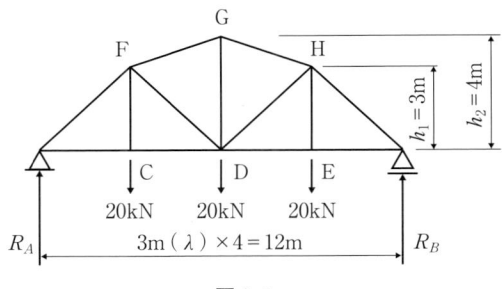

図 3.5

の大きさの組合せとして最も妥当なのはどれか．ただし，部材の自重は無視する．

|  | 1. | 2. | 3. | 4. | 5. |
|---|---|---|---|---|---|
| 軸力の種類 | 引張力 | 引張力 | 圧縮力 | 圧縮力 | 圧縮力 |
| 軸力の大きさ | $4\sqrt{10}$ kN | $3\sqrt{10}$ kN | $\frac{4}{3}\sqrt{10}$ kN | $10\sqrt{10}$ kN | $\frac{3}{4}\sqrt{10}$ kN |

# 4 断面二次モーメント

## 要　点

　この**断面二次モーメント**に関する問題は，基本図形（長方形，三角形，円）の断面二次モーメントの公式と軸変換の公式を覚えておく必要がある．過去問題では，T形断面の図心を通る断面二次モーメントの計算が求められており，図心の位置を求める**断面一次モーメント**の計算から進めることになる．

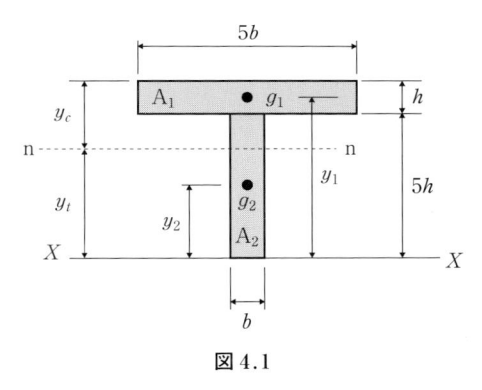

図 4.1

(1)　図心を求める断面一次モーメント（図 4.1）

$$図心までの距離 = \frac{断面一次モーメント}{面積}$$

$$断面一次モーメント(Q) = 面積 \times 距離$$

図心の位置を $X$ 軸から求めると

$$y_t = \frac{Q_X}{A} = \frac{A_1 \times y_1 + A_2 \times y_2}{A_1 + A_2}$$

ここに，$y_1$：$X$ 軸から $A_1$ 図形の図心 $g_1$ までの距離 $(h/2+5h)$
　　　　$y_2$：$X$ 軸から $A_2$ 図形の図心 $g_2$ までの距離 $(5h/2)$

　つまり，$X$ 軸から個々の図形の図心距離を知って，$X$ 軸から全体の図心 $y_t$ を求めるものである．

$$I_n = \frac{(幅) \times (高さ)^3}{12} = \frac{bh^3}{12} \qquad I_n = \frac{bh^3}{36} \qquad I_n = \frac{\pi d^4}{64}$$

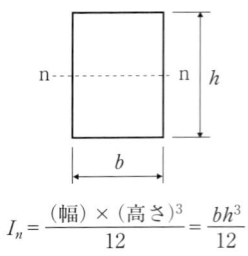

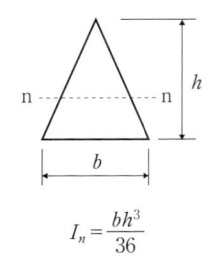

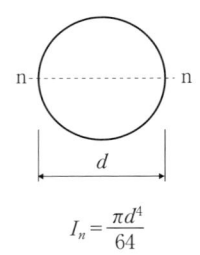

図 4.2

(2) 長方形，三角形，円の中立軸を通る断面二次モーメントの公式（図 4.2）

(3) 軸変換公式（図 4.3）

① $I_x$ から $I_X$ への変換

$$I_X = I_x + A \times y_1{}^2 = \frac{bh^3}{12} + (bh) \times y_1{}^2$$

軸変換は，面積×(軸間距離)$^2$ を加える．

② $I_y$ から $I_Y$ への変換

$$I_Y = I_y + A \times x_1{}^2 = \frac{hb^3}{12} + (hb) \times x_1{}^2$$

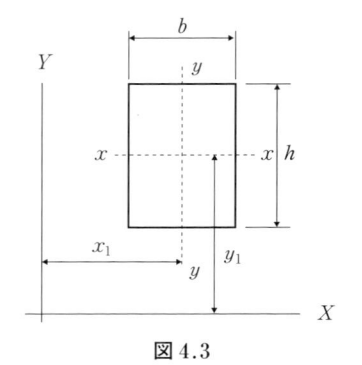

図 4.3

## 例　題

**4.1** 図 4.4（図Ⅰ，図Ⅱ，図Ⅲ）に示す断面の，図心を通り $x$ 軸に平行な軸に関する断面二次モーメントの大小関係として最も妥当なのはどれか．　　　　　　　　　　　　　　　　　　　　（H18 国家Ⅱ種）

**(解)** 各断面の図心（中立軸）に関する断面二次モーメント $I_n$ の大きさを比較する問題である．特に，上下対象ではない図ⅠのＴ型断面の断面二次モーメントの計算には，図心を求める断面一次モーメント（$Q_x$：断面積×距離）からの計算が必要である．解答に必要な公式は次の三つである．（図 4.5）

第 4 章　断面二次モーメント

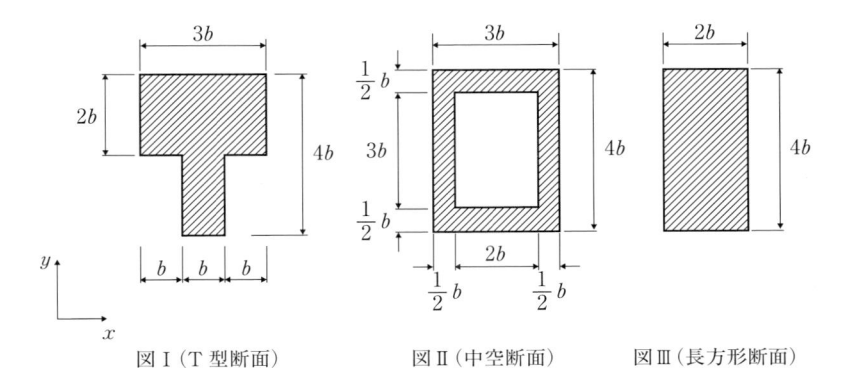

図Ⅰ（T 型断面）　　図Ⅱ（中空断面）　　図Ⅲ（長方形断面）

**図 4.4**

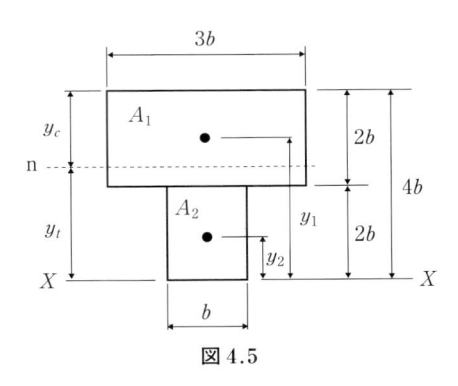

**図 4.5**

(1)　図Ⅰ断面

① 図心の位置　$y_t = \dfrac{Q_X}{A} = \dfrac{A_1 \times y_1 + A_2 \times y_2}{A_1 + A_2}$

② 長方形断面　$I_n = \dfrac{幅 \times (高さ)^3}{12} = \dfrac{bh^3}{12}$

③ 軸変換の公式　$I_X = I_{n1} + A_1 \times y_1{}^2$

$$y_t = \frac{Q_X}{A} = \frac{A_1 \times y_1 + A_2 \times y_2}{A_1 + A_2} = \frac{(3b \times 2b) \times 3b + (b \times 2b) \times b}{(3b \times 2b) + (b \times 2b)} = \frac{20b^3}{8b^2} = \frac{5}{2}b$$

$X$ 軸に関する断面二次モーメント $(I_X)$ は

$$I_X = \left\{ \frac{3b \times (2b)^3}{12} + (3b \times 2b) \times (3b)^2 \right\} + \left\{ \frac{b \times (2b)^3}{12} + (b \times 2b) \times b^2 \right\} = \frac{176}{3}b^4$$

$$I_n = I_X - A \times y_t{}^2 = \frac{176}{3}b^4 - 8b^2 \times \left(\frac{5}{2}b\right)^2 = \frac{26}{3}b^4 \fallingdotseq 8.7b^4$$

(2) 図Ⅱ断面

断面は，上下対象で中空である．

$$I_n = \frac{B \times H^3}{12} - \frac{b \times h^3}{12} = \frac{3b \times (4b)^3}{12} - \frac{2b \times (3b)^3}{12} = \frac{138}{12}b^4 = 11.5b^4$$

(3) 図Ⅲ断面

$$I_n = \frac{2b \times (4b)^3}{12} = \frac{128}{12}b^4 \fallingdotseq 10.7b^4$$

以上より，図Ⅰ < 図Ⅲ < 図Ⅱとなる． (正解2)

## チャレンジ

**A.7** 図4.6のような合同な正三角形の断面A，B，Cがある．断面A，B，Cの $X$ 軸に関する断面二次モーメントをそれぞれ $I_{XA}$, $I_{XB}$, $I_{XC}$ とするとき，$I_{XA}$, $I_{XB}$, $I_{XC}$ の大小関係として最も妥当なのはどれか．ただし，正三角形の太線の辺は $X$ 軸に平行であるとする． (H21 国家Ⅱ種)

1. $I_{XA} = I_{XB} = I_{XC}$　　2. $I_{XA} > I_{XB} > I_{XC}$　　3. $I_{XB} > I_{XA} > I_{XC}$
4. $I_{XC} > I_{XA} > I_{XB}$　　5. $I_{XC} > I_{XB} > I_{XA}$

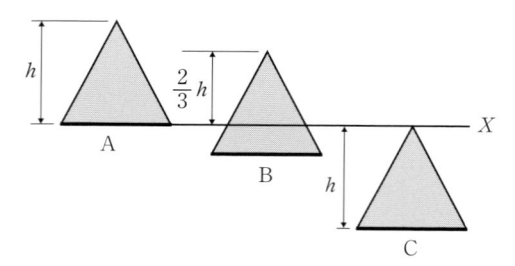

**図4.6**

**B.5** 図4.7のような半径 $r$ の円形の断面をもつ円柱状の丸太から，幅 $b$, 高さ $h$ の長方形の断面をもつ角柱部材を切り出すとき，DCに垂直な外力によるたわみに対して，最も抵抗の強い断面になるような $b$ と $h$ の比

## 第4章 断面二次モーメント

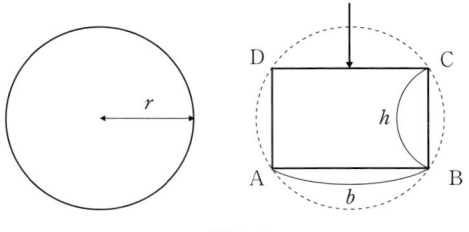

**図 4.7**

$b:h$ はどれか． (H20 国家 II 種)

($b:h$) 1. $1:1$     2. $\sqrt{3}:2$     3. $1:\sqrt{2}$

($b:h$) 4. $1:\sqrt{3}$     5. $1:2$

# 5　組合せ部材応力

## 要　点

　材料が異なる棒部材の応力計算には，鉄筋コンクリート構造と同様の**組合せ部材**（複合材）の問題と棒材が直列に連続された問題が提出されている．これらの問題を解答するためにはフックの法則を覚える．**弾性係数**（$E$）は，応力度（$\sigma$：シグマ）とひずみ（$\varepsilon$：イプシロン）から次式で表される（図5.1）．

$$E=\frac{\sigma}{\varepsilon}=\frac{\dfrac{P}{A}}{\dfrac{\Delta l}{l}}=\frac{P\times l}{A\times \Delta l}$$

ここに，$\varepsilon$ は元の長さ（$l$）と伸びた長さ（$\Delta l$）との割合で，無次元である．

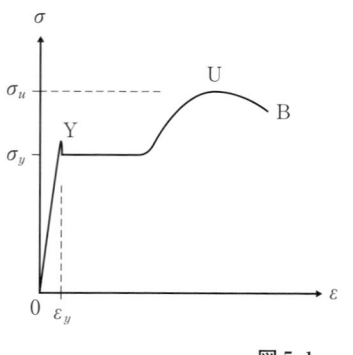

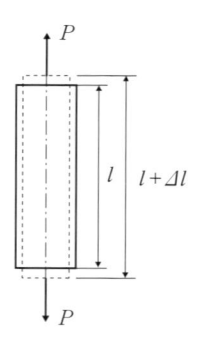

図5.1

## （1） 組合せ部材のそれぞれの引張応力

図5.2のように，2つの部材は一体となって働くので，ひずみ（$\varepsilon$）は同じ大きさになる．

$$\varepsilon = \frac{P_1}{E_1 A_1} = \frac{P_2}{E_2 A_2}$$

ここに，$P = P_1 + P_2$ であるから

$$\varepsilon = \frac{P_1 + P_2}{E_1 A_1 + E_2 A_2} = \frac{P}{E_1 A_1 + E_2 A_2}$$

したがって，応力は

$$\sigma_1 = E_1 \varepsilon = \frac{P E_1}{E_1 A_1 + E_2 A_2} = \frac{P}{A_1 + A_2 \left(\frac{E_2}{E_1}\right)}$$

$$\sigma_2 = E_2 \varepsilon = \frac{P E_2}{E_1 A_1 + E_2 A_2} = \frac{P}{A_1 + A_2 \left(\frac{E_1}{E_2}\right)}$$

図5.2

## （2） 棒材が直列に連続したひずみ

図5.3において，ひずみ（$\varepsilon$）は，AB間とBC間で異なる．したがって，AB間とBC間の応力度は

$$\sigma_{AB} = \frac{P}{A_1} = E_1 \varepsilon_1 = E_1 \frac{\Delta L_1}{L_1}$$

$$\sigma_{BC} = \frac{P}{A_2} = E_2 \varepsilon_2 = E_2 \frac{\Delta L_2}{L_2}$$

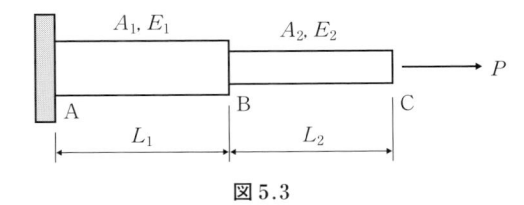

図5.3

## （3） 偏心荷重を受ける短柱の応力と核点

図5.4のように，柱に作用する応力は，$P$の圧縮荷重と**荷重の偏心**によるモーメント $M = Pe_x$ と $M = Pe_y$ を考慮しなければならない．ここで注意しなければならないことは，偶力モーメント $M = P \times e_x$ は $y$ 軸を中心としたもので，

縁応力 ($\sigma_{AB}, \sigma_{CD}$) を計算する**断面係数**は $\left(W_{ny}=\dfrac{hb^2}{6}\right)$ と $y$ 軸に対するものでなければならない．断面係数の幅は ($h$) となり，高さは ($b$) の関係になる．以上，各縁応力は次のとおりである．

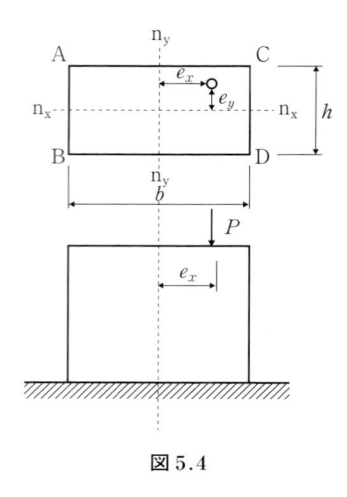

$$\sigma_A = -\frac{P}{A} + \sigma_{AB} + \sigma_{AC} = -\frac{P}{bh} + \frac{P \times e_x}{\dfrac{hb^2}{6}} - \frac{P \times e_y}{\dfrac{bh^2}{6}}$$

$$\sigma_B = -\frac{P}{A} + \sigma_{AB} + \sigma_{BD} = -\frac{P}{bh} + \frac{P \times e_x}{\dfrac{hb^2}{6}} + \frac{P \times e_y}{\dfrac{bh^2}{6}}$$

$$\sigma_C = -\frac{P}{A} + \sigma_{CD} + \sigma_{AC} = -\frac{P}{bh} - \frac{P \times e_x}{\dfrac{hb^2}{6}} - \frac{P \times e_y}{\dfrac{bh^2}{6}}$$

$$\sigma_D = -\frac{P}{A} + \sigma_{CD} + \sigma_{BD} = -\frac{P}{bh} - \frac{P \times e_x}{\dfrac{hb^2}{6}} + \frac{P \times e_y}{\dfrac{bh^2}{6}}$$

図 5.4

次に，**核点**を覚えておこう．図 5.5 のように，応力分布が圧縮応力のみになるような荷重の作用位置の領域を核といい，核点は核の外縁の荷重位置をいう．

$$\sigma_{AB} = -\frac{P}{A} + \frac{M}{W} = -\frac{P}{bh} + \frac{P \times e}{\dfrac{hb^2}{6}} = -\frac{P}{bh}\left(1 - \frac{6e}{b}\right)$$

断面内に引張応力が生じないためには，$\sigma_{AB} \leq 0$.

したがって，$1 - \dfrac{6e}{b} \geq 0$ となり，

$e \leq \dfrac{b}{6}$ が得られる．

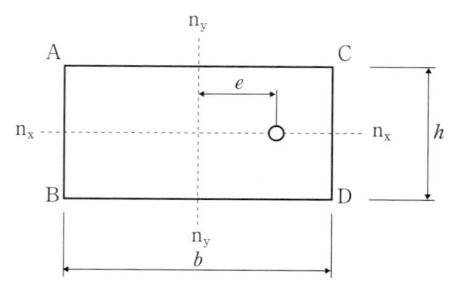

図 5.5

## 例　題

**5.1** 図5.6のように，断面の直径がそれぞれ $2r$，$3r$ で，長さが等しい円柱状の棒材1，2の一端が壁に固定されており，それぞれ $P$，$2P$ で引張ったところ等しい伸びを示した．棒材1，2の弾性係数（ヤング率）をそれぞれ $E_1$ と $E_2$ とすると，$E_1$ と $E_2$ の比として最も妥当なのはどれか．ただし，棒材1，2の材質は一様とし，伸びは比例限度内にあるとする．また，棒材の断面積変化および自重は無視する．　　（H21 国家Ⅱ種）

（$E_1 : E_2$）　1. $4:3$　2. $9:8$　3. $8:9$　4. $4:5$　5. $3:4$

**（解）** フックの法則より，ヤング率（弾性係数）とひずみ（$\varepsilon$）の関係を理解する．問題は，弾性係数と断面積，荷重が異なるが，両者の伸び率（$\varepsilon$）は等しい．

$$E = \frac{\sigma}{\varepsilon} = \frac{\frac{P}{A}}{\frac{\Delta l}{l}} = \frac{Pl}{A\Delta l}$$

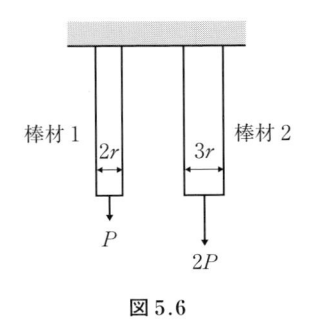

図 5.6

(1) 棒材1の弾性係数（$E_1$）は

$$E_1 = \frac{\frac{P}{A_1}}{\varepsilon} = \frac{\left(\frac{P}{\frac{\pi(2r)^2}{4}}\right)}{\varepsilon} = \frac{4P}{\pi(4r^2)\varepsilon}$$

(2) 棒材2の弾性係数（$E_2$）は

$$E_2 = \frac{\frac{2P}{A_2}}{\varepsilon} = \frac{\left(\frac{2P}{\frac{\pi(3r)^2}{4}}\right)}{\varepsilon} = \frac{8P}{\pi(9r^2)\varepsilon}$$

以上より，$E_1 : E_2$ は，分母を揃えると，$9:8$ が得られる．　　（正解 2）

## チャレンジ

**A.8** 図 5.7 の棒は，材料 1，材料 2 からなる複合材である．材料 1，材料 2 のヤング率は $E_1$，$E_2$，それぞれの材料の占める断面積は $A_1$，$A_2$ である．この棒を荷重 $P$ で圧縮するとき，材料 1 の部分に生ずる軸方向応力の大きさとして最も妥当なのはどれか．ただし，複合材では軸方向のひずみが断面内で均一になるものとする．また，棒の自重は無視する．

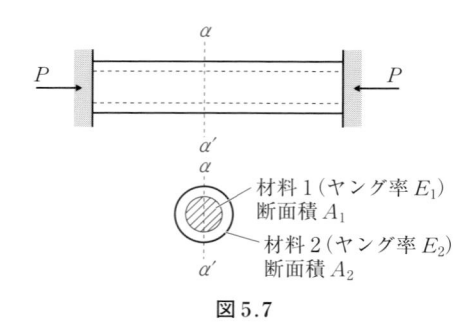

(H19 国家Ⅱ種)

図 5.7 材料 1（ヤング率 $E_1$）断面積 $A_1$，材料 2（ヤング率 $E_2$）断面積 $A_2$

1. $\dfrac{PE_1}{E_2(A_1+A_2)}$
2. $PE_1\left(\dfrac{1}{E_1A_1}+\dfrac{1}{E_2A_2}\right)$
3. $PE_2\left(\dfrac{1}{E_1A_1}+\dfrac{1}{E_2A_2}\right)$
4. $\dfrac{PE_1}{E_1A_1+E_2A_2}$
5. $\dfrac{PE_2}{E_1A_1+E_2A_2}$

**A.9** 棒材に関する次の記述のア，イに当てはまるものの組合せとして最も妥当なのはどれか．

「図 5.8 のように，いずれも長さ $L$，断面積 $A$ の棒材 X，Y を直列につなぎ，荷重 $P$ で両端を引張ったところ，端部間の距離が $2L$ から $\Delta L$ だけ伸びて $2L+\Delta L$ となった．棒材 X のヤング率を $E_X$ としたとき，棒材 X，Y を一つの連続する棒材と見なしたときの見かけのヤング率 $E_{XY}$ は（ア），棒材 Y のヤング率 $E_Y$ は（イ）と表される．ただし，いずれの棒材も軸方向のひずみが断面内で均一になるものとする．また，棒材の自重は無視する．」

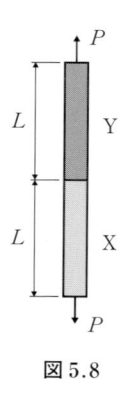

(H21 国家Ⅱ種)

図 5.8

第 5 章　組合せ部材応力　　　103

|  | （ア） | （イ） |  | （ア） | （イ） |  | （ア） | （イ） |
|---|---|---|---|---|---|---|---|---|
| 1. | $\dfrac{2PL}{A\Delta L}$ | $\dfrac{1}{\dfrac{A\Delta L}{PL}-\dfrac{1}{E_X}}$ | 2. | $\dfrac{2PL}{A\Delta L}$ | $E_{XY}-E_X$ | 3. | $\dfrac{2PL}{A\Delta L}$ | $\dfrac{PL}{A\Delta L}-E_X$ |
| 4. | $\dfrac{PL}{A\Delta L}$ | $\dfrac{1}{\dfrac{A\Delta L}{PL}-\dfrac{1}{E_X}}$ | 5. | $\dfrac{PL}{A\Delta L}$ | $E_{XY}-E_X$ |  |  |  |

**B.6** 図 5.9 に示す DE 部材および EC 部材に作用する部材応力（$\sigma_{DE}$, $\sigma_{EC}$）として最も妥当なのはどれか．ただし，すべての部材は半径 $r$ の円形断面とする．

|  | $\sigma_{DE}$ | $\sigma_{EC}$ |
|---|---|---|
| 1. | $\dfrac{-Pl}{\pi r^2 b \sin\theta}$ | $-\dfrac{P}{\pi r^2} \pm \dfrac{4aPl}{b\pi r^3 \tan\theta}$ |
| 2. | $\dfrac{-P}{\pi r^2 b \sin\theta}$ | $-\dfrac{P}{\pi r^2} \pm \dfrac{4aPl}{b\pi r^3 \sin\theta}$ |
| 3. | $\dfrac{-P}{\pi r^2 b \cos\theta}$ | $-\dfrac{P}{\pi r^2} \pm \dfrac{8bPl}{b\pi r^3 \cos\theta}$ |
| 4. | $\dfrac{-P}{\pi r^2 b \tan\theta}$ | $-\dfrac{P}{\pi r^2} \pm \dfrac{8aPl}{a\pi r^3 \tan\theta}$ |
| 5. | $\dfrac{-Pl}{\pi r^2 b \tan\theta}$ | $-\dfrac{P}{\pi r^2} \pm \dfrac{4bPl}{a\pi r^3 \cos\theta}$ |

図 5.9

**A.10** 図 5.10 のような長方形断面の短柱の図心 G から，図心軸 $x$-$x$ 軸上の偏心距離 50 mm の点 E に 120 kN の圧縮力が作用するとき縁 AD に生じる引張応力の大きさはおよそいくらか．ただし，短柱の自重は無視する． 　　　（H21 国家 II 種）

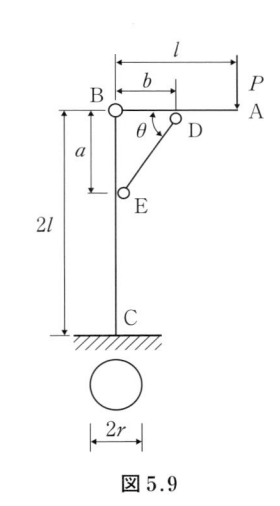

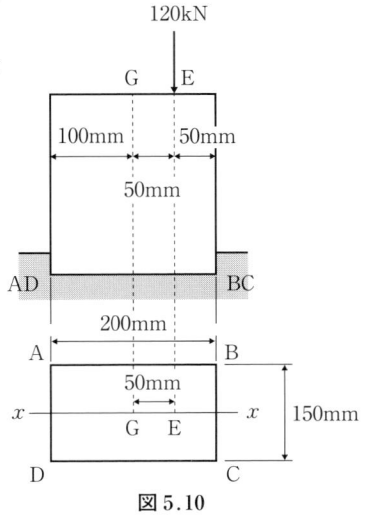

図 5.10

1. $4.0\,\text{N/mm}^2$  2. $3.6\,\text{N/mm}^2$  3. $3.0\,\text{N/mm}^2$
4. $2.4\,\text{N/mm}^2$  5. $2.0\,\text{N/mm}^2$

**A.11** 図 5.11 のように，直径 $D$ の円形断面をもつ短柱の上面に鉛直集中荷重 $P$ が作用する場合，核（任意の断面におけるいかなる点においても引張応力が発生することがない荷重作用範囲）の面積として最も妥当なのはどれか．ただし，自重は無視する．

1. $\dfrac{\pi D^2}{4}$  2. $\dfrac{\pi D^2}{9}$
3. $\dfrac{\pi D^2}{36}$  4. $\dfrac{\pi D^2}{64}$
5. $\dfrac{\pi D^2}{256}$

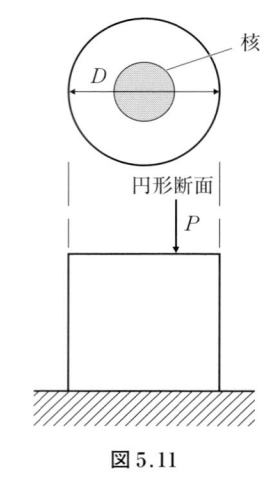

図 5.11

# 6 座屈荷重

## 要　点

図 6.1 のような，**長柱**の**座屈荷重**($P_B$) の問題は，いずれも支持条件が異なる座屈荷重を比較する問題が多く提出されている．したがって，**オイラーの公式**を覚えておく必要がある．

$$P_B = \frac{n \cdot \pi^2 EI}{l^2}$$

ここに，$n$：支持方法による係数，$l$：柱の長さ，$E$：弾性係数，$I$：断面二次モーメント．

したがって

① 一端固定，他端自由の場合は

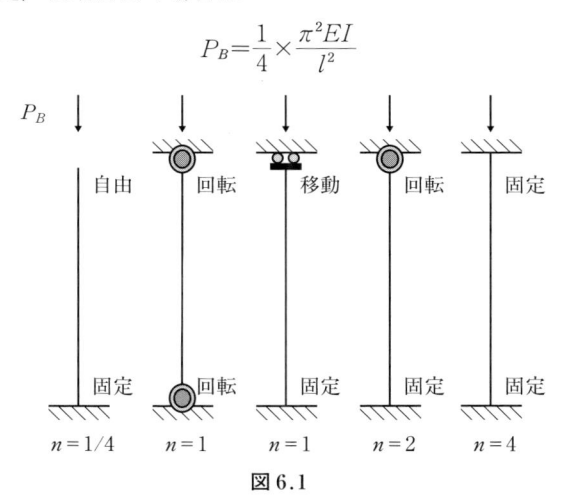

$$P_B = \frac{1}{4} \times \frac{\pi^2 EI}{l^2}$$

| $P_B$↓ | | | | |
|:---:|:---:|:---:|:---:|:---:|
| 自由 | 回転 | 移動 | 回転 | 固定 |
| 固定 | 回転 | 固定 | 固定 | 固定 |
| $n=1/4$ | $n=1$ | $n=1$ | $n=2$ | $n=4$ |

図 6.1

② 両端固定の場合には

$$P_B = 4 \times \frac{\pi^2 EI}{l^2}$$

また，座屈応力度 $(\sigma_B)$ は，柱の断面積を $A$ とすると

$$\sigma_B = \frac{P_B}{A} = \frac{n \cdot \pi^2 EI}{A \times l^2} = \frac{n \cdot \pi^2 E}{l^2}\left(\sqrt{\frac{I}{A}}\right)^2 = \frac{n \cdot \pi^2 E}{\left(\frac{l}{r}\right)^2} = \frac{n \cdot \pi^2 E}{\lambda^2}$$

ここに，$\sqrt{\frac{I}{A}} = r$ は回転半径と呼ばれるもので，$\frac{l}{r} = \lambda$ を細長比という．
柱の圧縮強さは，この $r$ によって決定される重要な値である．

## 例 題

**6.1** 図 6.2 のように一端固定，他端ヒンジの H 鋼に中心圧縮力 $P = 2000\,\mathrm{kN}$ を作用させたとき，この柱が座屈を起こす最小の長さ $l$ として最も妥当なのはどれか．

  1. 14.5 m  2. 12.5 m  3. 10.5 m  4. 8.5 m  5. 6.5 m

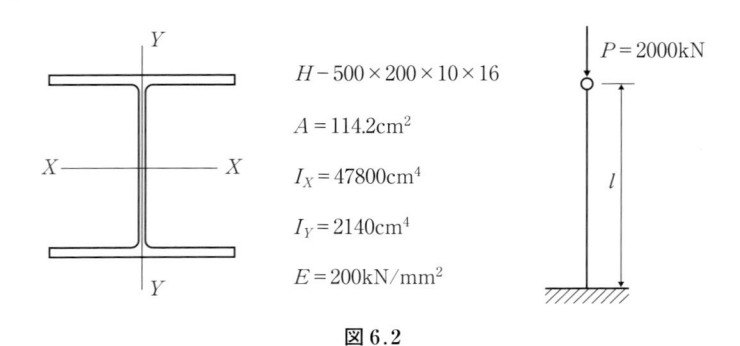

$H - 500 \times 200 \times 10 \times 16$

$A = 114.2\,\mathrm{cm}^2$

$I_X = 47800\,\mathrm{cm}^4$

$I_Y = 2140\,\mathrm{cm}^4$

$E = 200\,\mathrm{kN/mm}^2$

$P = 2000\,\mathrm{kN}$

図 6.2

**(解)** 一端固定，他端ヒンジの座屈荷重を求める式は次のとおりである．

$$P_B = \frac{n \cdot \pi^2 EI}{l^2} = \frac{2 \cdot \pi^2 EI}{l^2}$$

これより，長さ $l$ は

$$l=\sqrt{\frac{2\cdot\pi^2 EI}{P_B}}=\sqrt{\frac{2\times\pi^2\times 200\times 10^5\times 2140}{2000\times 10^3}}=649.9\,\text{cm}=6.5\,\text{m}$$

ここに，断面二次モーメント I は，小さい方の $I_Y=2140\,\text{cm}^4$ である．

(正解 5)

## チャレンジ

**A.12** 座屈荷重に関する次の記述のア，イに当てはまるものの組合せとして最も妥当なのはどれか．ただし，柱の材質は同じで，いずれも線形弾性体であり，柱の断面積もすべて等しいものとする． (H20 国家Ⅱ種)

「図 6.3 の図Ⅰのような，長さが $0.5l$ で両端ピン支持条件の柱 1 と，長さが $l$ で両端固定支持条件の柱 2 があり，両者の断面形状は同一である．このとき，柱 1 と柱 2 の座屈荷重 $P_1$，$P_2$ の大小関係は（ア）である．

図Ⅱのような，同一長さ $l$ で両端ピン支持条件の柱 3，柱 4 がある．それぞれの断面形状は図Ⅲのように柱 3 が中空円，柱 4 が中実円である．このとき，柱 3 と柱 4 の座屈荷重 $P_3$，$P_4$ の大小関係は（イ）である．

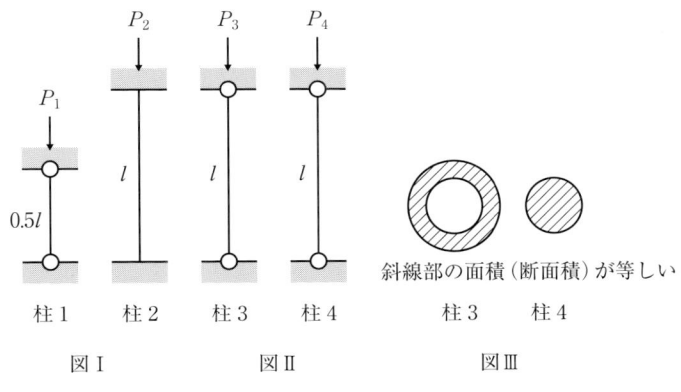

図 6.3

|   | （ア） | （イ） |
|---|---|---|
| 1. | $P_1 < P_2$ | $P_3 = P_4$ |
| 2. | $P_1 = P_2$ | $P_3 = P_4$ |
| 3. | $P_1 = P_2$ | $P_3 > P_4$ |
| 4. | $P_1 > P_2$ | $P_3 = P_4$ |
| 5. | $P_1 > P_2$ | $P_3 > P_4$ |

# 7 影 響 線

要 点

### (1) 単純梁の影響線

**影響線**（influence line）は，荷重が移動する場合の反力，せん断力および曲げモーメントを求める際に用いられる．反力，せん断力および曲げモーメントを求めるには，単位荷重（$P=1$）を梁上に移動させ，その荷重によって計算される各影響線を描き，作用する荷重に縦距を乗ずる．また，等分布荷重が作用する場合には，等分布荷重下の影響線の面積を乗ずればよい．

せん断力を求める影響線は，図7.1のように基線の左側に（+1），右側に（-1）をとり，これを両端から結び，求めようとする位置で切断する．この三角形が影響線である．

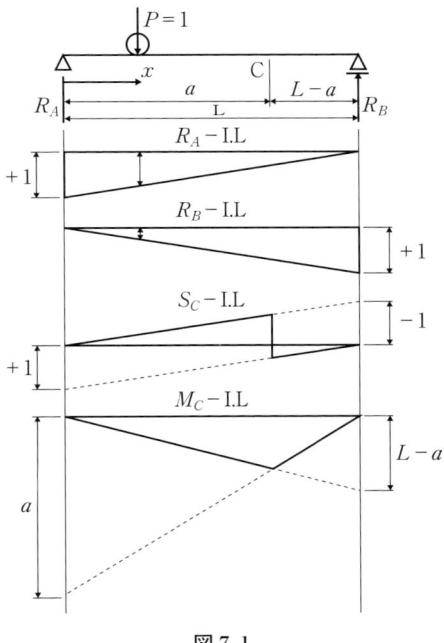

図 7.1

図 7.2

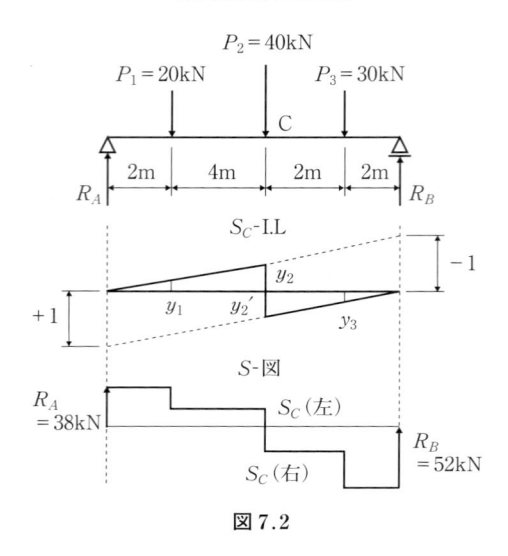

1) 求める位置に集中荷重が作用する場合

$$S_{C(左)} = -P_1 \times y_1 + P_2 \times y_2' + P_3 \times y_3$$
$$= -20\,\text{kN} \times 0.2 + 40\,\text{kN} \times 0.4 + 30\,\text{kN} \times 0.2$$
$$= 18\,\text{kN} \cdots\cdots\cdots y_2'(+) \text{で計算}$$
$$S_{C(右)} = -P_1 \times y_1 - P_2 \times y_2 + P_3 \times y_3$$
$$= -20\,\text{kN} \times 0.2 - 40\,\text{kN} \times 0.6 + 30\,\text{kN} \times 0.2$$
$$= -22\,\text{kN} \cdots\cdots\cdots y_2(-) \text{で計算}$$

求める点 C に集中荷重が作用する場合には，$S_{C(左)}$ と $S_{C(右)}$ を計算することになり，影響線の（＋）と（－）に注意が必要である（図 7.2 参照）．

## (2) 張出し梁の影響線

張出し梁の影響線は，図 7.3 のように中央の単純梁区間は単純梁の影響線と同様に図を描けばよい．張出し部は，片持ち梁と同様で直線を延長した図となる．

図 7.3

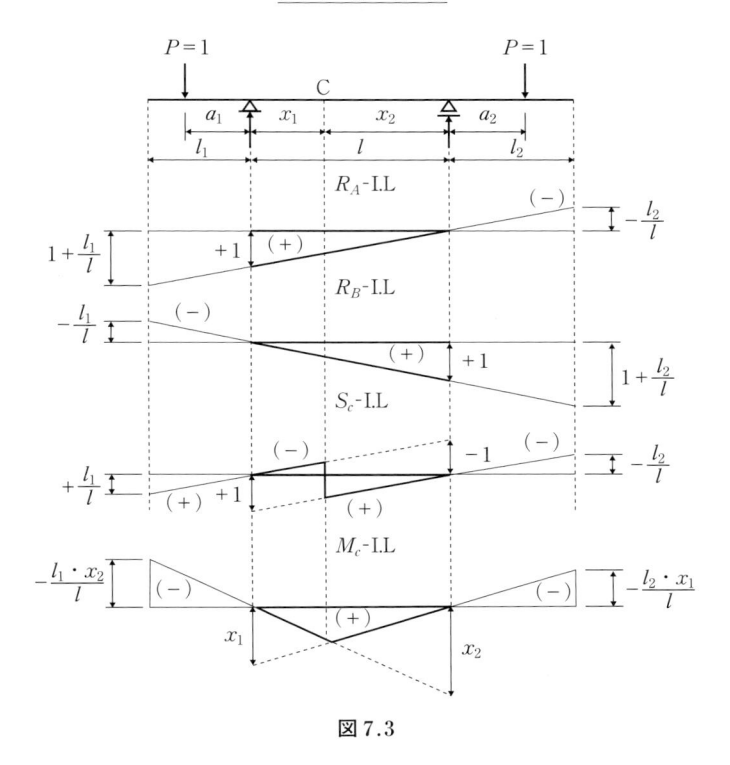

### (3) 間接荷重の影響線（図 7.4）

1) 反力の影響線

間接荷重を受ける場合の影響線は，直接荷重の場合とまったく同じになる．

2) $S_m$ と $M_m$ の影響線

① $P=1$ が DE の格間外にある場合

直接荷重の影響線と同じである．

$P=1$ が D 点上では，$-(R_B-\mathrm{I.L})$ から $S_m$ が求まる．

$P=1$ が E 点上では，$(R_A-\mathrm{I.L})$ から $S_m$ が求まる．

② $P=1$ が DE の格間内にある場合

直接荷重の影響線において，求めようとする格間（D〜E）の D と E を直線で結べばよい．

図 7.4

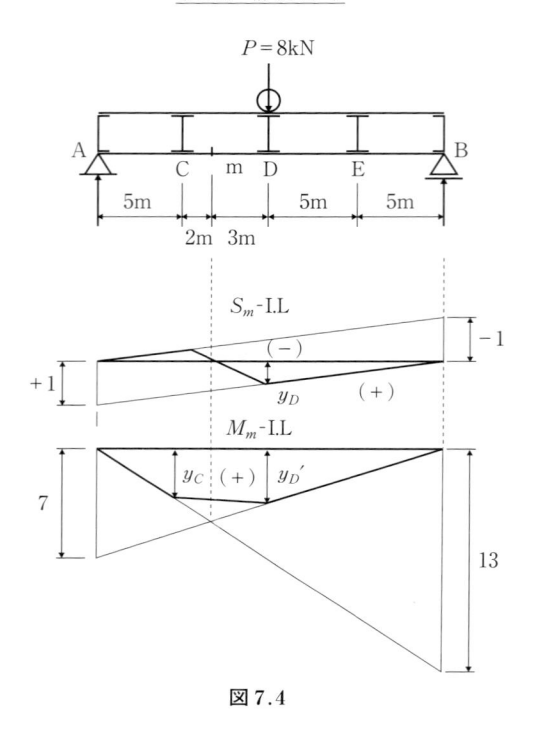

## 例　題

**7.1** 単純梁における，せん断力の影響線に関する次の記述の（ア）から（オ）に当てはまるものの組合せとして最も妥当なのはどれか．

「図 7.5 のように，支間 $L$ の梁 AB の，支点 A から距離が $x$ の点において，単位荷重 $P=1$ が作用しているとき，支点 A, B での鉛直上向きの反力を $R_A(x)$, $R_B(x)$ とおくと，モーメントのつり合いより

$$R_A(x) = [ \ (ア) \ ] \cdots\cdots\cdots ①$$
$$R_B(x) = [ \ (イ) \ ] \cdots\cdots\cdots ②$$

とおける．

次に，図 7.6（a）および図 7.6（b）のように，支点 A からの距離が $a$

第7章 影響線

の点Cにおけるせん断力を$Q_C(x)$とおく．単位荷重が作用する位置を$0 \leq x \leq a$, $a \leq x \leq L$に分けると，式①，②から力のつり合いより

$$Q_C(x) = [ （ウ） ] \quad (0 \leq x \leq a) \cdots\cdots ③$$
$$Q_C(x) = [ （エ） ] \quad (a \leq x \leq L) \cdots\cdots ④$$

とおける．

ただし，梁の自重は無視し，せん断力の向きは図7.6（b）の向きを正とする．

したがって，式③，④を図示すると，梁ABの点Cにおける，せん断力の影響線の概形は（オ）のようになる．（図7.7）」　　（H22 国家Ⅱ種）

| | （ア） | （イ） | （ウ） | （エ） | （オ） |
|---|---|---|---|---|---|
| 1. | $\dfrac{L-x}{L}$ | $\dfrac{x}{L}$ | $-\dfrac{x}{L}$ | $\dfrac{L-x}{L}$ | 図 i |
| 2. | $\dfrac{L-x}{L}$ | $\dfrac{x}{L}$ | $\dfrac{x-L}{L}$ | $\dfrac{x}{L}$ | 図 ii |
| 3. | $\dfrac{x}{L}$ | $\dfrac{L-x}{L}$ | $-\dfrac{x}{L}$ | $\dfrac{L-x}{L}$ | 図 i |
| 4. | $\dfrac{x}{L}$ | $\dfrac{L-x}{L}$ | $\dfrac{x-L}{L}$ | $\dfrac{x}{L}$ | 図 ii |
| 5. | $\dfrac{x}{L}$ | $\dfrac{L-x}{L}$ | $\dfrac{x-L}{L}$ | $\dfrac{x}{L}$ | 図 i |

**（解）**

(1) （ア），（イ） 反力$R_A(x)$, $R_B(x)$

$$R_A(x) = \frac{1}{L}(L-x), \quad R_B(x) = \frac{1}{L}x$$

(2) （ウ），（エ）

せん断力$Q_C$は，Pの位置が$(0 \leq x \leq a)$の場合には，$S_C = -R_B$の影響線を用いるので

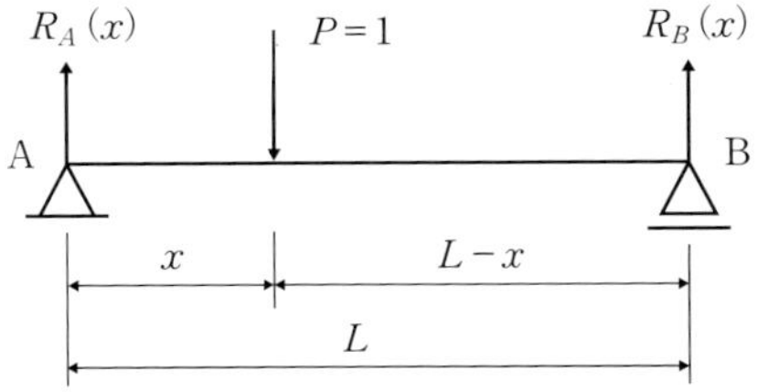

$$Q_C = -R_B(x) = -\frac{1}{L}x$$

図7.5

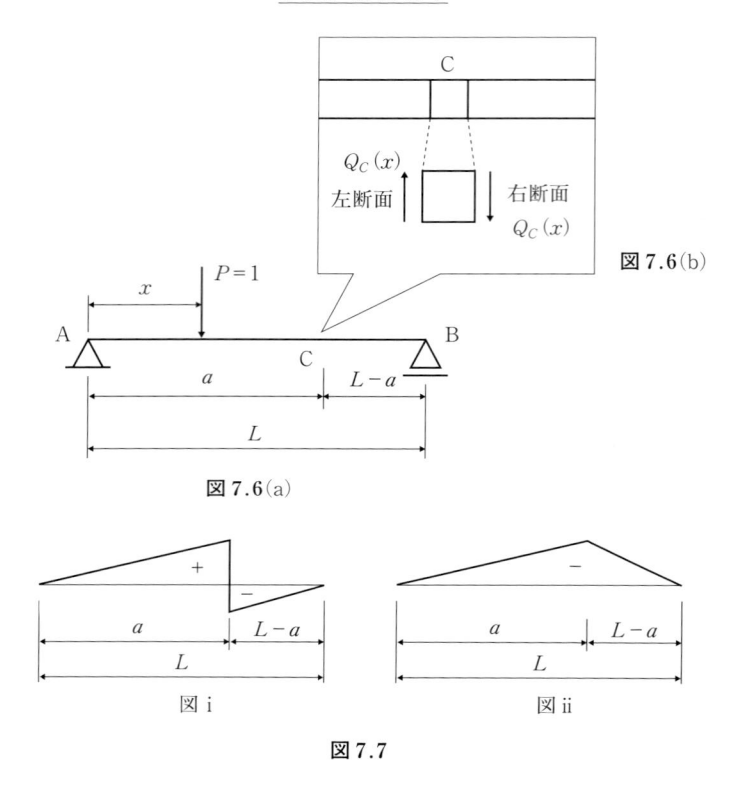

図 7.6(b)

図 7.6(a)

図 i   図 ii

図 7.7

また，$P$ の位置が $(a \leqq x \leqq L)$ の場合には，$S_C = R_A$ の影響線を用いるので

$$Q_C = R_A(x) = \frac{1}{L}(L-x)$$

(3)　(オ)

C 点のせん断力を求める影響線は，図 i である．　　　　　　　　　（正解 1）

---

**7.2**　図 7.8 のような梁の点 C におけるせん断力の影響線と曲げモーメントの影響線の組合せとして最も妥当なのはどれか．　（H18 国家Ⅱ種）

ただし，図 7.9 の各選択肢の上段をせん断力図，下段を曲げモーメント図とする．

第7章 影響線　　　　　　　　115

**(解)** 張出し梁の影響線は，単純梁区間については，単純梁の影響線と同様に描き，張出し部は直線を延長すればよい．したがって，解答は（1.）しかあり得ない．

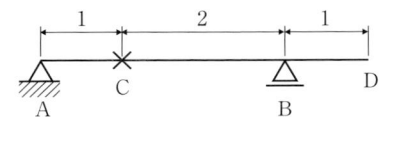

図 7.8

ただし，影響線の「＋」と「－」の描き方に注意すること．一般には，影響線の「＋」は基準線の下に，「－」は上に描く．　　　　　　　　　　　（正解 1）

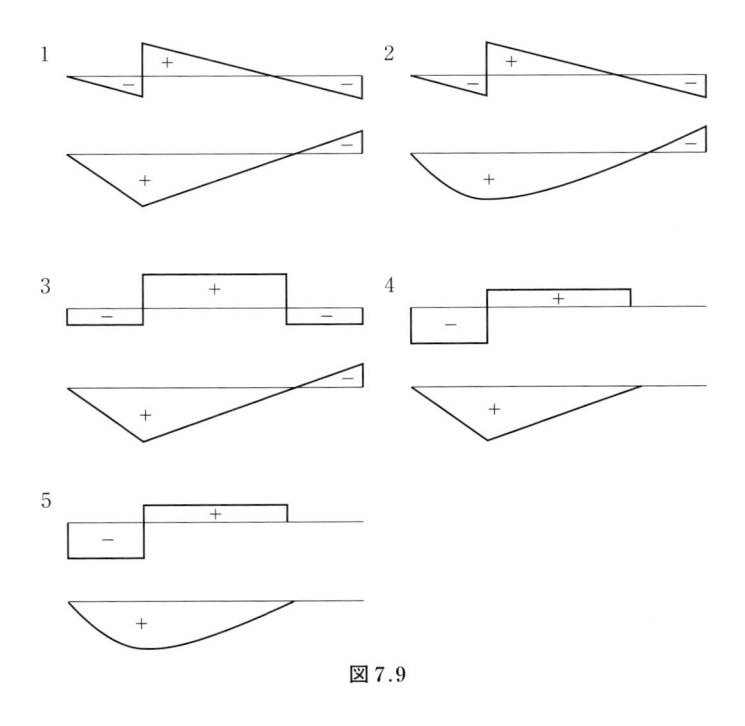

図 7.9

---

**7.3** 図 7.10 のような間接荷重梁上を $P=40\,\text{kN}$ が移動するとき，断面 m 点に生じる最大せん断力（$S_{m\,\text{max}}$）と最大曲げモーメント（$M_{m\,\text{max}}$）の大きさはどれか．

|   | せん断力 (kN) | 曲げモーメント (kN·m) |
|---|---|---|
| 1. | 2 | 10 |
| 2. | 2 | 20 |
| 3. | 4 | 20 |
| 4. | 4 | 28 |
| 5. | 4 | 40 |

**(解)** 断面 m 点のせん断力および曲げモーメントを求める影響線は，格点 C と D を直線で結んだ図となる（図 7.4 参照）．

(1) 最大せん断力 ($S_{m\,max}$)

最大せん断力は，$S_m$–I.L で縦距が最大となる位置に荷重 $P$ が移動したときである．したがって，D 点上であることは明らかである．

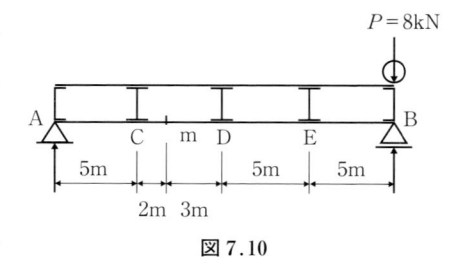

$$y_D = \frac{1 \times 10}{20} = 0.5$$

$$S_{m\,max} = P \times y_D = 8 \times 0.5 = 4 \text{ kN}$$

(2) 最大曲げモーメント

最大曲げモーメントは，$M_m$–I.L で縦距 $y_C$ と $y_D{}'$ を比較して長い方に荷重 $P$ が移動したときである．

$$y_C = \frac{13 \times 5}{20} = 3.25 \quad \text{また，} \quad y_D{}' = \frac{7 \times 10}{20} = 3.5$$

したがって，荷重 $P$ が D 点上に移動したときに $M_{m\,max}$ になる．

$$\therefore \quad M_{m\,max} = P \times y_D{}' = 8 \times \frac{7}{2} = 28 \text{ kN·m} \qquad \text{（正解 4）}$$

**図 7.10**

## チャレンジ

**B.7** 図 7.11 のような単純梁に等分布荷重が移動するとき，C 点の最大曲げモーメントの大きさはどれか．

1. 129 kN·m　　2. 169 kN·m　　3. 249 kN·m
4. 299 kN·m　　5. 349 kN·m

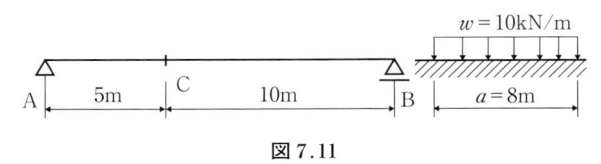

**図 7.11**

**A.13** 図 7.12 のような張出し梁に等分布荷重が作用するとき，D 点のせん断力 $S_D$，曲げモーメント $M_D$ を影響線より求めよ．

| | $S_D$ | $M_D$ |
|---|---|---|
| 1. | 2.04 kN | 8.04 kN·m |
| 2. | 3.04 kN | 12.04 kN·m |
| 3. | 4.04 kN | 16.04 kN·m |
| 4. | 5.04 kN | 20.04 kN·m |
| 5. | 6.04 kN | 24.04 kN·m |

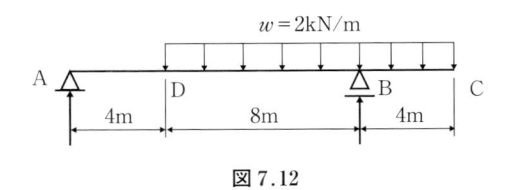

**図 7.12**

**B.8** 図 7.13 に示す移動荷重が作用する間接荷重の片持ち梁において，F 点のせん断力（$S_F$）および曲げモーメント（$M_F$）の影響線の組合せとして最も妥当なのはどれか．ただし，図 7.14 の上段をせん断力，下段を曲げモーメントとする．

図 7.13

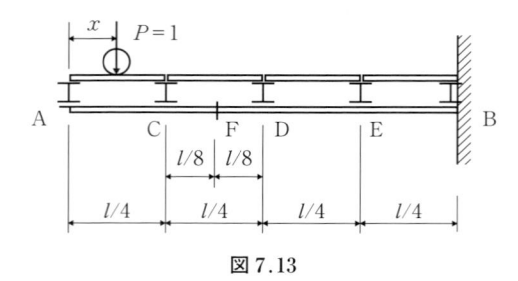

図 7.14

# 8 たわみおよびたわみ角

## 要　点

**たわみ**計算は，次の方法がある．
① 弾性曲線の微分方程式を解法
② 弾性荷重に置き換え（共役梁）
③ ひずみエネルギーを利用
④ 仮想仕事の原理を利用
⑤ カスチリアーノの定理
⑥ 最小仕事の定理

たわみの計算に関する問題提出は多く見られ，問題の解答を得るためには，上記の解法の考え方を理解する必要がある．

初めに，代表的な梁のたわみおよびたわみ角の公式を図8.1に示した．これは基本的な公式なので覚えておく必要がある．

### (1) 弾性曲線の微分方程式を解法

図8.2のたわみ曲線（弾性曲線）の微分方程式は次式で表される．

$$\frac{M}{EI}=-\frac{d^2y}{dx^2}$$

ここに，$M$：曲げモーメント，$E$：弾性係数，$I$：断面二次モーメント，$EI$：**曲げ剛性**である．

また，梁に作用する荷重 $q$，せん断力 $S$，曲げモーメント $M$ には，たわみ $y$ と以下の関係がある．

| 構造種・荷重状態 | たわみ | たわみ角 |
|---|---|---|
| 片持ち・集中荷重 | $\delta = \dfrac{Pl^3}{3EI}$ | $\theta = \dfrac{Pl^2}{2EI}$ |
| 片持ち・等分布荷重 | $\delta = \dfrac{wl^4}{8EI}$ | $\theta = \dfrac{wl^3}{6EI}$ |
| 単純・集中荷重 | $\delta = \dfrac{Pl^3}{48EI}$ | $\theta = \dfrac{Pl^2}{16EI}$ |
| 単純・等分布荷重 | $\delta = \dfrac{5wl^4}{384EI}$ | $\theta = \dfrac{wl^3}{24EI}$ |

図 8.1

$$\frac{dy}{dx} = \theta$$

$$\frac{d^2y}{dx^2} = -\frac{M}{EI}$$

$$\frac{d^3y}{dx^3} = -\frac{S}{EI}$$

$$\frac{d^4y}{dx^4} = \frac{q}{EI}$$

たわみ $y$ は，この2階級微分方程式を順次積分して解くことになるが，積分定数が発生することになる．この積分定数は，境界条件から求めることになる．

なお，境界条件は図 8.3 のように示される．

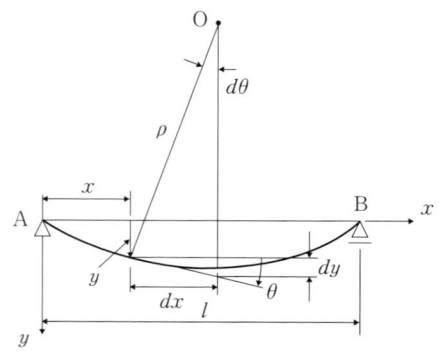

図 8.2

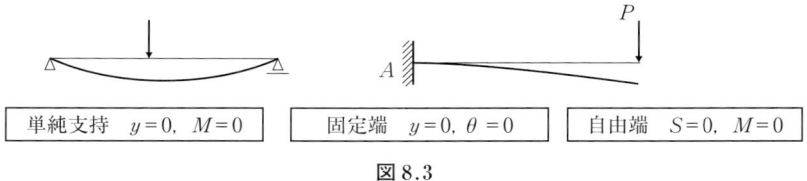

図8.3 に示すような境界条件:
- 単純支持 $y=0$, $M=0$
- 固定端 $y=0$, $\theta=0$
- 自由端 $S=0$, $M=0$

図 8.3

## (2) 弾性荷重によるたわみ $y$ の求め方（モールの定理）

図 8.4 のような，梁のたわみ角 $\theta$，たわみ $y$ は，仮想の荷重 $\tilde{q}=\dfrac{M}{EI}$（**弾性荷重**）が載荷された梁のせん断力，曲げモーメントを求めることにより得られる．

梁に作用する荷重 ($q$)，せん断力 ($S$)，曲げモーメント ($M$) の間には次の関係がある．

$$\frac{dS}{dx}=-q,\quad \frac{dM}{dx}=S,\quad \frac{d^2M}{dx^2}=-q$$

ここに，たわみ角 $\theta$ とたわみ $y$ の関係と比べてみると，次式のように

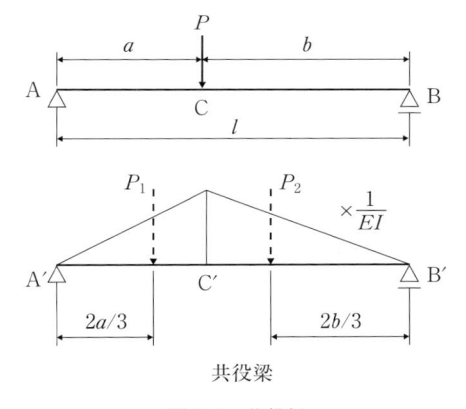

図 8.4 共役梁

$$S=-\int q\,dx+D_1,\quad M=-\iint q\,dx+D_1x+D_2$$
$$\theta=-\int \frac{M}{EI}dx+C_1,\quad y=-\iint \frac{M}{EI}dx+C_1x+C_2$$

同じ形であり，たわみ角 $\theta$ とたわみ $y$ は $\dfrac{M}{EI}$ を荷重とするときのせん断力，曲げモーメントを求めればよい．この弾性荷重を載荷するはりのことを「**共役梁**」という．

この方法は，求めたい位置のたわみ，たわみ角を求めるのに便利である．計算の手順は

① 実際に載荷された梁の曲げモーメント図を求める．

② 曲げモーメント図「弾性荷重」を共役梁に載荷する．
③ 求めたい点のせん断力 ($S_c'$)，曲げモーメント ($M_c'$) を求める．
④ $\theta_c = \dfrac{S_c'}{EI}, \quad y_c' = \dfrac{M_c'}{EI}$

この手順に従ってたわみ角 $\theta_c$ とたわみ $y_c$ を求める．共役梁において曲げモーメントから

$$P_1 = \frac{Pa^2 b}{2l}, \quad P_2 = \frac{Pab^2}{2l}$$

$$反力 \ R_A' = \frac{1}{l}\left\{P_1\left(\frac{a}{3}+b\right)+P_2\left(\frac{2b}{3}\right)\right\} = \frac{Pab(l+b)}{6l}$$

ここに，求める C 点のせん断力 $S_c'$ と曲げモーメント $M_c'$ は

$$S_c' = R_A' - P_1 = \frac{Pab(b-a)}{3l}$$

$$M_c' = R_A' a - P_1\left(\frac{a}{3}\right) = \frac{Pa^2 b^2}{3l}$$

以上，たわみ角 $\theta_c$ とたわみ $y_c$ は

$$\theta_c = \frac{S_c'}{EI} = \frac{Pab(b-a)}{3lEI}, \quad y_c = \frac{M_c'}{EI} = \frac{Pa^2 b^2}{3lEI}$$

しかし，たわみ角 $\theta$ とたわみ $y$ の関係では，積分定数が異なっていることに注意しなければならない．この単純梁では $S$，$M$ の積分定数 $D_1$，$D_2$ の境界条件が $y$，$\theta$ の積分定数 $C_1$，$C_2$ に対応するために解答が得られた．また，単純梁と片持ち梁の境界条件は図 8.5 のようになる．

単純梁では，$M$ および $S$ の積分定数 $D_1$，$D_2$ の境界条件が $y$，$\theta$ の積分定数 $C_1$，$C_2$ に対応していることがわかる．一方，片持ち梁は，積分定数 $D_1$，$D_2$ を求める境界条件は $x=l$（自由端）であり，$y$ および $\theta$ の積分定数 $C_1$，$C_2$ を求める境界条件は $x=0$（固定端）である．

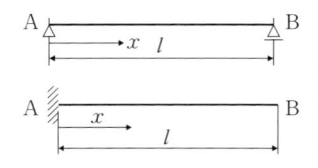

|  | 条件 | $M$ | $S$ | $y$ | $\theta$ |
|---|---|---|---|---|---|
| 単純梁 | $x=0$ | 0 |  | 0 |  |
|  | $x=l$ | 0 |  | 0 |  |
| 片持ち梁 | $x=0$（固定端） |  |  | 0 | 0 |
|  | $x=l$（自由端） | 0 | 0 |  |  |

図 8.5

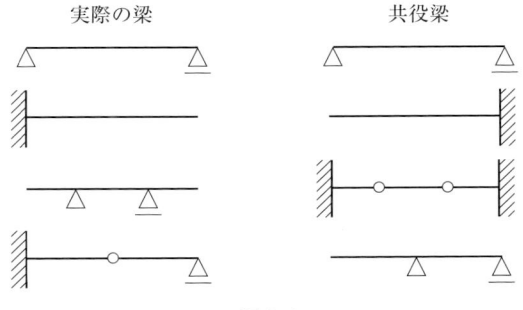

図 8.6

したがって，片持ち梁のたわみ $y$ は曲げモーメント図を荷重として，固定端と自由端を入れ換えて梁に作用させ，そのときの曲げモーメントを $EI$ で割った値となる．

実際の梁と共役梁の例を図 8.6 に示す．

### (3) 外力なす仕事

外力が弾性体になした仕事は弾性体内に蓄えられたひずみエネルギーに等しい．仕事（$W$）の定義は，$W=(力の大きさ)\times(変位)$ である．

図 8.7 に示すような単純梁に荷重 $P$ が作用するときの**仕事量**を考えてみよう．外力が $P_x$ に達したときの仕事量（$dW$）は

$$dW = P_x \times d\delta_x = C \cdot \delta_x \times d\delta_x$$

ここに，$C$ は比例定数である．

全仕事量は，積分すればよいので

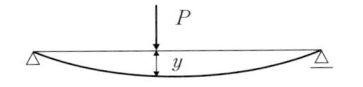

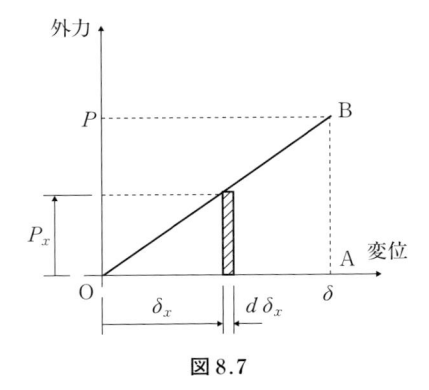

$$W = \int_0^\delta C \cdot \delta_x \cdot d\delta_x = \frac{C \cdot \delta^2}{2}$$

ここで，$P = C \cdot \delta$ であるから

$$W = \frac{C \cdot \delta^2}{2} = \frac{P\delta}{2}$$

図 8.7

となり，図の△OABの面積になることがわかる．

**(4) 保存エネルギー**

① 軸方向力（$P$）による**ひずみエネルギー**

図8.8において，棒部材が$\delta$だけ変位したので，エネルギー$W$は

$$W = \frac{P\delta}{2}$$

ここに，フックの法則から$\delta = \frac{PL}{EA}$を代入すると

$$W_c = \frac{P^2 L}{2EA}$$

が得られる．

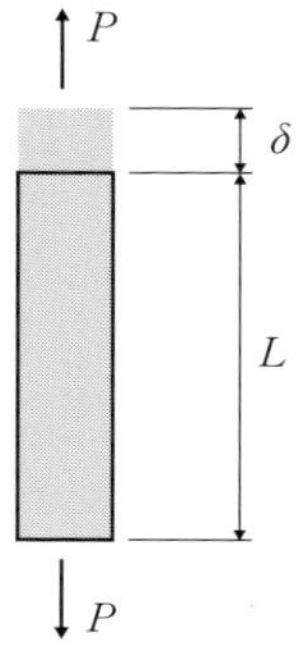

② 曲げモーメント（$M$）によるひずみエネルギー

$$W_m = \int_0^L \frac{M^2}{2EI} dx$$

③ せん断力（$S$）によるひずみエネルギー

$$W_s = k \int_0^L \frac{S^2}{2GA} dx$$

ここに，$G$：せん断弾性係数，$k$：断面の形状によって定まる定数で，長方形では1.20，円形は1.19である．

図8.8

**(5) 仮想仕事の原理**

図8.9のような構造物に荷重が作用し，つり合いの状態にある系を実系と呼ぶ．同じ構造物に仮想な力が作用した系を仮想系と呼ぶ．**仮想仕事の原理**は，実系と仮想系の間で，「つり合いの状態にある構造物が仮想変位をなすとき，この構造物に作用する外力のなす仮想仕事は0になる」である．

いま，外力のなす仮想仕事を$W_o$，内力のなす仮想仕事を$W_i$とすると

$$W_o + W_i = 0$$

実系の力と仮想系の変位のなす仕事 ＝ 仮想ひずみエネルギー

$$\sum P_i \cdot \bar{\delta} = \int_V \sigma_x \cdot \bar{\varepsilon}_x dV$$

が成り立つ．このとき，変位$\delta$は

## 第8章 たわみおよびたわみ角

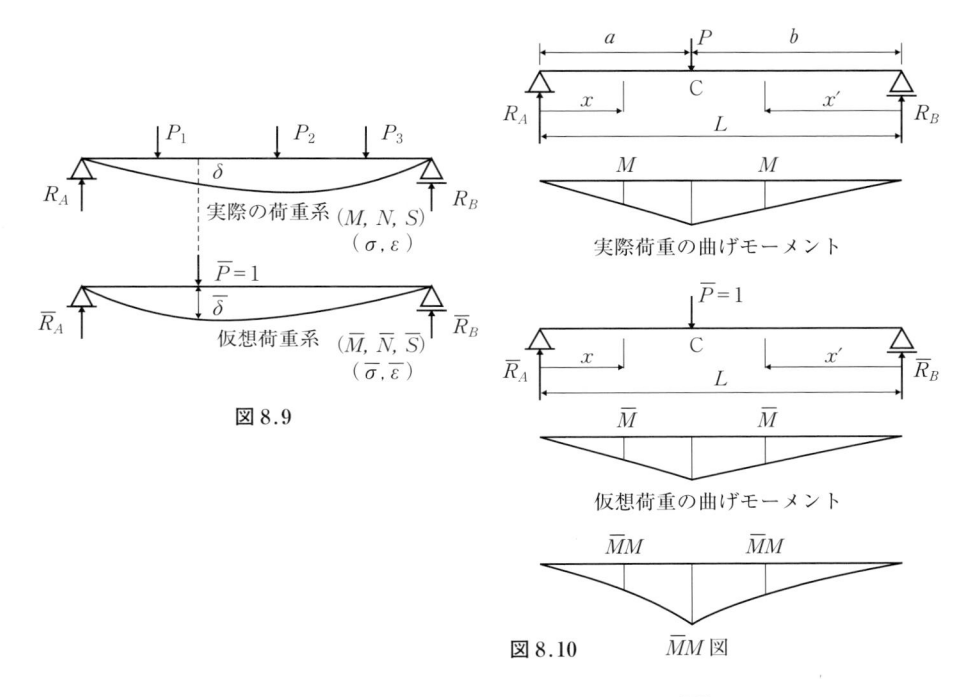

**図 8.9**

**図 8.10**　$\overline{M}M$ 図

$$\overline{P}\cdot\delta = 1\cdot\delta = \delta = \int\frac{\overline{N}N}{AE}dx + \int\overline{N}\alpha t dx + \int\frac{\overline{M}M}{EI}dx$$

ここに，$N$：実荷重での軸方向力，$M$：実荷重での曲げモーメント，$\overline{N}$, $\overline{M}$：仮想荷重，$\overline{P}=1$ からの軸方向力，曲げモーメント，$\alpha$：線膨張係数，$t$：温度変化．

次の例を仮想仕事によってたわみ $\delta_c$ を解いてみる（図 8.10）．

曲げモーメントを受ける構造物の場合，変位を求めるためには，求めたい点に仮想荷重 $\overline{P}=1$ を作用させる．

軸力は作用しないので，仮想仕事式は

$$1\cdot\delta = \int\frac{\overline{M}M}{EI}dx$$

この $M$ は実際の曲げモーメント，$\overline{M}$ は仮想荷重 $\overline{P}=1$ による曲げモーメントである．

① 実際の荷重の曲げモーメント

$$M = \frac{Pb}{L}x, \quad M' = \frac{Pa}{L}x'$$

② 仮想荷重の曲げモーメント

$$\overline{M} = \frac{b}{L}x, \quad \overline{M}' = \frac{a}{L}x'$$

③ たわみ $\delta_c$ は

$$\delta_c = \int_0^a \frac{\overline{M}M}{EI}dx + \int_0^b \frac{\overline{M}'M'}{EI}dx' = \frac{1}{EI}\left(\int_0^a \frac{Pb^2}{L^2}x^2 dx + \int_0^b \frac{Pa^2}{L^2}x'^2 dx\right)$$

$$= \frac{1}{EI}\left(\frac{Pb^2 a^3}{3L^2} + \frac{Pa^2 b^3}{3L^2}\right) = \frac{Pa^2 b^2}{3EIL}$$

### (6) カスチリアーノの定理

**カスチリアーノの定理**（Castigliano's theorem）は，第1定理と第2定理からなる．第1定理からたわみ，たわみ角を求めたり，第2定理（最小仕事の原理ともいう）から不静定構造を解いたりするときに使われる．

1) カスチリアーノの第1定理

ある点に作用する外力 $P_a$ の作用方向のたわみ量 $\delta_a$ は，ひずみエネルギー（$W$）をこの外力で**偏微分**したものに等しい．また，たわみ角 $\theta_a$ は，ひずみエネルギーを任意点の曲げモーメントで偏微分すれば求まる．

$$\delta_a = \frac{\partial W}{\partial P_a}, \quad \theta_a = \frac{\partial W}{\partial M_a}$$

はりに曲げモーメントが作用する場合，**ひずみエネルギー**は，$W = \int_0^L \frac{M^2}{2EI}dx$ で，$P_a$ で偏微分すると $\delta_a$ が求まる．

$$\delta_a = \frac{\partial W}{\partial P_a} = \int_0^L \frac{1}{2EI}\left(\frac{\partial M^2}{\partial P_a}\right)dx = \int_0^L \frac{1}{2EI}\left(\frac{\partial M^2}{\partial M} \cdot \frac{\partial M}{\partial P_a}\right)dx = \int_0^L \frac{1}{2EI} \cdot 2M \cdot \frac{\partial M}{\partial P_a}dx$$

$$= \int_0^L \frac{M(\partial M/\partial P_a)}{EI}dx$$

同様に，$\theta_a$ も

$$\theta_a = \frac{\partial W}{\partial M_a} = \int_0^L \frac{M(\partial M/\partial M_a)}{EI}dx$$

## 2) カスチリアーノの第2定理

不静定構造で，不静定反力 $(R_1, R_2, R_3, \cdots)$ は，ひずみエネルギーが最小となるように働く．つまり，$\dfrac{\partial W}{\partial R}=0$ を満足する不静定反力を求めればよい．

① 偏微分

$$f(x,y)=4x^2+2xy^2+y^2+1$$

$x$ と $y$ がともに変数である．偏微分は

$$\lim_{h\to 0}\frac{f(x+h,y)-f(x,y)}{h}=\frac{\partial f}{\partial x} \quad (y \text{ を定数として } x \text{ を変数として微分})$$

$$\lim_{h\to 0}\frac{f(x,y+h)-f(x,y)}{h}=\frac{\partial f}{\partial y} \quad (x \text{ を定数として } y \text{ を変数として微分})$$

この「$\partial$」の記号は，偏微分を示し，一般に「ラウンド」と呼ばれている．

$$\frac{\partial f}{\partial x}=8x+2y^2, \quad \frac{\partial f}{\partial y}=4xy+2y$$

カスチリアーノの第1定理を用いて，たわみ $y_c$ を求めてみる（図8.11）．使用する式は

$$y_c=\frac{\partial W}{\partial P}$$

とひずみエネルギー

$$W=\int_0^L \frac{M_x^2}{2EI}dx$$

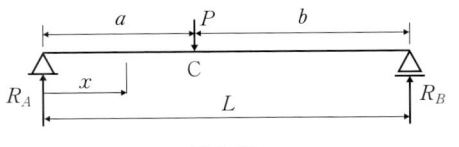

**図 8.11**

① 任意点の曲げモーメントは

$$M_x=\frac{Pb}{L}x \quad (0\leq x\leq a)$$

$$M_x=\frac{Pa}{L}(L-x) \quad (a\leq x\leq L)$$

② ひずみエネルギーは

$$W=\int_0^L \frac{M_x^2}{2EI}dx=\frac{1}{2EI}\left\{\int_0^a \frac{P^2b^2}{L^2}x^2dx+\int_a^L \frac{P^2a^2}{L^2}(L-x)^2dx\right\}=\frac{P^2a^2b^2}{6EIL}$$

③ たわみ $y_c$ は，$W$ を $P$ で偏微分して

$$y_c=\frac{\partial W}{\partial P}=\frac{Pa^2b^2}{3EIL}$$

## 例　題

**8.1**　図 8.12 に示す一端固定，他端可動支点ばりのたわみ曲線 ($y_x$) を求めるために 4 階級の微分方程式を次式のように解法した．境界条件から求められる積分定数 $c_2$ として最も妥当なのはどれか．

$$\frac{d^4y}{dx^4} = \frac{q}{EI}$$

$$\frac{EI}{q}\frac{d^3y}{dx^3} = x + c_1$$

$$\frac{EI}{q}\frac{d^2y}{dx^2} = \frac{1}{2}x^2 + c_1x + c_2$$

$$\frac{EI}{q}\frac{dy}{dx} = \frac{1}{6}x^3 + \frac{1}{2}c_1x^2 + c_2x + c_3$$

$$\frac{EI}{q}y = \frac{1}{24}x^4 + \frac{1}{6}c_1x^3 + \frac{1}{2}c_2x^2 + c_3x + c_4$$

1. $\dfrac{5}{8}l$　2. $-\dfrac{5}{8}l$　3. $\dfrac{1}{8}l^2$　4. $-\dfrac{1}{8}l^2$　5. $\dfrac{5}{8}l^2$

**（解）**　積分定数（4つ）を求める境界条件は
　$x = 0$（固定端）において，$y = 0$，$\theta = 0$
　$x = l$（可動端）において，$y = 0$，$M = 0$
の関係が成立する．これらより

$$x = 0 \text{ より}\quad c_3 = 0,\ c_4 = 0$$

$$x = l \text{ より}\quad c_1 = -\frac{5}{8}l,\ c_2 = \frac{1}{8}l^2$$

となる．
　以上より，たわみ曲線は

$$y_x = \frac{q}{EI}\left(\frac{1}{24}x^4 - \frac{5l}{48}x^3 + \frac{l^2}{16}x^2\right)$$

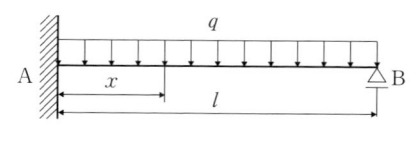

図 8.12

が得られる. (正解 3)

なお，ベキ関数の積分公式は

$$\int x^n dx = \frac{1}{n+1}x^{n+1} + c \quad (n \neq -1)$$

---

**8.2** 図 8.13 に示す変断面片持ち梁のたわみ角 $\theta_B$ とたわみ $y_B$ として最も妥当なのはどれか.

|  | 1. | 2. | 3. | 4. | 5. |
|---|---|---|---|---|---|
| $\theta_B$ | $-\dfrac{3PL^2}{8EI}$ | $-\dfrac{5PL^2}{8EI}$ | $-\dfrac{5PL^2}{16EI}$ | $-\dfrac{3PL^2}{32EI}$ | $-\dfrac{5PL^2}{32EI}$ |
| $y_B$ | $\dfrac{5PL^3}{8EI}$ | $\dfrac{5PL^3}{16EI}$ | $\dfrac{3PL^3}{16EI}$ | $\dfrac{3PL^3}{32EI}$ | $\dfrac{5PL^3}{32EI}$ |

---

**(解)** 変断面片持ち梁のたわみ $y_B$ を求めるための共役梁を図 8.14 に示す．この問題は，$EI$ が一定ではないために，曲げモーメント図をそのまま仮想荷重として作用させることはできない．

変断面の**仮想荷重**は，BC 間は $\dfrac{M}{EI}$，CA 間は $\dfrac{M}{2EI}$ として作用させる必要がある．

ただし，たわみ $y$ を求める段階で $\dfrac{1}{EI}$ 倍すればよい．B 点のたわみ角，たわみは次式で求められた．

$$\theta_B = \frac{S_B{}'}{EI}, \quad y_B = \frac{M_B{}'}{EI}$$

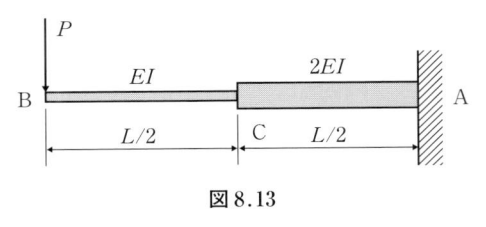

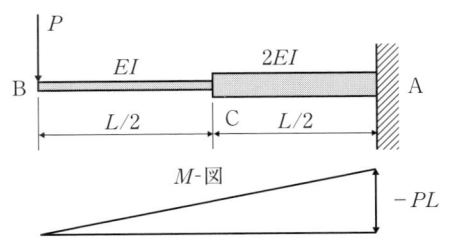

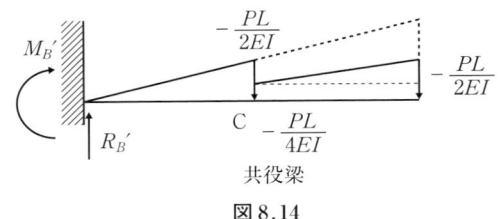

ここに

図 8.13

図 8.14

$$S_B' = R_B' = -\left(\frac{1}{2} \times \frac{PL}{2} \times \frac{L}{2}\right) - \left(\frac{PL}{4} \times \frac{L}{2}\right) - \left(\frac{1}{2} \times \frac{PL}{4} \times \frac{L}{2}\right) = -\frac{5}{16}PL^2$$

台形荷重は，等分布と三角形に分けて計算している．また

$$\sum M_B = M_B' + \left\{-\left(\frac{PL^2}{8}\right) \times \left(\frac{L}{2} \times \frac{2}{3}\right)\right\} + \left\{-\left(\frac{PL^2}{8}\right) \times \left(\frac{L}{2} + \frac{L}{4}\right)\right\} + \left\{-\left(\frac{PL^2}{16}\right) \times \left(\frac{L}{2} + \frac{L}{3}\right)\right\} = 0$$

$$\therefore M_B' = \frac{3}{16}PL^3$$

以上より

$$\theta_B = \frac{S_B'}{EI} = -\frac{5PL^2}{16EI}, \quad y_B = \frac{M_B'}{EI} = \frac{3PL^3}{16EI} \qquad (正解 3)$$

---

**8.3** 図 8.15 の片持ち梁において，曲げモーメントによるひずみエネルギー $W$ として最も妥当なのはどれか．

1. $\dfrac{wl^4}{12EI}$　　2. $\dfrac{w^2l^4}{12EI}$　　3. $\dfrac{wl^4}{24EI}$　　4. $\dfrac{w^2l^5}{40EI}$　　5. $\dfrac{w^2l^5}{48EI}$

---

**(解)** 任意点の曲げモーメントは，$M_x = -\dfrac{wx^2}{2}$ である．

曲げモーメントによる**ひずみエネルギー**は

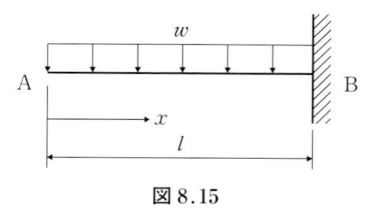

図 8.15

$$W_m = \int_0^l \frac{M^2}{2EI}dx = \frac{1}{2EI}\int_0^l \frac{w^2x^4}{4}dx = \frac{w^2}{8EI}\left[\frac{x^5}{5}\right]_0^l = \frac{w^2l^5}{40EI}$$

(正解 4)

---

**8.4** 図 8.16 の単純梁において，最大たわみ ($\delta_{\max}$) として最も妥当なのはどれか．

1. $\dfrac{2wl^4}{5EI}$　　2. $\dfrac{2w^2l^4}{5EI}$　　3. $\dfrac{wl^4}{10EI}$　　4. $\dfrac{w^2l^4}{10EI}$　　5. $\dfrac{2wl^4}{15EI}$

第 8 章　たわみおよびたわみ角

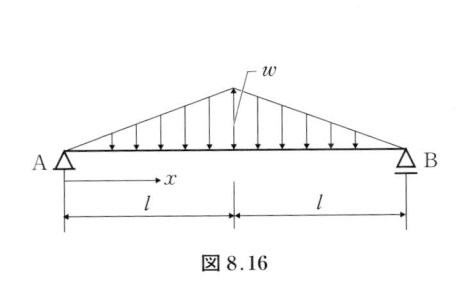

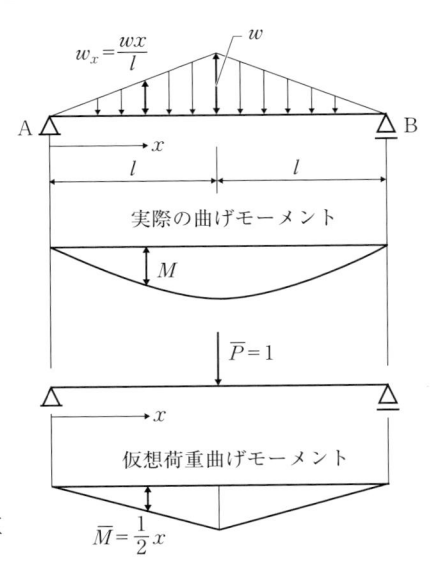

図 8.16

**(解)** 最大たわみの位置は，対称荷重で中央となる（図 8.17）．

**仮想仕事の原理**により

$$\delta_{\max} = 2\int_0^l \frac{\overline{M}M}{EI}dx = 2\int_0^l \frac{1}{EI}\left(\frac{1}{2}x\right)\left(\frac{wl}{2}x - \frac{w}{6l}x^3\right)dx$$

$$= \frac{1}{EI}\int_0^l x\left(\frac{wl}{2}x - \frac{w}{6l}x^3\right)dx = \frac{1}{EI}\left[\frac{wl}{6}x^3 - \frac{w}{30l}x^5\right]_0^l$$

$$= \frac{2}{15EI}wl^4$$

ここに，実際の曲げモーメント $M$ は（図 8.17）

$$M = R_A \times x - \left(\frac{1}{2} \times w_x \times x\right) \times \frac{1}{3}x$$

$$= \frac{wl}{2}x - \frac{w}{6l}x^3$$

（正解 5）

図 8.17

---

**8.5** 図 8.18 の構造物において，B 点における水平変位（$\delta_B$）として最も妥当なのはどれか．

1. $\dfrac{Pr^3}{EI}\left(\dfrac{3\pi}{4} - 2\right)$ 　　 2. $\dfrac{P^2r^3}{2EI}\left(\dfrac{3\pi}{4} - 2\right)$ 　　 3. $\dfrac{P^2r^3}{EI}\left(\dfrac{3\pi}{4} - 2\right)$

4. $\dfrac{P^2 r^3}{EI}\left(\dfrac{5\pi}{4}-3\right)$   5. $\dfrac{Pr^3}{2EI}\left(\dfrac{5\pi}{4}-3\right)$

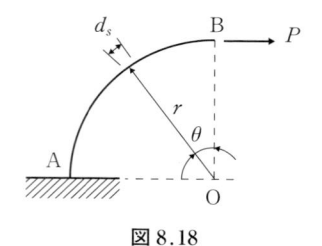

**(解)** OB より角度 $\theta$ の位置の曲げモーメントは

$$M = -P(r - r\cdot\cos\theta) = -Pr(1-\cos\theta)$$

**ひずみエネルギー** $W$ は

図 8.18

$$W = \int_0^{\frac{\pi}{2}} \frac{M_x^{\,2}}{2EI}\,dx = \frac{1}{2EI}\int_0^{\frac{\pi}{2}} P^2 r^2 (1-\cos\theta)^2\,r\,d\theta = \frac{P^2 r^3}{2EI}\int_0^{\frac{\pi}{2}} (1-2\cos\theta + \cos^2\theta)\,d\theta$$

$$= \frac{P^2 r^3}{2EI}\int_0^{\frac{\pi}{2}}\left(1-2\cos\theta + \frac{1+\cos 2\theta}{2}\right)d\theta = \frac{P^2 r^3}{2EI}\left[\frac{3}{2}\theta - 2\sin\theta + \frac{\sin 2\theta}{4}\right]_0^{\frac{\pi}{2}}$$

$$= \frac{P^2 r^3}{2EI}\left(\frac{3\pi}{4}-2\right)$$

したがって，水平変位は $P$ で**偏微分**して

$$\delta_B = \frac{\partial W}{\partial P} = \frac{Pr^3}{EI}\left(\frac{3\pi}{4}-2\right) \tag{正解 1}$$

### チャレンジ

**A.14** 図 8.19 のような，高さ $h$ が一様であり，幅が固定端では $b_0$ で軸方向に一時的に変化する長さ $l$ の片持ち梁がある．この梁の自由端に鉛直荷重 $P$ が作用しているとき，自由端でのたわみとして最も妥当なのはどれか．ただし，梁のヤング率を $E$ とし，梁の自重は無視する．

(H18 国家 II 種)

1. $\dfrac{4Pl^3}{Eb_0 h^3}$   2. $\dfrac{6Pl^3}{Eb_0 h^3}$   3. $\dfrac{8Pl^3}{Eb_0 h^3}$   4. $\dfrac{12Pl^3}{Eb_0 h^3}$   5. $\dfrac{16Pl^3}{Eb_0 h^3}$

**A.15** 図 8.20 のように，片端 a で固定された断面が一様な梁の端 c に集中荷重 $P$ を作用させた．このとき，点 b，点 c における鉛直変位 $v_b$，$v_c$ の

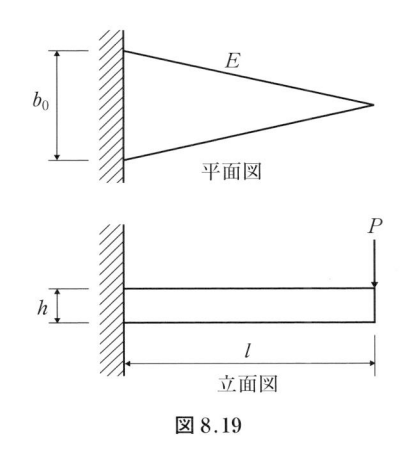

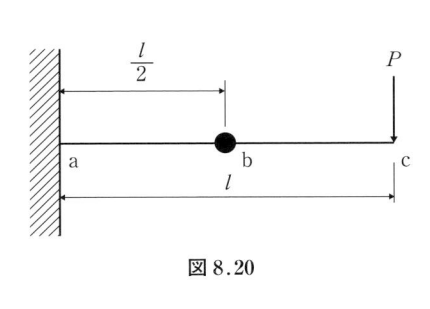

第8章　たわみおよびたわみ角　　133

図8.19

図8.20

比 $\dfrac{v_b}{v_c}$ として最も妥当なのはどれか．ただし，梁の変形は微小かつ曲げによるもののみであるとし，梁の自重は無視する．　　（H19 国家Ⅱ種）

1. $\dfrac{1}{16}$　2. $\dfrac{1}{8}$　3. $\dfrac{5}{16}$　4. $\dfrac{3}{8}$　5. $\dfrac{1}{2}$

**A.16** 図8.21 のように，等分布荷重 $q_0$ を受ける曲げ剛性 $EI$ の梁がある．梁に生じるたわみ分布，曲げモーメント分布，およびせん断力分布をベルヌーイ・オイラー（Bernoulli-Euler）梁理論に基づくつり合い式と一般解を用いて求めるときに，$w(0)=0$ のほかに考慮すべき境界条件のみをすべて挙げているのはどれか．

ただし，梁のたわみを $w$，梁の左端の座標を $x=0$，右端の座標を $x=l$ とする．　　（H20 国家Ⅱ種）

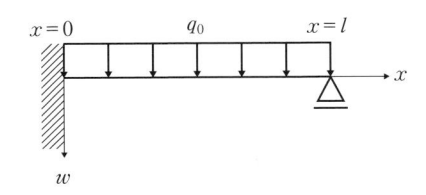

図8.21

$$EIw''''(x)=q_0, \quad w(x)=\dfrac{q_0}{24EI}(x^4+ax^3+bx^2+cx+d)$$

$(a,\ b,\ c,\ d$ は定数$)$

1. $-w'(x)=0,\quad w(l)=0,\quad -EIw''(l)=0$

2. $-w'(x)=0,\quad -EIw'''(l)=\dfrac{q_0 l}{2},\quad -EIw''(l)=0$

3. $-w'(x)=0, \quad -EIw'''(0)=\dfrac{5q_0l}{8}$

4. $-EIw''(0)=\dfrac{q_0l^2}{8}, \quad w(l)=0$

5. $-EIw''(0)=\dfrac{q_0l^2}{8}, \quad w(l)=0, \quad -EIw'''(l)=\dfrac{q_0l}{2}$

**B.9** 図 8.22 のように水平に置かれた長さ $l$ の片持梁 AB と長さ $l$ の片持梁 BC が B で接している．それぞれの梁の曲げ剛性が $E_1I_1$, $E_2I_2$ であるとき B 点に荷重 $P$ を作用させたときの B 点の鉛直変位として正しいものはどれか．

（H10 国家 II 種）

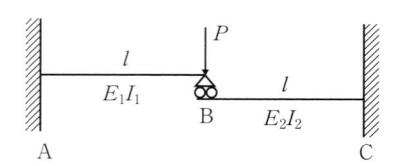

図 8.22

1. $\dfrac{E_1I_1+E_2I_2}{6E_1I_1 \times E_2I_2}Pl^3$  2. $\dfrac{1}{6(E_1I_1+E_2I_2)}Pl^3$  3. $\dfrac{E_1I_2+E_2I_1}{6E_1I_1 \times E_2I_2}Pl^3$

4. $\dfrac{E_1I_1+E_2I_2}{3E_1I_1 \times E_2I_2}Pl^3$  5. $\dfrac{1}{3(E_1I_1+E_2I_2)}Pl^3$

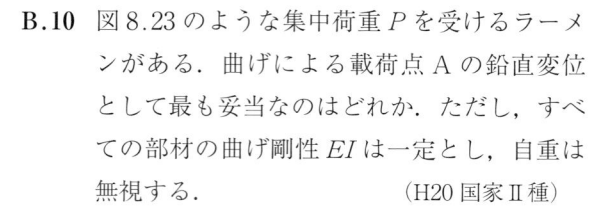

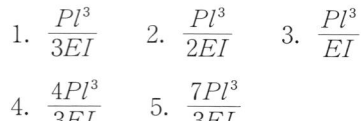

**B.10** 図 8.23 のような集中荷重 $P$ を受けるラーメンがある．曲げによる載荷点 A の鉛直変位として最も妥当なのはどれか．ただし，すべての部材の曲げ剛性 $EI$ は一定とし，自重は無視する．　　　　　（H20 国家 II 種）

1. $\dfrac{Pl^3}{3EI}$  2. $\dfrac{Pl^3}{2EI}$  3. $\dfrac{Pl^3}{EI}$

4. $\dfrac{4Pl^3}{3EI}$  5. $\dfrac{7Pl^3}{3EI}$

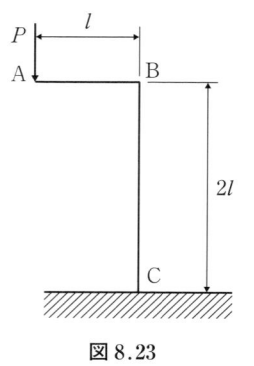

図 8.23

**B.11** 図 8.24 に示す単純梁の AC 間の最大たわみ $y_{\max}$ として最も妥当なのはどれか．

1. $-\dfrac{Mcl^2}{18EI}\sqrt{\dfrac{1}{3}}$  2. $-\dfrac{Mcl^2}{8EI}\sqrt{\dfrac{1}{3}}$  3. $-\dfrac{Mcl}{18EI}\sqrt{\dfrac{1}{3}}$

4. $-\dfrac{Mcl}{8EI}\sqrt{\dfrac{1}{3}}$  5. $-\dfrac{Mcl^2}{32EI}\sqrt{\dfrac{1}{3}}$

図 8.24

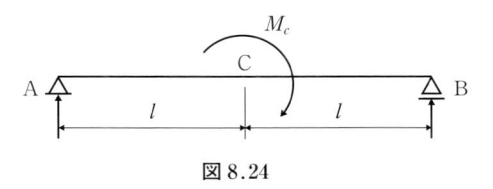

**B.12** 図 8.25 のような構造に対して，点 C に荷重 $P$ が水平方向に作用するとき，点 C の水平変位の絶対値 $\delta_C$ を仮想仕事の原理を用いて求める．

次の記述の（ア）～（オ）に当てはまるものの組合せとして最も妥当なのはどれか．

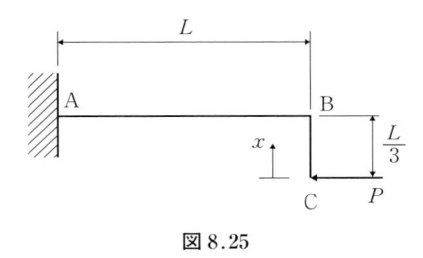

図 8.25

ただし，部材の曲げ剛性 $EI$ は一様とし，せん断変形および軸方向変形は無視する．また，部材の曲げモーメントの向きは，CB 区間の左側および BA 区間の下側が引張りとなる場合を正の向きとする．

「CB 区間に関して，点 C から上方向に $x$ だけ離れた位置における曲げモーメントは

$$M_{CB} = (\mathcal{F})$$

となる．
また，BA 区間に関しては，曲げモーメントは一定であり，

$$M_{BA} = (\mathcal{A})$$

となる．
ここで，構造におけるある点の変位を求める場合，その変位 $\delta$ は，実際に作用する荷重による曲げモーメント $M$，ある点の求める変位の方向に仮想の単位荷重が作用する場合の曲げモーメントを $m$ とすると，次式で表せる．

$$\delta = \int \frac{Mm}{EI} dx$$

点 C の水平方向に仮想の単位荷重が作用する場合の曲げモーメントは

CB 区間：$m_{CB} =$（ウ）

BA 区間：$m_{BA} =$（エ）

となることから，上記の考え方を用いることにより

$$\delta_C = （オ）$$

となる.」 (H23 国家Ⅱ種)

|   | （ア） | （イ） | （ウ） | （エ） | （オ） |
|---|---|---|---|---|---|
| 1. | $Px$ | $0$ | $x$ | $0$ | $\dfrac{PL^3}{9EI}$ |
| 2. | $Px$ | $0$ | $x$ | $0$ | $\dfrac{PL^3}{81EI}$ |
| 3. | $-Px$ | $0$ | $-x$ | $0$ | $\dfrac{PL^3}{81EI}$ |
| 4. | $-Px$ | $-\dfrac{PL}{3}$ | $-x$ | $-\dfrac{L}{3}$ | $\dfrac{PL^3}{9EI}$ |
| 5. | $-Px$ | $-\dfrac{PL}{3}$ | $-x$ | $-\dfrac{L}{3}$ | $\dfrac{10PL^3}{81EI}$ |

**B.13** 図 8.26 の図Ⅰの梁の点 C に鉛直集中荷重 $P$ が作用しているとき，図Ⅱのように，点 D と点 E の鉛直方向の変位の大きさをそれぞれ $y_D$, $y_E$ とすると，$\dfrac{y_D}{y_E}$ の値はおよそいくらか．

ただし，梁の曲げ剛性は一定とし，自重による影響は無視する．また，$\sin\theta_A \fallingdotseq \theta_A$, $\sin\theta_B \fallingdotseq \theta_B$ と近似できるものとする．

なお，図Ⅲの梁の点 Z に鉛直集中荷重 $P$ が作用しているとき，図Ⅳの

図 8.26

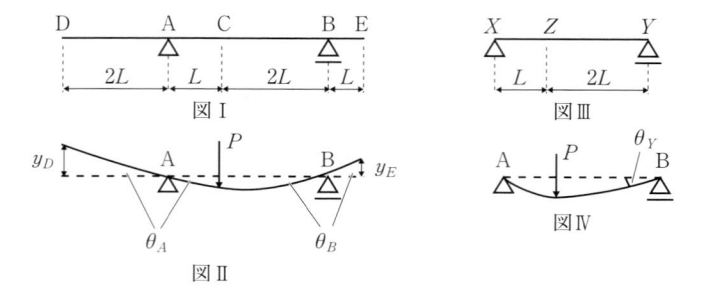

ように，点 $Y$ における回転角 $\theta_Y$ の大きさは $\dfrac{4PL^2}{9EI}$ [$E$：弾性係数，$I$：断面二次モーメント] である． (H22 国家 II 種)

1. 1　　2. $\dfrac{3}{2}$　　3. 2　　4. $\dfrac{5}{2}$　　5. 3

**B.14** 図 8.27 の構造物において，C 点における鉛直変位 ($\delta_C$) として最も妥当なのはどれか．ただし，すべての部材の曲げ剛性 $EI$ は一定とし，自重は無視する．

1. $\dfrac{Pl}{EA} \cdot \dfrac{1}{\cos^2\theta}$　　2. $\dfrac{Pl}{2EA} \cdot \dfrac{1}{\cos^2\theta}$　　3. $\dfrac{Pl}{EA} \cdot \dfrac{1}{\sin^2\theta}$
4. $\dfrac{Pl}{2EA} \cdot \dfrac{1}{\sin^2\theta}$　　5. $\dfrac{Pl}{EA} \cdot \dfrac{2}{\sin^2\theta}$

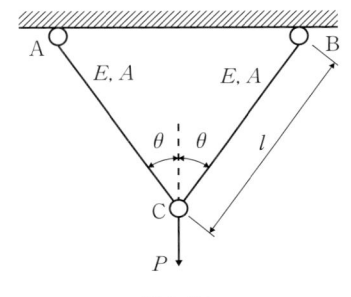

図 8.27

# 第Ⅲ編

## 土質力学

# 1 土の基本的性質

## 要　点

### (1) 土の相構成

土は，図1.1に示すように**土粒子**（固相・固体），水（液相・液体），空気（気相・気体）の三つの相から構成されている．それぞれの構成部分の体積や質量を模式的に表し，土の状態を数量化して表すことができる．

土を構成する3相のうち，液相と気相の部分は間隙と呼ばれ，それぞれの体積（$V$）と質量（$m$）の関係は，以下の示すとおりである．

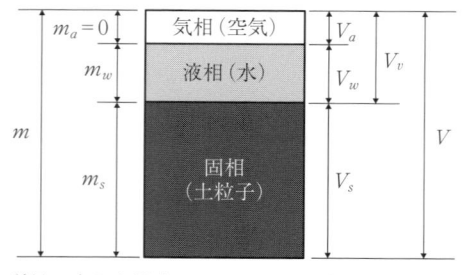

土全体の体積：$V$　　　　土全体の質量：$m$
土粒子部分の体積：$V_s$　　土粒子部分の質量：$m_s$
間隙中の空気の体積：$V_a$　間隙中の空気の質量 $m_a\,(=0)$
間隙中の水の体積：$V_w$　　間隙中の水の質量：$m_w$
間隙の体積：$V_v$
（ここで，間隙中の空気の質量は0とする．）

図1.1　土の相構成

第1章 土の基本的性質

$$V = V_s + V_v = V_s + V_a + V_w$$
$$V_v = V_a + V_w = V - V_v$$
$$m = m_s + m_a + m_w$$
$$= m_s + m_w$$

### (2) 土の物理的性質

前項では，土の相構成について説明をしたが，ここでは土の物理的性質について説明する．

土の物理的性質は，土の基本的性質を把握する重要な要素の一つで，以下，順を追って説明をする．

最も基本となるのは，**土粒子の密度** $\rho_s$ で，土を構成する土粒子の単位体積当たりの質量を指し，次式で表され，土の物理量を求めるときなどに用いられる．

$$\rho_s = \frac{m_s}{V_s} \ (\mathrm{g/cm^3})$$

[**参考**]

かつては，**土粒子の比重** $G_s$（無次元）が用いられてきたが，比重は，水温によって水の密度 $\rho_w$ が変化するため，温度によって比重の値が変化する．そこで，温度の影響をなくすために土粒子の密度を用いるようになった．しかし，土質力学における一部の関係式では，土粒子の比重 $G_s$ が用いられている．なお，土粒子の密度と土粒子の比重の関係は，次式のとおりである．

$$\rho_s = G_s \times \rho_w \ (\mathrm{g/cm^3})$$

土の状態量を示す値の一つに**含水比** $w$（%）がある．この含水比は，土の間隙に含まれる水の質量 $m_w$ を土粒子の乾燥質量 $m_s$ で除したものである．

$$w = \frac{m_w}{m_s} \times 100 \ (\%)$$

土の状態を示す含水比以外の値として，**間隙比** $e$，**飽和度** $S_r$，密度 $\rho$，**単位体積重量** $\gamma$ などある．

間隙比 $e$ は，土の土粒子部分の体積に対する間隙部分の体積の比を表したものである．土粒子部分の体積に対する土全体の体積に比で表したものを**体積比** $f$ と呼んでいる．間隙比および体積比は次の式で表す．

$$e = \frac{V_v}{V_s}$$

$$f = \frac{V}{V_s} = \frac{V_s + V_v}{V_s} = 1 + e$$

また，土全体の体積に対する間隙の体積の比を百分率で表したものが**間隙率** $n$ であり，間隙比と間隙率の関係は次の式で表される．

$$n = \frac{V_v}{V} \times 100 \ (\%) = \frac{e}{1+e} \times 100 \ (\%)$$

$$e = \frac{n}{100 - n}$$

飽和度は，土の間隙中に含まれる水の割合を表したものである．飽和度は次の式で表す．

$$S_r = \frac{V_w}{V_v} \times 100 \ (\%)$$

密度 $\rho$ は，土の詰まり具合を表すものである．この密度には湿潤状態の密度を表す湿潤密度 $\rho_t$ と乾燥状態の密度を表す乾燥密度 $\rho_d$，飽和した土の湿潤密度を表す飽和密度 $\rho_{\text{sat}}$，水浸状態の土の密度を表す水浸密度 $\rho_{\text{sub}}$ がある．一般的に密度といわれる場合は，湿潤密度を示す．なお，土粒子の密度 $\rho_s$ とは異なるので注意すること．

土の**湿潤密度**と**乾燥密度**，**飽和密度**，**水浸密度**は，それぞれ次の式で表す．

$$\rho_t = \frac{m}{V} \ (\text{g/cm}^3)$$

$$\rho_d = \frac{m_s}{V} \ (\text{g/cm}^3)$$

$$\rho_{\text{sat}} = \frac{\rho_s + e\rho_w}{1+e} \ (\text{g/cm}^3)$$

$$\rho_{\text{sub}} = \rho_{\text{sat}} - \rho_w = \frac{\rho_s - \rho_w}{1+e} \ (\text{g/cm}^3)$$

また，湿潤密度 $\rho_t$ と乾燥密度 $\rho_d$ の関係は，次の式で表せる．

$$\rho_t = \frac{m_s + m_w}{V} = \frac{m_s}{V}\left(1 + \frac{m_w}{m_s}\right) = \rho_d\left(1 + \frac{w}{100}\right) \ (\text{g/cm}^3)$$

土の密度に重力加速度 $g$ を乗じたものが**単位体積重量** $\gamma$ になり，**飽和単位体積重量** $\gamma_{\text{sat}}$ と**水中単位体積重量** $\gamma'$ は次の式で表す．

第1章 土の基本的性質　　143

$$\gamma_{sat} = \rho_{sat} g = \frac{\rho_s + e\rho_w}{1+e} g \ (kN/m^3)$$

$$\gamma' = \gamma_{sat} - \gamma_w = (\rho_{sat} - \rho_w)g = \frac{\rho_s - \rho_w}{1+e} g \ (kN/m^3)$$

ここで，$\gamma_w$ は水の単位体積重量（$\gamma_w = \rho_w g = 9.81 \ kN/m^3$）である．

### (3) 土の分類

　土を分類するには，土固有の性質を把握する必要があり，土の**粒度**や**コンシステンシー**で把握することができる．

　粒度は，土を構成する土粒子の粒径の大きさの分布を表したもので，粒度試験によって求めることができる．

　粒度試験は，粒径 75 $\mu$m を境に，75 $\mu$m 以上の**粗粒分**についてはふるい分析試験，75 $\mu$m 未満の**細粒分**については沈降分析試験を行う．

　粒度試験を行い得られた結果を整理したものが，図1.2に示す**粒径加積曲線**である．横軸に粒径を対数目盛で取り，縦軸に普通目盛で通過質量百分率を取って表したものである．粒径加積曲線の形状や係数から粒度分布の良し悪しを判定することができる．粒度分布の判定に用いる係数は，粒径加積曲線において通過質量百分率が 10％，30％，60％に対応する粒径を $D_{10}$，$D_{30}$，$D_{60}$ として求めることができる．図1.2の中で，①の場合は粒径加積曲線の勾配がなだらかで異なる粒径の粒子を幅広く含む粒径分布が良い土で，②の場合はある粒径範囲の粒子が含まれないか，少ない粒度分布の土，③の場合は粒径加積曲線の

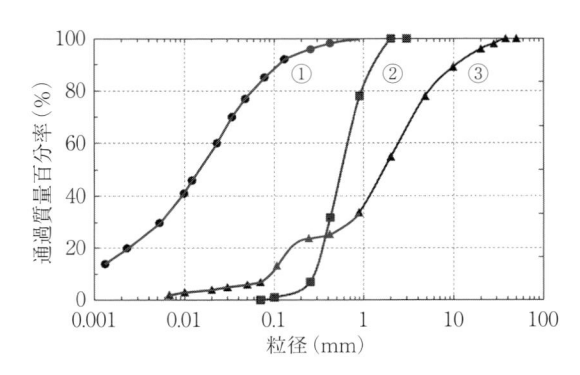

**図1.2　粒径加積曲線の例**

勾配が急で狭い範囲の粒径が多くの割合を占め，比較的粒度分布が悪い状態の土を示している．

 有効径          $D_{10}$ (mm)

 均等係数         $U_c = \dfrac{D_{60}}{D_{10}}$

 曲率係数         $U_c' = \dfrac{D_{30}^2}{D_{10} D_{60}}$

**有効径**は，細粒分の大きさを表す指標である．この数値から砂質土の透水性を推定することができることから有効径と呼ばれている．

**均等係数**は，粒径加積曲線の傾きを示している．均等係数が大きいと曲線がなだらかで，細粒分から粗粒分まで幅広い範囲の土が含まれており，逆に，均等係数が小さいほど曲線の傾きが大きく粒径分布が悪い（粒径が揃っている）ことを示す．均等係数が大きいほど，工学的性質が良い土といわれる．

**曲率係数**は，曲線のなだらかさを表す指標である．1に近いほど曲線の傾きがなだらかで，幅広い粒径分布の土で構成されている良い土といわれる．

(4) 土のコンシステンシー

粘土のような細粒分で構成されている土は，同じ土でも含まれる水の量によって変形の状態や強度（土の場合は，主にせん断強度）が変わる．このような性質を土のコンシステンシーと呼ぶ．この状態の変化する境界（限界）を液性限界 $w_L$ および塑性限界 $w_p$，収縮限界 $w_s$ として，それぞれの限界を求めるための試験法がある．また，液性限界と塑性限界の差を塑性指数 $I_p$，液性限界試験の結果を示す流動曲線の傾度を流動指数 $I_f$，塑性指数と流動指数の比は**タフネス指数** $I_t$ と呼ばれ，ほかにコンシステンシー指数 $I_c$，液性指数 $I_L$ などがある．コンシステンシーの状態，限界の定義および試験方法を表1.1に示す．

塑性指数と液性限界との関係を示した図を塑性図と呼び，粘性土の分類に用いられる．

前述した粒度とコンシステンシーを用いて土を分類することができる．

 流動指数         $I_f = \dfrac{w_1 - w_2}{\log_{10}(N_2/N_1)}$

ここで，$w_1$ と $w_2$ は，流動曲線における落下回数 $N_1$ と $N_2$ に対応する含水比

**表 1.1** コンシステンシーの状態，限界の定義および試験方法

| 含水量 | 土の状態 | 模式的状態 | コンシステンシー限界 | 限界の定義 | 試験法 |
|---|---|---|---|---|---|
| 増 ↑ ↓ 減 | 液状態 | マヨネーズ状 | 液性限界 ($w_L$) | 塑性を示す最大の含水量，または流状態となる最少含水量 | JIS A 1205 |
| | 塑性態 | 適当なかたさのバター状 | 塑性指数 ($I_p$) ($w_L - w_p = I_p$) 塑性限界 ($w_p$) | 塑性を示す最少含水量 | |
| | 半固態 | チーズ状 | 収縮指数 ($I_s$) ($w_p - w_s = I_s$) 収縮限界 ($w_s$) | 乾燥してももはや体積変化を生じない最大の含水量 | JIS A 1209 |
| | 固態 | ビスケット状 | | | |

(%)．

タフネス指数 
$$I_t = \frac{I_p}{I_f}$$

土の $w_p$ におけるせん断強さの度合いを示し，$I_t$ が高いほどコロイド含有率が高く，一般的には $I_t = 0 \sim 3$ 程度を示す．

液性指数
$$I_L = \frac{w - w_p}{I_p}$$

ここで，$w$ は自然含水比であり，粘性土地盤における応力履歴を判断するときに用いる．正規圧密状態の場合 $I_L \fallingdotseq 1$，加圧密状態の場合 $I_L \fallingdotseq 0$ となる．

### (5) 土の締固め

　土に静的や衝撃的な力を加え，土の中に含まれる空隙を減少させ，人工的に密度を高めることを土の**締固め**という．土は締め固めることにより，間隙が小さくなり，土粒子間の結合力が強くなり，土自体の強度が増加するとともに透水性が改善され，堅固な地盤を作ることができる．

　土の締固め特性を把握する試験を突固めによる締固め試験という．土は，一定のエネルギーで力を加えても含水比が異なると，土の密度が異なる．

　締固め試験の結果から土の乾燥密度 $\rho_d$ と締固め回数の関係を示したものが締固め曲線（図 1.3）と呼ばれるものである．締固め曲線において，乾燥密度の最大値を**最大乾燥密度** $\rho_{d\,\text{max}}$，そのときの含水比を**最適含水比** $w_{\text{opt}}$ と呼ぶ．この含水比で締め固めると最もよく締め固まる．この最大乾燥密度と最適含水

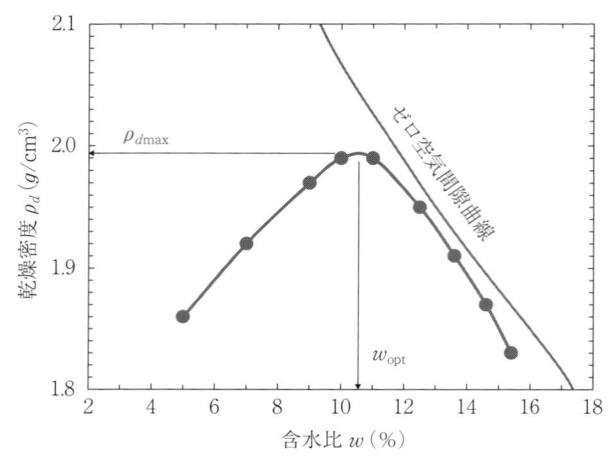

**図 1.3** 締固め曲線

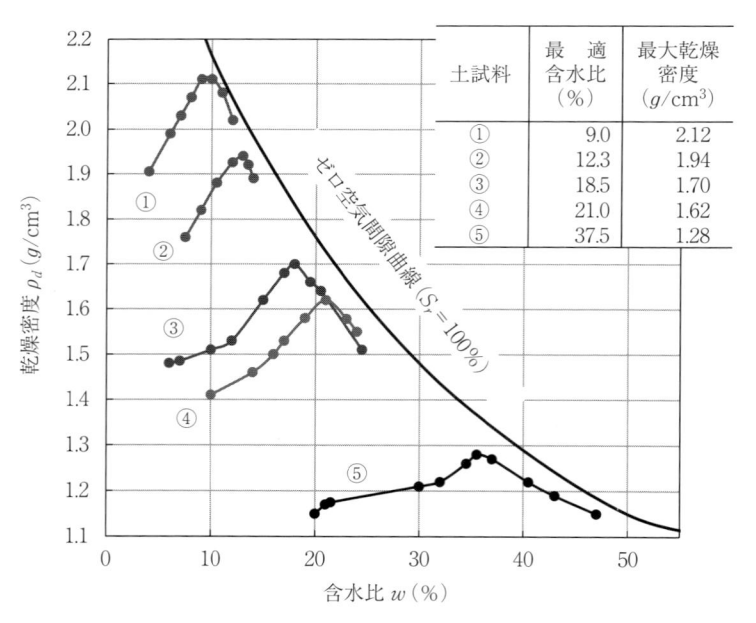

**図 1.4** 粒度分布の違いによる締固め曲線の違い
（出典　地盤工学会編：土質試験—基本と手引き—，p. 76，地盤工学会）

# 第1章 土の基本的性質

比は，締め固める土の種類によって異なり，主な傾向は，図1.4に示すとおりである．粒径幅の広い粗粒土ほど**締固め曲線**は鋭く立った形状を示し，最適含水比は低く，最大乾燥密度が高いため左上方に位置する．逆に細粒分が多いほど締固め曲線はなだらかになり，最適含水比が高く，最大乾燥密度が低いため右下方に位置することが多い．

## 例　題

---

**1.1** 現場から採取してきた土試料の質量を測定したら152gあった．含水比を測定するため乾燥炉で質量が一定なるまで110℃で加熱した後，質量を測定したら100gであった．このときの土試料の含水比で最も妥当なものはどれか．
 1. 26%　　2. 52%　　3. 100%　　4. 126%　　5. 152%

---

**(解)** 土の含水比は，$w = \dfrac{m_w}{m_s} \times 100$ (%) で求めることができる．この土試料に含まれていた水の質量 $m_w$ は52g（乾燥前と乾燥後の質量の差）で，土の乾燥質量 $m_s$ が100gなので，52%となる．　　　　　　　　　　　（正解2）

---

**1.2** ある現場からブロックサンプリングしてきた土の体積 $V$ と質量 $m$ を測定したところ，$V = 1000 \text{ cm}^3$，$m = 1780 \text{ g}$ であった．含水比が $w = 100\%$ のときの乾燥密度 $\rho_d$ として最も妥当なものはどれか．
 1. $2.78 \text{ g/cm}^3$　　2. $1.78 \text{ g/cm}^3$　　3. $1.00 \text{ g/cm}^3$
 4. $0.89 \text{ g/cm}^3$　　5. $0.51 \text{ g/cm}^3$

---

**(解)** まず，ブロックサンプリングしてきた土の乾燥質量 $m_s$ を求めると，含水比が100%なので

$$m_s = \frac{m}{\left(1+\dfrac{w}{100}\right)} = \frac{1780}{\left(1+\dfrac{100}{100}\right)} = 890\ g$$

となる．

次に，乾燥密度は

$$\rho_d = \frac{m_s}{V}$$

で求めることができるので

$$\rho_d = \frac{890}{1000} = 0.89\ (\mathrm{g/cm^3})$$

となる． (正解 4)

## チャレンジ

**A.1** 図 1.5 は土の三相系を示した模式図である．諸量と式の組合せとして正しいのはどれか． (H13 国家Ⅱ種)

| | 間隙比 $e$ | 乾燥密度 $\rho_d$ | 含水比 $w$ |
|---|---|---|---|
| 1. | $\dfrac{v_a}{v_s}$ | $\dfrac{m_s}{v_s}$ | $\dfrac{m_s}{m_w}\times 100$ |
| 2. | $\dfrac{v_a}{v_s}$ | $\dfrac{m_s+m_w}{v_s+v_v}$ | $\dfrac{m_s}{m_w}\times 100$ |
| 3. | $\dfrac{v_v}{v_s}$ | $\dfrac{m_s}{v_s+v_v}$ | $\dfrac{m_w}{m_s}\times 100$ |
| 4. | $\dfrac{v_v}{v_s}$ | $\dfrac{m_s+m_w}{v_s+v_v}$ | $\dfrac{m_w}{m_s}\times 100$ |
| 5. | $\dfrac{v_v}{v_s+v_v}$ | $\dfrac{m_s}{v_s+v_v}$ | $\dfrac{m_s}{m_s+m_w}\times 100$ |

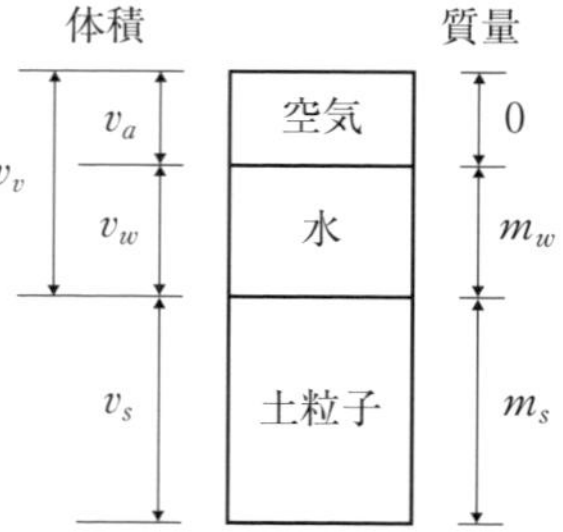

図 1.5

**A.2** ある試料土の物理試験を行ったところ，湿潤密度が $1.80\ \mathrm{g/cm^3}$，含水比が 40% となった．この土の飽和度はおおよそいくらか．ただし，この土の土粒子の密度は $2.70\ \mathrm{g/cm^3}$，水の密度は $1.00\ \mathrm{g/cm^3}$ とする．

(H22 国家Ⅱ種)

1. 51%　　2. 64%　　3. 72%　　4. 85%　　5. 98%

第1章　土の基本的性質

**A.3** 地盤から試料土 $1000 \text{ cm}^3$ をブロックサンプリングし，この土の炉乾燥質量を測定したところ，1458 g であった．この土の間隙比はいくらか．ただし，土粒子の密度を $2.70 \text{ g/cm}^3$ とする．　　　　　（H20 国家Ⅱ種）
　1．0.46　2．0.85　3．1.17　4．1.54　5．1.70

**A.4** ある試料土の液性限界は125%，塑性限界は83%であった．この土の原位置での自然含水比が109%であるとき，液性指数はおよそいくらか．
　　　　　　　　　　　　　　　　　　　　　　　（H21 国家Ⅱ種）
　1．0.38　2．0.62　3．0.76　4．0.87　5．1.15

**A.5** ある試料土の締固め曲線において，その最適な締固め状態での飽和度は90%で，最適含水比は20%であった．このときの最大乾燥密度はおよそいくらか．ただし，この土粒子の密度は $2.70 \text{ g/cm}^3$，水の密度は $1.00 \text{ g/cm}^3$ とする．　　　　　　　　　　　　　（H23 国家Ⅱ種）
　1．$1.01 \text{ g/cm}^3$　2．$1.35 \text{ g/cm}^3$　3．$1.69 \text{ g/cm}^3$
　4．$1.82 \text{ g/cm}^3$　5．$2.03 \text{ g/cm}^3$

**B.1** コンシステンシー試験から得られた以下に示す指数と定義の組合せが正しいものはどれか，選びなさい．

　　（指数）：（定義）
　1．塑性指数 $I_p$：　塑性状態を示す試料土の含水比の幅を示し，塑性限界から液性限界を引いたもの．
　2．コンシステンシー指数 $I_c$：　塑性限界と自然含水比との差を液性指数で除したもの．
　3．流動指数 $I_f$：　流動曲線の傾きを示したもの．
　4．タフネス指数 $I_t$：　塑性限界と液性限界の比を示したもの．
　5．液性指数 $I_l$：　自然含水比と液性限界との差を塑性指数で除したもの．

# 2　土の中の透水と毛管現象

## 要　点

### (1)　土の透水性とダルシーの法則

　土の間隙中に含まれる水は，地下水面より下に存在する**自由水**，土の間隙に表面張力によって保持される**毛管水**，土粒子表面の吸着力によって保持される**吸着水**に分けられる．

　地下水の移動は，土の種類や土の状態（間隙の大小など）によって異なり，この移動のしやすさを透水性と呼び，その指標として**透水係数** $k$ がある．

　図 2.1 のように水が地盤中の A，B 間を流れるとき，**水頭差** $(h_1-h_2)$ があると，水頭の高い A から B に向かって流れる．このとき，水が流れる方向の単位距離当たりの水頭の差を示す**動水勾配** $i$ は，次の式で表すことができる．

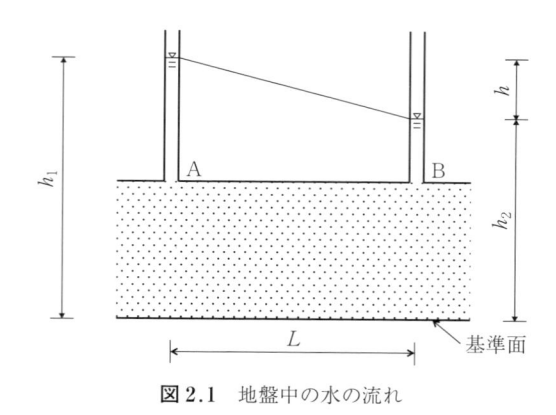

**図 2.1**　地盤中の水の流れ

$$i = \frac{h_1 - h_2}{L} = \frac{h}{L}$$

水の流れが層流（Ⅰ編 水理学参照）であれば，流速 $v$ と動水勾配 $i$ の間には次に示す関係が得られ，この関係を**ダルシーの法則**と呼ぶ．また，断面積 $A$ の土試料中を通る単位時間当たりの透水量 $q$ は，次の式で表すことができる．

$$v = ki \text{ (cm/s)} \quad \text{（ダルシーの法則）}$$
$$q = vA = kiA = k\frac{h}{L}A \text{ (cm}^3\text{/s)}$$

### (2) 土の透水試験

透水係数は，透水試験から求めることができる．

透水試験は，原位置において行う試験と室内で行う試験がある．室内試験では，対象とする土の種類によって試験方法が異なる．砂質土のような比較的透水性の高い試料に対しては定水位試験（図 2.2）を行い，$t$ 秒当たりの透水量を $Q$ (cm$^2$) とすると，透水係数 $k$ はダルシーの法則（次式）から求めることができる．

$$k = \frac{Q}{tAi} = \frac{QL}{tAh} \text{ (cm/s)}$$

また，細砂やシルトのような透水性が低い試料に対しては変水位試験（図 2.3）を行い，時間 $t_1$ および $t_2$ におけるスタンドパイプの水頭をそれぞれ $h_1$，$h_2$ とすると，透水係数 $k$ は次の式で求める（$t_1$ および $t_2$ の単位は秒）．

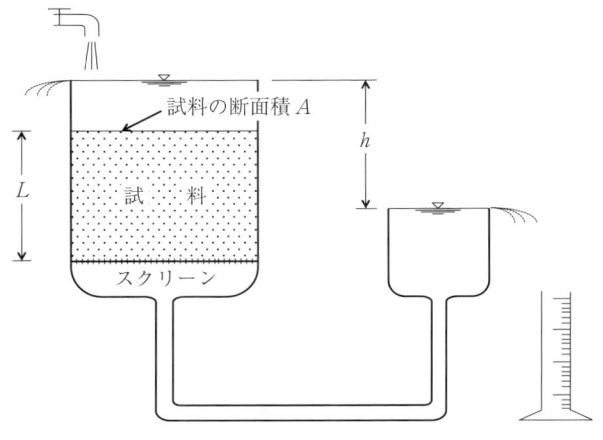

**図 2.2 定水位透水試験装置の例**

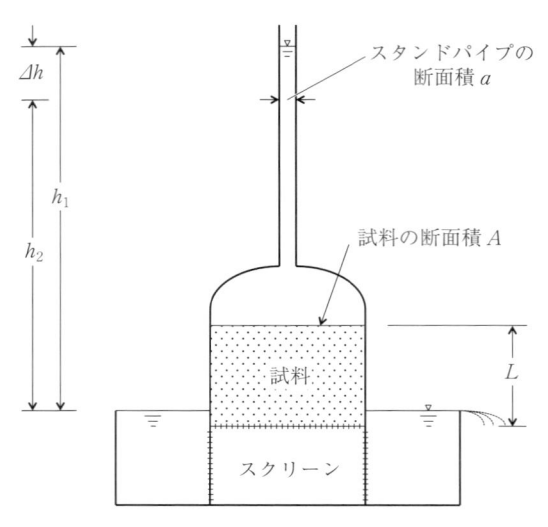

**図2.3** 変水位透水試験装置の例

$$k = 2.3 \frac{aL}{A(t_2 - t_1)} \log_{10} \frac{h_1}{h_2} \text{ (cm/s)}$$

### (3) 浸透水圧とボイリング

**浸透水圧**とは，土中を水が流れるときに水圧が土粒子を流れの方向に押し流そうとする力のことである．浸透水圧によって，土粒子が流される（支持力を失う）状態を**クイックサンド**と呼ぶ．また，浸透水圧が土の有効単位体積重量によって生ずる圧力よりも大きくなると土粒子を押し上げて土が水とともに噴出する現象が発生するが，これを**ボイリング**（噴砂現象）と呼ぶ．このとき，地盤の**支持力**は地盤の流動化によって支持力を失うことになる．

### (4) 流線網

流線網は，地盤内における二次元浸透流の流況を示すもので，図2.4に示すように浸透流の流れる方向を示す流線と水頭が等しい点を連ねた**等ポテンシャル線**の2組の曲線群で網目状に示される．

ダルシーの法則をそのまま適用できないような透水断面の変化する場合の浸透水量や浸透水圧を求めるときに使用する．

第2章 土の中の透水と毛管現象

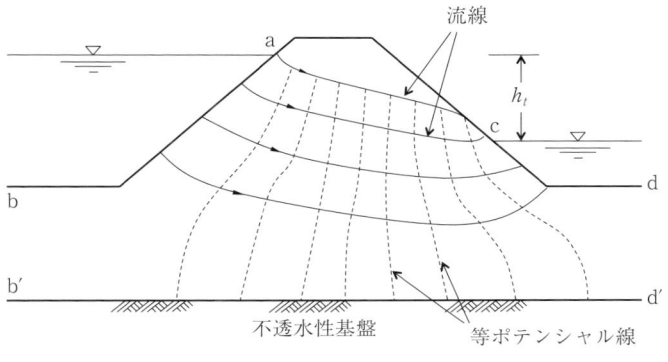

**図 2.4** 流線網の例

## 例　題

**2.1** 図2.1に示す地盤中の2点A, Bに水頭差が$h$だけあり, AからBに向かって浸透水量$q$で水が流れるときの透水係数$k$として妥当なものはどれか. ただし, 試料の断面積は$A$とする.

1. $\dfrac{qh}{AL}$　　2. $\dfrac{Aqh}{L}$　　3. $\dfrac{qh}{L}$　　4. $\dfrac{L}{hA}$　　5. $\dfrac{qL}{hA}$

**（解）** $h$だけ水頭差があり, 断面積$A$で長さが$L$の地盤中を通る水の単位時間当たりの浸透水量が$q$なので, 透水係数を$k$としたとき次の関係が得られる.

$$q = k\frac{h}{L}A$$

この式を透水係数$k$について整理すると

$$k = \frac{qL}{hA}$$

となる.　　　　　　　　　　　　　　　　　　　　　　　　　　（正解5）

**2.2** 直径 $D$ が 10 cm，高さ $L$ が 10 cm の砂試料について，水頭差 $h$ が 10 cm で定水位透水試験を行ったところ，5 分間で 500 cm³ が流出したことがわかった．このときの試料土の透水係数として妥当なものはどれか．ただし，円周率は 3.14 とする．

1. $1.0 \times 10^{-2}$ cm/s　　2. $1.2 \times 10^{-2}$ cm/s　　3. $1.2 \times 10^{-3}$ cm/s
4. $2.1 \times 10^{-2}$ cm/s　　5. $2.1 \times 10^{-3}$ cm/s

**(解)** まず，試料の断面積を求める．

$$A = \frac{\pi D^2}{4} = \frac{3.14 \times 10^2}{4} = 78.5 \text{ cm}^2$$

透水係数 $k$ は，$k = \dfrac{QL}{tAh}$ で求められるので

$$k = \frac{QL}{tAh} = \frac{500 \times 10}{5 \times 60 \times 78.5 \times 10} = 2.1 \times 10^{-2} \text{ cm/s}$$

透水係数 $k$ を求めるときは，測定時間 $t$ の単位を秒（sec）にすることを忘れないように注意する．　　　　　　　　　　　　　　　　　　　　　（正解 5）

## チャレンジ

**A.6** 図 2.5 のように，異なる 2 層からなる成層砂地盤があり，水が鉛直方向に流れている．この成層砂地盤の鉛直方向の透水係数 $k_v$ として最も妥当なものはどれか．
ただし，各層の厚さはそれぞれ $H_1 = 2.0$ m, $H_2 = 4.0$ m で，透水係数はそれぞれ $k_1 = 5.0 \times 10^{-3}$ cm/s, $k_2 = 2.0 \times 10^{-2}$ cm/s である．　　　（H17 国家Ⅱ種）

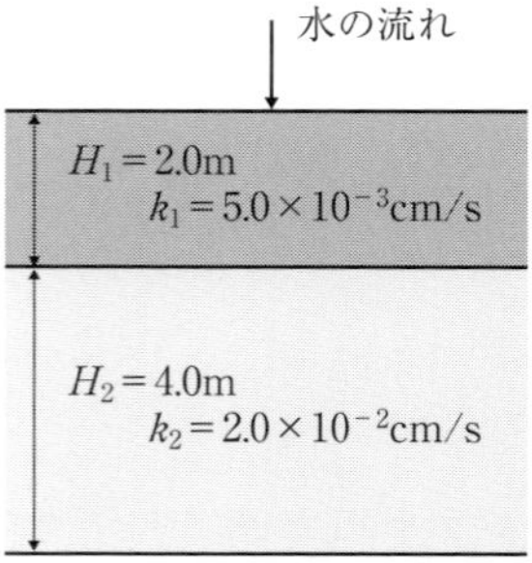

図 2.5

1. $8.5 \times 10^{-3}$ cm/s　　2. $9.0 \times 10^{-3}$ cm/s　　3. $1.0 \times 10^{-2}$ cm/s
4. $1.2 \times 10^{-2}$ cm/s　　5. $1.5 \times 10^{-2}$ cm/s

**A.7** 図 2.6 のように，土の断面積 70 cm²，高さ 20 cm の細砂の定水位透水

第2章 土の中の透水と毛管現象

図2.6

図2.7

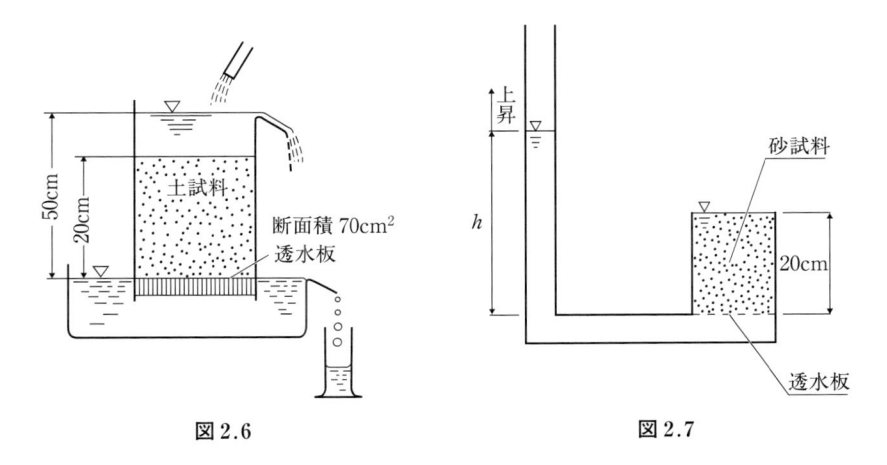

試験を行ったところ，50 cm の水頭に対して，10秒間に 35 cm³ の透水量があった．この細砂の透水係数はいくらか． (H11 国家Ⅱ種)
1. $5.0 \times 10^{-3}$ cm/s　2. $1.0 \times 10^{-2}$ cm/s　3. $2.0 \times 10^{-2}$ cm/s
4. $4.0 \times 10^{-2}$ cm/s　5. $8.0 \times 10^{-2}$ cm/s

A.8　図2.7のような透水実験装置の容器に，厚さ 20 cm の砂試料が詰められている．いま，水位 $h$ を徐々に上昇させていったとき，ある水位においてクイックサンドが生じた．このとき，$h$ の最小値はいくらか．ただし，この砂の間隙比を 0.70，土粒子の密度を 2.70 g/cm³ および水の密度を 1.0 g/cm³ とする．(H14 国家Ⅱ種)
1. 30 cm　2. 40 cm　3. 50 cm　4. 60 cm　5. 70 cm

B.2　土粒子の密度が $\rho_s = 2.68$ g/cm³ で，間隙率が $n = 42\%$ の砂で構成される地盤がある．この地盤を構成する砂の限界動水勾配の値として最も妥当なものはどれか．
1. 0.98　2. 1.18　3. 1.56　4. 1.86　5. 4.00

# 3 土の圧密現象

## 要　点

### (1) 土の圧密現象

　飽和した**粘性土**のような透水性が低い土が外力を受けて，間隙中の水が排出され，時間の経過とともに粘性土の間隙体積が減少し，圧縮をする現象を**圧密**と呼ぶ．

　実際の地盤では，圧密は地表面での沈下として現れ，その量を圧密沈下量と呼ぶ．地盤上に構造物を構築した際に，構造物の重量によって沈下が発生するが，その沈下の量がどのくらいになるのか，また，どのくらいの速度で沈下が進行するのかを把握することが，設計や施工において非常に重要になる．

　圧密現象は，前述したように飽和した粘性土地盤でのみ発生する．砂質土地盤では，飽和していても透水性が高いので，水が排水しやすく，短時間で圧縮するため圧密現象は生じないので注意すること．

### (2) 間隙水圧と有効応力

　**間隙水圧** $u$ とは土中の間隙に存在する水の圧力のことで，貯留水の浸透によってフィルダム堤体内部に発生する浸透水圧のことである．土の強度に影響を与えないので中立応力とも呼ばれることがある．

　**有効応力** $\sigma'$ とは土中の多数の土粒子接点を通じて骨格構造に伝えられる応力のことで，一般に有効応力を直接求めることが困難であるため通常は全応力から間隙水圧を差し引いた値として求める．間隙比の減少や強度増加の働きがあるので有効応力と呼ぶ．

**全応力** $\sigma$ とは土のある面に働く垂直応力を考える場合，有効応力と間隙水圧の和，すなわち全体の応力のことである．

間隙水圧と有効応力，全応力の関係は，次の式で表すことができる．

全応力 $\sigma$ ＝間隙水圧 $u$ ＋有効応力 $\sigma'$

### (3) 土の圧密沈下量の算定

まずは，圧密沈下量の算定に必要な諸係数の整理を行う．

図 3.1 に示すような厚さ $H$ の地盤において，土の圧縮を考える．試料の高さを 1 としたときに，土粒子部分の体積を $V_s$，初期の間隙水の体積を $V_{w0}$ とした場合，$V_{w0}/V_s = e_0$ とすると，次の関係が得られ

$$1 = (V_{w0} + V_s) = \left(1 + \frac{V_{w0}}{V_s}\right) V_s = (1 + e_0) V_s$$

圧密後の沈下量を $v'$ とすると，$V_w/V_s = e_1$ として次の関係が得られる．

$$1 - v' = (V_w + V_s) = \left(1 + \frac{V_w}{V_s}\right) V_s = (1 + e_1) V_s$$

$$\therefore \quad v' = 1 - (1 + e_1) V_s = (1 + e_0) V_s - (1 + e_1) V_s = (e_0 - e_1) V_s$$

ここで，地盤の厚さを $H$ としたとき，**沈下量** $S$ は以下の式で表すことができる．

$$S = H \times \frac{v'}{1} = (e_0 - e_1) V_s H = \frac{e_0 - e_1}{1 + e_0} H$$

土の圧縮性を表す係数として**体積圧縮係数** $m_v$ と**圧縮係数** $C_c$ がある．

体積圧縮係数は，土に作用している荷重が $\Delta p$ 増加したときの体積の変化

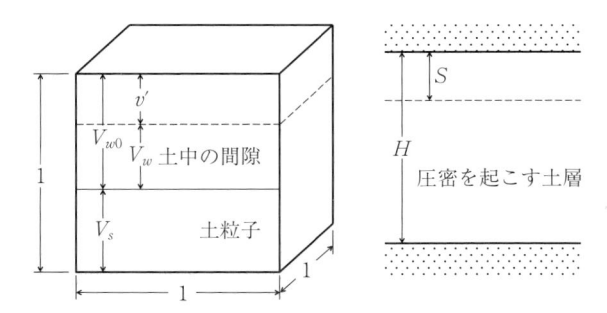

**図 3.1** 高さを 1 としたときの土の試料の沈下量と厚さ $H$ の土層の沈下量 $S$ の対比

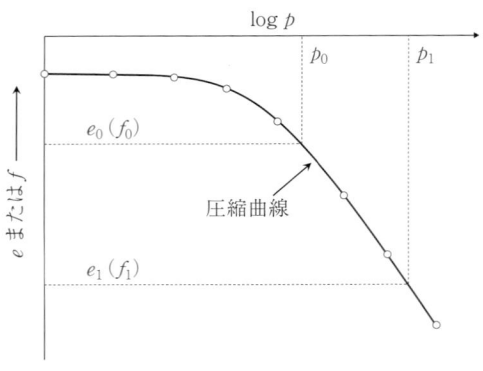

**図 3.2** 圧密試験結果から求めた $e$-$\log p$ 曲線

量，つまり体積ひずみ $\Delta\varepsilon_v$ との比で表すことができる．また，供試体の断面積が一定とした場合，体積ひずみと軸ひずみは $\Delta\varepsilon$ 等しくなるので次式の関係が得られる．

$$m_v = \frac{\Delta\varepsilon_v}{\Delta p} = \frac{\Delta\varepsilon}{\Delta p}$$

**圧縮指数** $C_c$ は，圧密圧力と間隙比の関係を示した **$e$-$\log p$ 曲線**（図 3.2）の傾きを表したものである．その関係は，次の式で表すことができる．

$$C_c = \frac{e_0 - e_1}{\log_{10} p_1 - \log_{10} p_0} = \frac{e_0 - e_1}{\log_{10} \frac{p_1}{p_2}}$$

前述の沈下量 $S$ を求める式に上記の圧縮指数 $C_c$ の式を代入すると，次の関係が得られる．

$$S = H \frac{C_c}{1 + e_0} \log_{10} \frac{p_0 - \Delta p}{p_0}$$

また，沈下量 $S$ を求める式に体積圧縮係数を求める式を代入すると次の関係が得られる．

$$S = m_v \Delta p H$$

### (4) 土の圧密沈下時間の算定

圧密は，地盤に作用する外力によって間隙水の排水が徐々に進み沈下する現象であるため，圧密量の時間的な進行を求めればよい．その進行の度合いを求

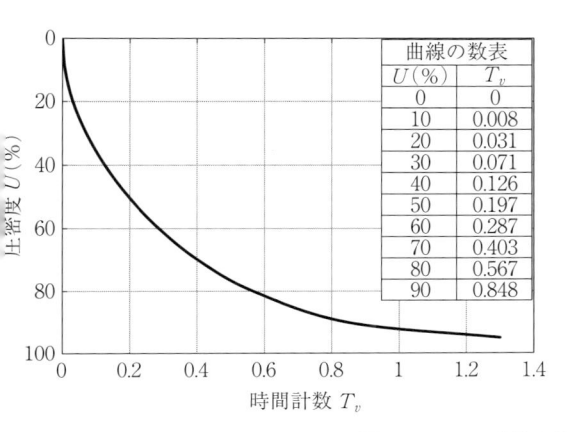

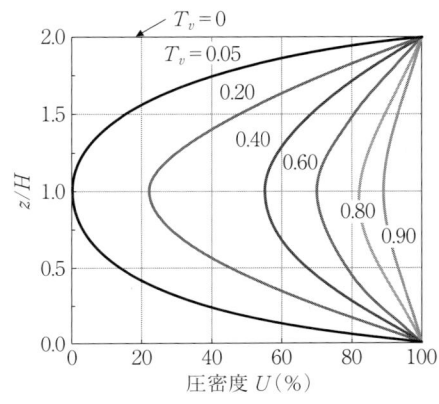

**図 3.3** $U\text{-}T_v$ 曲線と等時曲線

めるためには，土層中の間隙水圧の時間的変化を把握すればよい．

粘性土地盤の圧密速度を支配する定数として**圧密係数** $c_v$ があり，体積圧縮係数と透水係数を用いて，次の式で表すことができる．

$$c_v = \frac{k}{m_v \gamma_w}$$

圧密沈下時間 $t$ は，図 3.3 より圧密度 $U$ に対応した時間係数 $T_v$ から次の式を用いて求めることができる．ここで，**圧密度**とは，理論的な圧密終了を 100% としたときの時間的進行割合を示したものである．

$$T_v = \frac{c_v t}{(H)^2}$$

$$\therefore \quad t = T_v \frac{(H)^2}{c_v}$$

## 例題

**3.1** 厚さが 10 m で，圧密係数が $c_v = 2.4 \times 10^{-3} \text{cm}^2/\text{s}$ の土層において 50% 圧密を終了するのに必要な時間として最も妥当なものはどれか．

ただし，排水層は土層の上下にあるものとする．
また，50%圧密時の時間係数は $T_v=0.197$ とする．
1. 30 日　　2. 59 日　　3. 119 日　　4. 238 日　　5. 570 日

**(解)**　対象となる土層の上下面に排水が存在するので排水距離 $H$ は，層厚の 1/2 になる．

$$H=\frac{1000}{2}=500 \text{ (cm)}$$

よって，$T_v=\dfrac{c_v t}{(H)^2}$ を用いて求める．

$$T_v=\frac{c_v t}{(H)^2}$$

$$t=T_v\frac{(H)^2}{C_v}=0.197\times\frac{500}{2.4\times10^{-3}}=2.05\times10^7\text{(s)}=238\text{（日）}\qquad\text{（正解 4）}$$

## チャレンジ

**A.9** 圧密に関する記述の㋐〜㋓の記述のうちから，妥当なもののみすべて選び出しているのはどれか． 　　　　　　　　　　　　　　　　　　　　（H16 国家Ⅱ種）

㋐　一般に，粘性土は砂質土よりも早く終了する．
㋑　土の圧密履歴によって正規圧密と過圧密の状態区別がある．
㋒　土の圧縮性の程度を表す尺度の一つとして，圧密度がある．
㋓　圧密の時間的経過を支配する尺度の一つとして，圧密係数がある．
　　1. ㋐, ㋑　　2. ㋐, ㋒　　3. ㋑, ㋒　　4. ㋑, ㋓　　5. ㋒, ㋓

**A.10** ある土の圧密試験の結果，各圧力段階における経過時間と圧密量の測定データが得られた．これらのデータを各圧力段階ごとに，さらに，全圧密段階について整理した．圧密定数に関する次の記述の㋐，㋑，㋒に当てはまるものの組み合わせとして最も妥当なのはどれか．

（H23 国家Ⅱ種）

「各圧力段階における測定データの処理では，時間−圧密量曲線から ㋐ が得られる．全圧力段階における測定データの処理では，間隙

比-圧密圧力曲線（$e$-$\log p$ 曲線）から，正規圧密領域の直線部分の傾きとして ㋑ や，土試料の圧密履歴に関わる ㋒ が求められる．」

|  | ㋐ | ㋑ | ㋒ |
|---|---|---|---|
| 1. | 圧密係数 | 圧縮指数 | 圧密降伏応力 |
| 2. | 圧密係数 | 体積圧縮係数 | 圧密降伏応力 |
| 3. | 圧密係数 | 体積圧縮係数 | 圧密沈下時間 |
| 4. | 体積圧縮係数 | 圧縮指数 | 圧密沈下時間 |
| 5. | 体積圧縮係数 | 圧密係数 | 圧密沈下時間 |

**A.11** 図 3.4 のような地盤で，水底面から深さ 4 m の点 A における鉛直方向の有効応力はおよそいくらか．

ただし，この土の飽和単位体積重量は 19 kN/m³，水の単位体積重量は 10 kN/m³ とする． （H23 国家Ⅱ種）

1. $36 \text{ kN/m}^2$ 　 2. $76 \text{ kN/m}^2$
3. $176 \text{ kN/m}^2$ 　 4. $190 \text{ kN/m}^2$
5. $230 \text{ kN/m}^2$

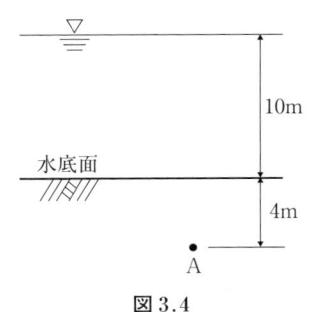

図 3.4

**A.12** 図 3.5 のような一様な上下砂層に挟まれた飽和粘土層（厚さ 10.0 m，間隙比 $e_0 = 2.2$）がある．いま，一様載荷重 $q$ [kN/m²] によって粘土層が圧密され，その間隙比が $e_1 = 1.8$ となった．

このとき，粘土層の沈下量はおよそいくらか． （H14 国家Ⅱ種）

1. $1.00 \text{ m}$ 　 2. $1.25 \text{ m}$ 　 3. $1.43 \text{ m}$ 　 4. $1.82 \text{ m}$ 　 5. $3.33 \text{ m}$

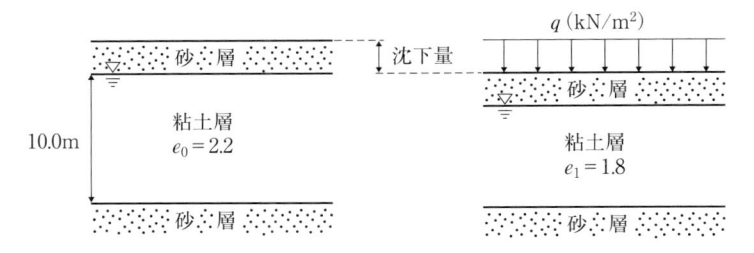

図 3.5

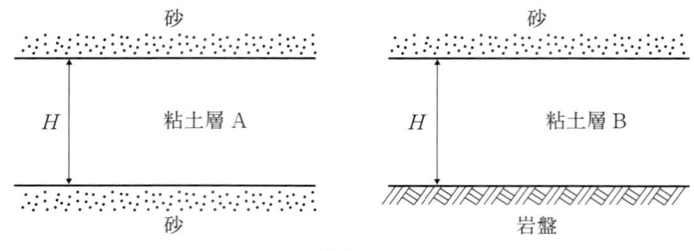

図 3.6

**A.13** 図 3.6 のように上下面が砂層で挟まれた粘土層 A と，上面が砂層で下面が岩盤で挟まれた粘土層 B を圧密する場合，A の圧密速度は B の圧密速度の何倍か． (H10 国家Ⅱ種)

　　1．1 倍　　2．$\sqrt{2}$ 倍　　3．2 倍　　4．4 倍　　5．8 倍

**B.3** 上下を砂層にはさまれた厚さ 4.0 m，間隙比 2.0 の飽和粘土層がある．この層の上に構造物が築造され，その載荷重による増加圧力は 50 kN/m$^2$ で，圧密沈下量が 30 cm であった．この粘土層の体積圧縮係数として最も妥当なのはどれか． (H17 国家Ⅱ種)

　　1．$1.0 \times 10^{-3}$ m$^2$/kN　　2．$1.5 \times 10^{-3}$ m$^2$/kN　　3．$2.0 \times 10^{-3}$ m$^2$/kN
　　4．$2.5 \times 10^{-3}$ m$^2$/kN　　5．$3.0 \times 10^{-3}$ m$^2$/kN

**B.4** 厚さ 6 m の正規圧密状態の飽和粘土層がある．次の㋐，㋑の場合について，圧密度がともに 50％ となるまでにかかる日数の組み合わせとして最も妥当なのはどれか．

ただし，この飽和粘土の圧密係数を 60 cm$^2$/日，圧密度 50％ に対する時間係数を 0.2 とする．

　㋐　粘土層の上下面がともに透水層で挟まれている場合
　㋑　粘土層の上面が透水層，下面が不透水層で挟まれている場合

(H15 国家Ⅱ種)

|   | ㋐ | ㋑ |
|---|---|---|
| 1. | 300 日 | 600 日 |
| 2. | 300 日 | 1200 日 |
| 3. | 300 日 | 2400 日 |
| 4. | 1200 日 | 2400 日 |
| 5. | 1200 日 | 4800 日 |

# 4 土の強さ

## 要　点

### (1) 土の強度と変形

土は，コンクリートや鋼材などの他の建設材料とは異なり，引張り力や曲げに対する抵抗力を有していないため，圧縮に抵抗する力のみ考える．また，土の強さ（強度）は，**せん断**に対する強さのことを示す．したがって，力の向き（正負）を考える場合は，引張り力を有する他の建設材料と異なるので注意をする（たとえば，他の材料では，引張り力を正（＋）にとるが，土では圧縮力を正（＋）にとる．後述する**モールの応力円**においても同様である）．

地盤上に**盛土**のような土構造物を構築したときに，土構造物内部において**すべり破壊**を起こそうとする力が発生するが，これが**せん断力** $\tau$ で，せん断力の最大値がせん断強さ $s$ である．

土のせん断強さは，土の種類によって強さを支配する要素が異なる．砂質土の場合は土粒子のかみ合わせ抵抗，粘性土の場合は土粒子間の粘着力，中間土の場合は砂質土と粘性土の中間的な挙動を示す．

上述の粘着力 $c$ とせん断抵抗角（内部摩擦角）$\phi$ を土の**強度定数**と呼ぶ．

### (2) モールの応力円

モールの応力円は，図 4.1 のように $x$ 軸に**垂直応力** $\sigma$，$y$ 軸に**せん断応力** $\tau$ を取り，土の任意の面に働く応力を図解で求めるためのものである．前述したように，土は引張り力を有していないため，$x$ 軸の垂直応力は圧縮力を正（＋）にする．

第4章 土の強さ

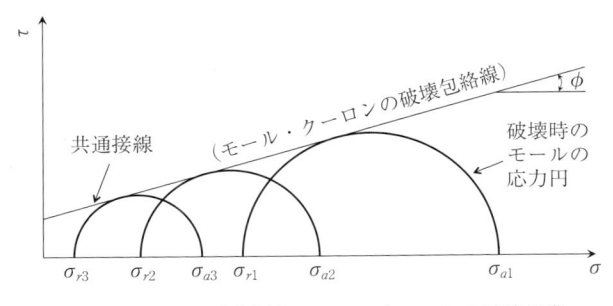

図4.1 モールの応力円とモール・クーロンの破壊規準

セル圧 $\sigma_r$ を複数設定して三軸圧縮試験（後述）を行い，得られた破壊時の $\sigma_a$ を用いてモールの応力円を描き，共通に接する接線を描いた場合，接線の外側の応力状態は，破壊時の応力状態を表している．これを**モール・クーロンの破壊規準**という．

### (3) せん断試験

土の強さを求めるための試験としてせん断試験がある．室内で行われるせん断試験は，直接せん断試験と間接せん断試験に分けられる．

直接せん断試験で代表的なものは，**一面せん断試験**やベーンせん断試験等が挙げられる．これは，試料土を直接せん断してせん断強さを求めるものである．

一方，間接せん断試験で代表的なものは，**一軸圧縮試験**と**三軸圧縮試験**が挙げられる．いずれも，円筒形の供試体に軸方向の圧縮力を作用させて，間接的にせん断面を発生させてせん断強さを求めるものである．一軸圧縮試験は，自立する供試体で容易に試験を行うことができる．また，飽和粘土を用いて行った一軸圧縮試験結果で描いたモールの応力円は，**破壊包絡線**が水平（$\phi=0°$）になり，$y$ 軸との切片が粘着力になる．つまり，$c=\dfrac{q_u}{2}$ になる（ここで，$q_u$ は一軸圧縮強さを表す）．

一面せん断試験，三軸圧縮試験においては，原位置の状態に近い条件に合わせて試験を行う．せん断過程に先立って圧密を行うかどうか，せん断中の排水条件はどうするかを決めて行う．三軸圧縮試験に限っては，間隙水圧を測定す

表 4.1　三軸圧縮試験の条件と結果の使用例

| 試験の種類 | 適用土質 | 排水バルブの開閉 | | 間隙水圧の測定 | 求められる強度定数 | 試験結果の利用例 |
|---|---|---|---|---|---|---|
| | | 圧密過程 | 軸圧縮過程 | | | |
| 非圧密非排水(UU)試験 | 飽和粘性土 | 閉 | 閉 | しない | $c_u, \theta_u$ | 非排水せん断強さの推定，粘性土地盤の短期安定問題，支持力・土圧の算定 |
| 圧密非排水(CU)試験 | 飽和粘性土 | 開 | 閉 | しない | $c_{cu}, \phi_{cu},$ $s_u/p$ | 粘性土地盤を圧密させてからの短期安定問題，強度増加率 $s_u/p$ の推定 |
| 圧密非排水(CU)試験 | | 開 | 閉 | する | $c', \phi'$ | 上記および有効応力に基づく強度定数を有効応力解析に用いる |
| 圧密排水(CD)試験 | 飽和土 | 開 | 開 | しない | $c_d, \phi_d$ | 砂質土地盤の安定問題，盛土の緩速施工，粘性土地盤掘削時の長期安定問題 |

(出典　地盤工学会編：土質試験—基本と手引き—, p.135, 地盤工学会)

るかどうかの条件もある．それらをまとめると表 4.1 のようになる．

### (4) 砂質土のせん断特性

　乾いた状態の**砂質土**は，せん断中に土粒子が破砕や変形，回転，すべりが連続的に発生して，最終的にはせん断力が増加せず変形のみが進行するような傾向を示すが，工学的にはこれらの破壊の一つ一つの機構の定量的な把握はあまり重要でなく，組合せ効果として認識される応力-ひずみ曲線（図 4.2）のような挙動の方が重要である．

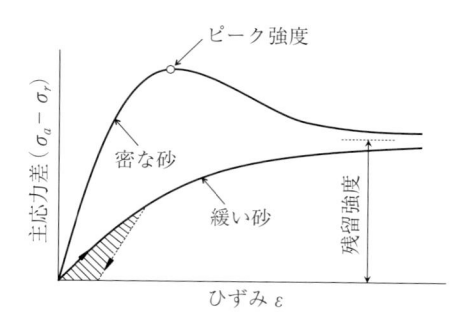

図 4.2　応力-ひずみ曲線

　また，乾いた状態の砂質土は，密度の大きい場合と小さい場合とで体積変化の挙動が異なる．密度が低い場合（緩詰め）では，せん断過程中に体積が減少（収縮）する．逆に，密度が高い場合（密詰め）では，せん断過程中に体積が増加（膨張）する（図 4.3）．

　湿潤飽和状態の砂質土のせん断強さ $\tau_f$ は次の式で表される．

$\tau_f = \sigma' \tan\phi (\sigma - u)\tan\phi$

飽和状態の砂質土の湿潤単位体積重量を $\gamma_t$ としたとき，深さ $z$ における間隙水圧を $u_w$ とすると，その深さでの有効応力は，$\sigma' = \gamma_t z - u_w$ になるので，せん断強さは

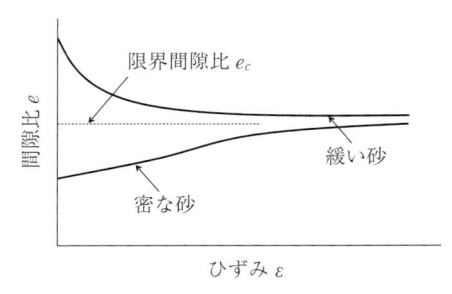

$$\tau_f = (\gamma_t z - u_w)\tan\phi$$

図4.3 せん断過程中の体積変化

で表すことができ，$u_w \geqq \gamma_t z$ の場合に $\sigma' = 0$ となり地盤は液体状となり破壊する．いわゆる**液状化現象**やボイリングがこれに当たる．

液状化現象は，飽和した緩づめ状態の砂地盤に地震のような急激に大きな繰返し荷重が作用した場合に多く発生する．

また，飽和した状態の砂質土が非排水せん断を受けると，せん断面における粒子の移動により体積が膨張するので負圧（毛管張力）が働き，排水せん断の場合に比べてせん断強さが増大する．これは粒状体特有の現象であって，このような粒状体のせん断変形に伴う体積の変化は**ダイレイタンシー**と呼ばれている．膨張する場合を正のダイレイタンシー，圧縮を負のダイレイタンシーという．

### (5) 粘性土のせん断特性

粘性土の破壊メカニズムは砂より複雑である．その理由は，砂質土と比べると間隙が大きいので，圧縮性が大きいということ，外力は初め間隙水圧で支えられ，その後，時間の遅れを伴い有効応力（粒子間応力）は徐々に発生するということ，透水性が低いので過剰間隙水圧の減少（有効応力発生）に長時間を要するということ，粒子間に物理化学的力が作用することなどに起因しているためである．

しばしば，粘性土は乱さない状態の非排水せん断強さ $c_u$ と練り返した状態の非排水せん断強さ $c_{ur}$ に大きな差が出ることがある．その比 $(c_u/c_{ur})$ を**鋭敏比**と呼ぶ．鋭敏比は，粘性土の構造がその強度に寄与する度合いを示す．非排水せん断強さは，一軸圧縮試験や室内ベーンせん断試験，フォールコーン試験

等で求めることができる．鋭敏比が高く，高含水比の粘土を鋭敏粘土という．わが国の沖積地盤の粘土では，粘土構造の乱れによる強度低下が著しく，鋭敏比が大きく供試体の成形ができないため，練り返した試料の一軸圧縮試験強さを求められないことがしばしばある．

## 例　題

**4.1** 飽和粘土の一軸圧縮試験を乱さない状態で行ったら，一軸圧縮強さが $120\ \mathrm{kN/m^2}$ になった．また，同じ飽和粘土を乱して一軸圧縮試験を行ったところ，一軸圧縮強さは $80\ \mathrm{kN/m^2}$ が得られた．このとき，この飽和粘土の粘着力 $c_u$ とせん断抵抗角（内部摩擦角）$\phi_u$，鋭敏比 $S_t$ の値として妥当な組合せはどれか．
ただし，いずれの状態においても含水比は，変化しないものとする．

|  | $c_u$ | $\phi_u$ | $S_t$ |
|---|---|---|---|
| 1. | $60\ \mathrm{kN/m^2}$ | $0°$ | 1.50 |
| 2. | $60\ \mathrm{kN/m^2}$ | $45°$ | 1.50 |
| 3. | $60\ \mathrm{kN/m^2}$ | $0°$ | 0.67 |
| 4. | $120\ \mathrm{kN/m^2}$ | $0°$ | 1.50 |
| 5. | $120\ \mathrm{kN/m^2}$ | $45°$ | 0.67 |

**（解）** 飽和粘土の場合，粘着力は一軸圧縮強さの $1/2$ に相当し，せん断抵抗角は $0°$ を示す．また，鋭敏比は，乱さない状態の一軸圧縮強さ $q_u$ と含水比を変えずにこね返した後に行った一軸圧縮強さ $q_{ur}$ の比であるから

$$c_u = \frac{q_u}{2} = \frac{120}{2} = 60\ (\mathrm{kN/m^2})$$

$$S_t = \frac{q_u}{q_{ur}} = \frac{120}{80} = 1.50 \qquad \text{（正解 1）}$$

# チャレンジ

**A.14** ある飽和粘土の一軸圧縮試験を行ったところ，破壊時の軸荷重が 22 N，軸変位は 8.0 mm であった．この粘土の一軸圧縮強さはおよそいくらか．ただし，この供試体の初期高さは 8.0 cm で，初期断面積は 10.0 cm$^2$ とする． （H21 国家Ⅱ種）

1. 14 kN/m$^2$  2. 16 kN/m$^2$  3. 18 kN/m$^2$
4. 20 kN/m$^2$  5. 22 kN/m$^2$

**A.15** ある粘土試料土の三軸圧縮試験を行ったところ，粘着力 14 kN/m$^2$，内部摩擦角 26° の強度定数が得られた．モール・クーロンの破壊規準に基づく，この土の破壊面が水平面となす角度はいくらか． （H20 国家Ⅱ種）

1. 19°  2. 32°  3. 58°  4. 64°  5. 71°

**A.16** 次の土の鋭敏比に関する記述であるが，㋐，㋑，㋒に当てはまるものの組み合わせとして正しいのはどれか． （H11 国家Ⅱ種）

「粘性土試料の乱さない状態における ㋐ 強さと， ㋑ を変えないで練り返した状態の ㋐ 強さとの比で鋭敏比は表される．

練り返した試料の ㋐ 強さとしては， ㋐ 試験の応力 - ひずみ曲線から応力の最大値を用いるが，その最大値が明らかでないものは ㋒ ひずみに相当する応力を使用する．」

|   | ㋐ | ㋑ | ㋒ |
|---|---|---|---|
| 1. | 三軸圧縮 | 圧密度 | 15% |
| 2. | 三軸圧縮 | 含水比 | 50% |
| 3. | 一軸圧縮 | 圧密度 | 50% |
| 4. | 一軸圧縮 | 含水比 | 15% |
| 5. | 一軸圧縮 | 圧密度 | 15% |

**A.17** 図 4.4 に示すように，乾燥した密な砂とゆるい砂のそれぞれの供試体について，ある一定の垂直荷重 $N$ の下で，一つのせん断面に沿って水平にせん断力 $T$ を加えて供試体を変位させ，そのせん断強さ $s$ を調べる一面せん断試験を行った．

図4.4

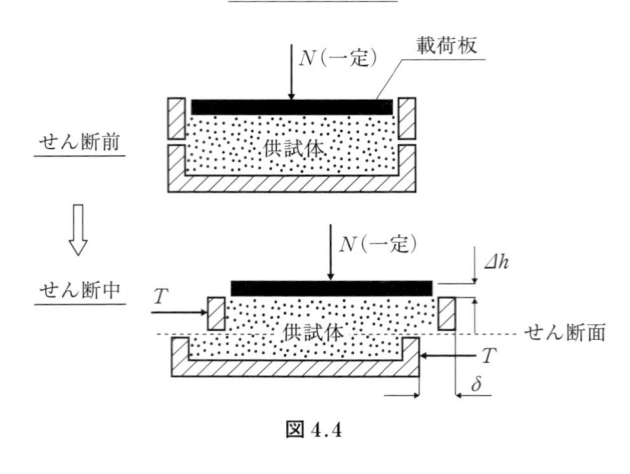

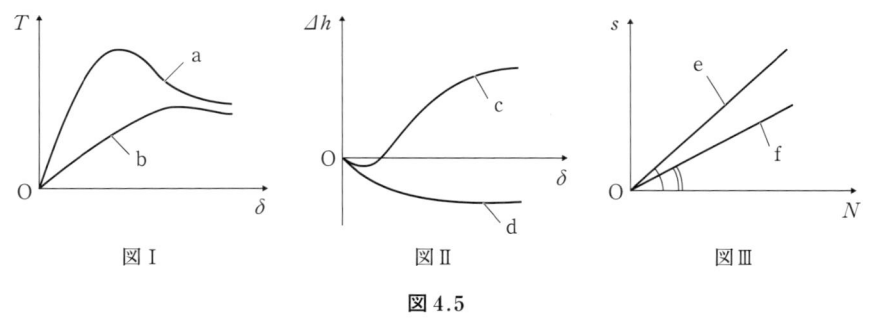

図4.5の図Ⅰ,Ⅱ,Ⅲはそれらの試験結果を定性的に表したもので,図ⅠはTと水平変位δの関係,図Ⅱは垂直変位$\Delta h$とδの関係,図Ⅲはそれぞれ異なる大きさで載荷したNの下で,一面せん断試験を行ったときのNとsの関係を表したものである.

図Ⅰ,Ⅱ,Ⅲのそれぞれについて,ゆるい砂の供試体による一面せん断試験結果を定性的に表したグラフの組合せとして最も妥当なのはどれか.ただし,$\Delta h$ は載荷板が上昇する方向を正とする. (H15 国家Ⅱ種)

|  | 図Ⅰ | 図Ⅱ | 図Ⅲ |  | 図Ⅰ | 図Ⅱ | 図Ⅲ |
|---|---|---|---|---|---|---|---|
| 1. | a | c | e | 2. | b | c | e |
| 3. | b | c | f | 4. | b | d | e |
| 5. | b | d | f |  |  |  |  |

## 第4章 土の強さ

**A.18** 次は地盤の液状化に関する記述であるが，㋐，㋑，㋒に当てはまる語句を正しく組み合わせているのはどれか． (H12 国家Ⅱ種)

「水で飽和した砂質土を，間隙水が排出することよりもはやくせん断する場合，体積が㋐できないので，間隙水圧が㋑し，有効応力が㋒する．このため砂粒子が水に浮いたような状態で流動する砂の液状化現象が生ずる．」

|   | ㋐ | ㋑ | ㋒ |
|---|---|---|---|
| 1. | 減少 | 減少 | 増加 |
| 2. | 減少 | 増加 | 減少 |
| 3. | 減少 | 増加 | 増加 |
| 4. | 増加 | 減少 | 減少 |
| 5. | 増加 | 増加 | 減少 |

**A.19** 砂質地盤の液状化の発生原因に関する次の記述㋐，㋑，㋒の正誤の組合せとして最も妥当なのはどれか． (H15 国家Ⅱ種)

㋐ 一般に，細粒分が少なく粒度分布が均一な地盤ほど，液状化は発生しにくい．

㋑ 密に堆積した地盤ほど，液状化は発生しにくい．

㋒ 有効土被り圧が大きな地盤ほど，液状化は発生しやすい．

|   | ㋐ | ㋑ | ㋒ |
|---|---|---|---|
| 1. | 正 | 正 | 誤 |
| 2. | 正 | 誤 | 誤 |
| 3. | 正 | 誤 | 正 |
| 4. | 誤 | 正 | 正 |
| 5. | 誤 | 正 | 誤 |

**B.5** 次の土のせん断試験に関する記述㋐〜㋓の正誤の組み合わせとして最も妥当なのはどれか．

㋐ 室内せん断試験は，直接せん断試験と間接せん断試験に大別できる．

㋑ 一軸圧縮試験と一面せん断試験は，間接せん断試験に分類される．

㋒　三軸圧縮試験は，圧密過程の有無，軸圧縮中の排水の有無によって試験条件を設定することができる．

㋓　セル圧（拘束圧）を変化させて，飽和粘土の非圧密非排水状態の三軸圧縮を行い，得られた結果からモールの応力円を描いたとき包絡線は，ほぼ水平（$\phi=0°$）になる．

|    | ㋐ | ㋑ | ㋒ | ㋓ |
|----|----|----|----|----|
| 1. | 正 | 誤 | 誤 | 正 |
| 2. | 正 | 誤 | 正 | 正 |
| 3. | 正 | 正 | 正 | 誤 |
| 4. | 誤 | 誤 | 正 | 正 |
| 5. | 誤 | 正 | 誤 | 正 |

# 5 土 圧

## 要 点

### (1) 三つの土圧

擁壁や矢板,地下埋設物などの構造物は,土を一定の位置に留め置くという機能をもっている.これらの構造物の背面に作用する土の圧力を**土圧**と呼んでいる.

土圧は,図5.1 (a) に示すように地中で構造物が静止しているような状態の土圧を**静止土圧** $P_0$,図5.1 (b) のように壁体を背面から押し出そうとする状態を**主働土圧** $P_A$,図5.1 (c) のように壁体が背面の土にもたれかかるような状態を**受働土圧** $P_P$ と呼ぶ.この3つの土圧の大小関係は図5.2に示すとおりである.

擁壁は,普通,背面からの土圧で前方に動こうとする状態の主働土圧を用いて設計され,地下埋設物は壁面の変位が考えられないので静止土圧を用いて設計され,矢板などは受働土圧を用いて設計される.

(a) 静止土圧　　　(b) 主働土圧　　　(c) 受働土圧

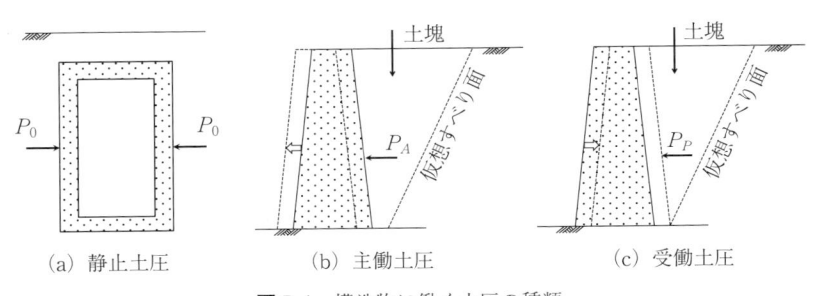

図5.1　構造物に働く土圧の種類

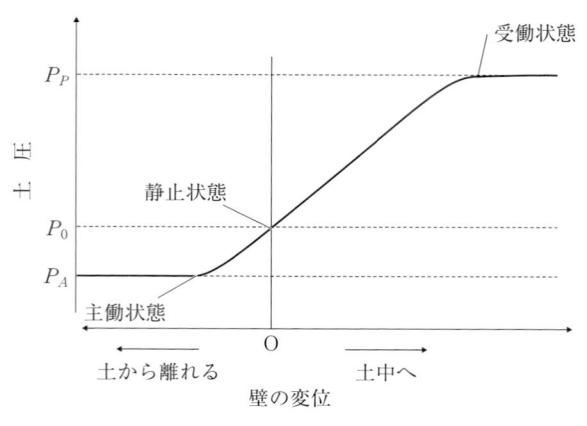

図5.2 各土圧の大小関係

## (2) 土圧係数

図5.3において，壁体の背面で土被りによる鉛直圧力 $p_v=\gamma_t z$ と背面の土の水平圧力 $p_h$ との比で表したものを**土圧係数** $K$ という．土圧係数は，壁体の形状や平面の傾斜角などによっても変わるが，主に土のせん断強さの大きさをつかさどる土のせん断抵抗角 $\phi$ による影響が大きい．

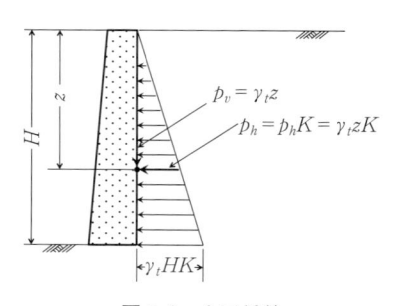

図5.3 土圧係数

$$\frac{p_h}{p_v}=\frac{p_h}{\gamma_t z}=K$$

壁体全体に作用する土圧の合力 $P$ は，土圧応力が深さ方向に三角形分布をすると考え，深さ $H$ の点の土圧応力 $p_h$ が $K\gamma_t H$ であるので，次式で表すことができる．

$$P=(1/2)\gamma_t H^2 K$$

土圧係数には，**主働土圧係数** $K_A$，**受働土圧係数** $K_P$，**静止土圧係数** $K_0$ がある．

## (3) クーロン土圧論とランキン土圧論

現在，土圧の計算をするときに用いる理論としてクーロンによる**クーロン土**

圧論とランキンによる**ランキン土圧論**がある．

それぞれの考え方について以下に説明をする．

クーロン土圧論は，擁壁の背面に三角形状の土くさびがあると仮定して，擁壁が移動することによって，土塊が擁壁背面下端を通る平面に沿ってすべり破壊するとした理論で，極限平衡状態での力のつり合いで考える．

一方，ランキン土圧は，地盤が半無限に広がる粘着性のないものと仮定し，壁面摩擦がない鉛直面に働く土圧として考えた理論で，塑性平衡状態での力のつり合いで考える．

各土圧論による土圧は以下のとおりである．

a) クーロン土圧論による土圧

裏込め土が乾燥した砂の場合（図 5.4 (a)，(b)）

主働土圧 $\quad P_A = \dfrac{1}{2}\gamma_t H^2 K_A$ (kN/m)

主働土圧係数 $\quad K_A = \dfrac{\sin^2(\theta-\phi)}{\sin^2\theta \sin(\theta+\delta)} \times \left(1+\sqrt{\dfrac{\sin(\phi+\delta)\sin(\phi-\beta)}{\sin(\theta+\delta)\sin(\theta-\beta)}}\right)^2$

ここで，$\phi$ は土のせん断抵抗角を示す．

受働土圧 $\quad P_P = \dfrac{1}{2}\gamma_t H^2 K_P$ (kN/m)

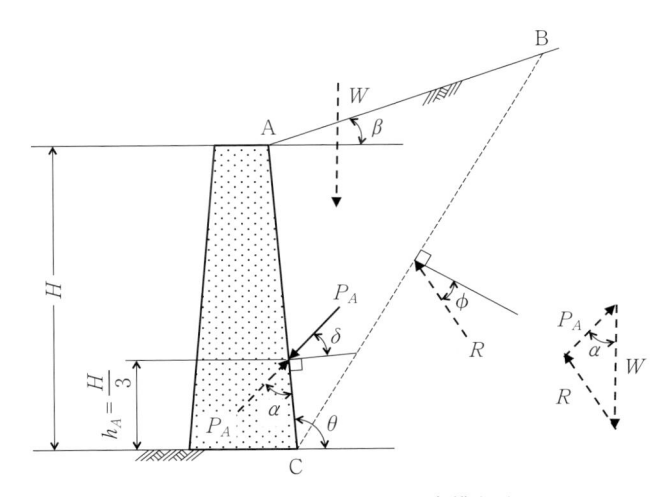

**図 5.4** (a) 砂質土のクーロン主働土圧

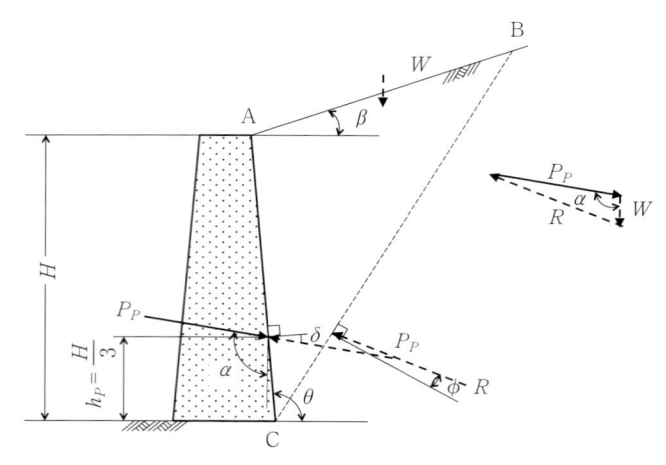

**図 5.4**(b) 砂質土のクーロン受働土圧

受働土圧係数 $\quad K_P = \dfrac{\sin^2(\theta+\phi)}{\sin^2\theta \sin(\theta-\delta)} \times \left(1 - \sqrt{\dfrac{\sin(\phi+\delta)\sin(\phi+\beta)}{\sin(\theta-\delta)\sin(\theta-\beta)}}\right)^2$

地表面が水平（$\beta=0$），壁体背面が鉛直（$\theta=90°$）壁面背面がなめらかな（$\delta=0$）場合

主働土圧 $\qquad P_A = \dfrac{1}{2}\gamma_t H^2 \tan^2\left(45°-\dfrac{\phi}{2}\right)$ (kN/m)

受働土圧 $\qquad P_P = \dfrac{1}{2}\gamma_t H^2 \tan^2\left(45°+\dfrac{\phi}{2}\right)$ (kN/m)

粘着力 $c$ がある場合（図 5.5）

主働土圧 $\qquad P_A = \dfrac{1}{2}\gamma_t (H-z_c)^2 K_A$ (kN/m)

ここで，粘着力 $c$ によって主働土圧が生じない部分 $z_c$ は次のようになる．

$$z_c = \dfrac{2c}{\gamma_t}\tan\left(45°+\dfrac{\phi}{2}\right) \text{ (m)}$$

また，壁体底面から $P_A$ の作用点までの距離 $h_A$ は次のようになる．

$$h_A = \dfrac{H-z_c}{3} \text{ (m)}$$

壁面背後に等分布荷重 $q$ が作用する場合（図 5.6）

主働土圧 $\qquad P_A = \dfrac{1}{2}\gamma_t\{(H+\Delta H)^2 - \Delta H^2\}K_A$ (kN/m)

第5章 土　圧

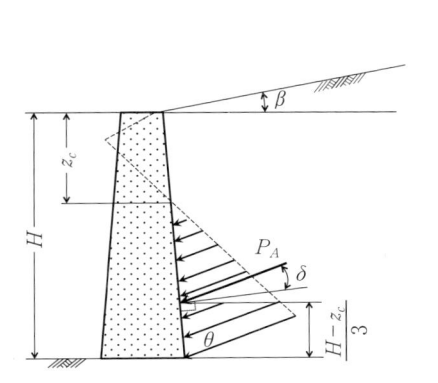

**図5.5** 粘着力のある土の
クーロン主働土圧

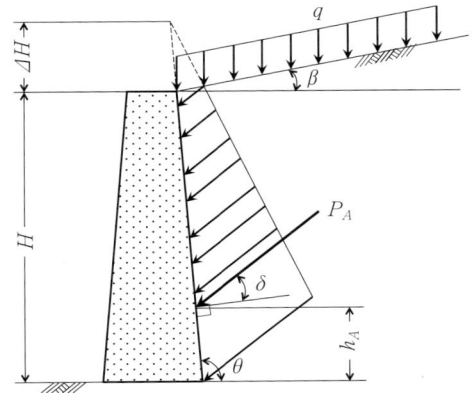

**図5.6** 壁面背後に等分布荷重が作用する
場合のクーロン主働土圧

ここで，換算高さ $\Delta H$ は次のようになる．

$$\Delta H = \frac{q}{\gamma_t} \frac{\sin\theta}{\sin(\theta-\beta)} \text{ (m)}$$

$$h_A = \frac{1}{P_A}\left\{\frac{1}{2}\gamma_t H^2 K_A \times \frac{H}{3} + \frac{\sin\theta}{\sin(\theta-\beta)} qHK_A \times \frac{H}{2}\right\} \text{ (m)}$$

b）　ランキン土圧論による土圧

裏込め土が乾燥した砂の場合（図5.7）

主働土圧　　　　　　　　$P_A = \frac{1}{2}\gamma_t H^2 K_A$ (kN/m)

主働土圧係数　　　$K_A = \cos\beta \dfrac{\cos\beta - \sqrt{\cos^2\beta - \cos^2\phi}}{\cos\beta + \sqrt{\cos^2\beta - \cos^2\phi}}$

ここで，$\phi$ は土のせん断抵抗角を示す．

受働土圧　　　　　　　　$P_P = \frac{1}{2}\gamma_t H^2 K_P$ (kN/m)

受働土圧係数　　　$K_P = \cos\beta \dfrac{\cos\beta + \sqrt{\cos^2\beta - \cos^2\phi}}{\cos\beta - \sqrt{\cos^2\beta - \cos^2\phi}}$

地表面が水平（$\beta=0$）の場合

受働土圧　　　　　　　　$P_P = \frac{1}{2}\gamma_t H^2 \tan^2\left(45° + \dfrac{\phi}{2}\right)$ (kN/m)

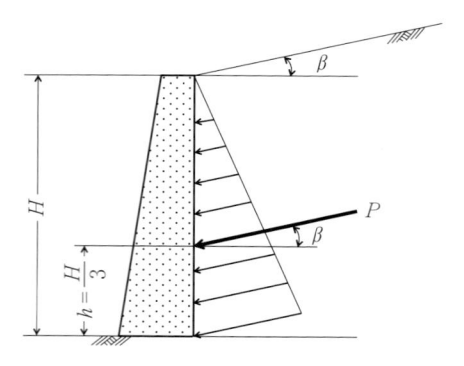

**図 5.7** 砂質土のランキン主働土圧

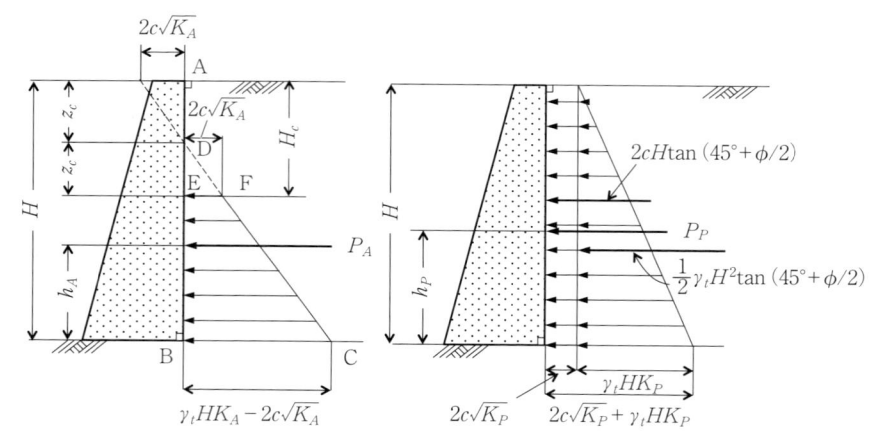

**図 5.8** 粘着力のある土のランキン土圧

主働土圧，受働土圧ともに壁体底面から $H/3$ のところに作用して，作用の方向は地表面の傾斜と平行である．

粘着力 $c$ がある場合（図 5.8）

主働土圧　　　$P_A = \dfrac{1}{2}\gamma_t H^2 \tan^2\left(45°-\dfrac{\phi}{2}\right) - 2cH \tan\left(45°-\dfrac{\phi}{2}\right)$ (kN/m)

受働土圧　　　$P_P = \dfrac{1}{2}\gamma_t H^2 \tan^2\left(45°+\dfrac{\phi}{2}\right) + 2cH \tan\left(45°+\dfrac{\phi}{2}\right)$ (kN/m)

また，壁体底面から $P_A$，$P_P$ の作用点までの距離 $h_A$，$h_P$ は次のようになる．

第5章 土　圧

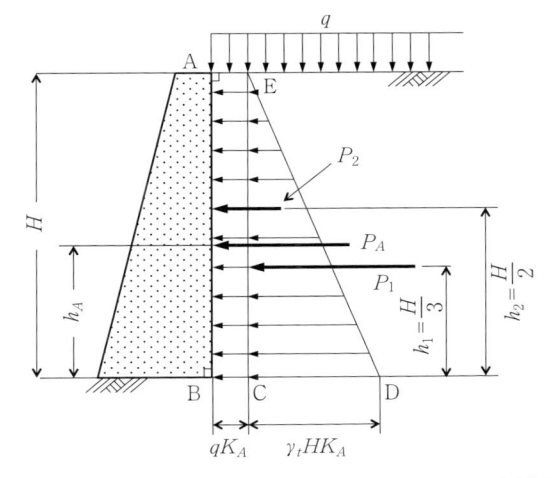

**図 5.9** 壁面背後に等分布荷重が作用する場合のランキン主働土圧

$$h_A = \frac{1}{P_A}\left\{\frac{1}{2}\gamma_t H^2 \tan^2\left(45°-\frac{\phi}{2}\right)\times\frac{H}{3} - 2cH\tan\left(45°-\frac{\phi}{2}\right)\times\frac{H}{2}\right\} \text{ (m)}$$

$$h_P = \frac{1}{P_P}\left\{\frac{1}{2}\gamma_t H^2 \tan^2\left(45°+\frac{\phi}{2}\right)\times\frac{H}{3} - 2cH\tan\left(45°+\frac{\phi}{2}\right)\times\frac{H}{2}\right\} \text{ (m)}$$

壁面背後に等分布荷重 $q$ が作用する場合（図5.9）

主働土圧　　　　　$P_A = \left(\frac{1}{2}\gamma_t H^2 + qH\right)K_A$ (kN/m)

受働土圧　　　　　$P_P = \left(\frac{1}{2}\gamma_t H^2 + qH\right)K_P$ (kN/m)

$$h_A = h_P = \frac{H}{3}\frac{\gamma_t H + 3q}{\gamma_t H + 2q} \text{ (m)}$$

## (4) 擁壁の設計（安定計算）

擁壁の設計は，擁壁に作用する土圧の算定，擁壁を設置しようとする基礎地盤の調査，擁壁の力学的安定について検討を行う．

土圧の安定については，前述をしたランキンまたはクーロンの土圧論により求めた土圧を用いて検討を行う．

基礎地盤が，十分強固で擁壁を設置した際に安定性を保てるかについて調査が必要である．基礎地盤の強度が不十分であると擁壁が不安定になり，擁壁の

役割を果たせなくなる．

擁壁の力学安定性は，外力（土圧），滑動（擁壁底面と基礎地盤との摩擦力），沈下（基礎地盤の支持力）の3つについて検討を行う．

### (5) 構造物に働く土圧

擁壁以外の構造物で土圧が作用するものとしては，深い掘削をしたときに地盤が崩れないように支える**支保工**や**矢板**，**埋設管**，**共同溝**，**カルバート**などがある．支保工や矢板については，水平方向の土圧に対しての検討を行えばよいが，埋設管や共同溝，カルバートなどは，水平方向の土圧以外に鉛直方向に作用する土圧についても検討が必要である．

## 例　題

**5.1** 図5.10のような高さ6mの重力式擁壁の点Aに作用するランキンの主働土圧として最も妥当なのはどれか．

ただし，擁壁裏込め土の湿潤単位体積重量を $15\,\mathrm{kN/m^3}$，内部摩擦角を $30°$，粘着力を $10\,\mathrm{kN/m^2}$ とし，地表面は水平であるものとする．

(H19 国家Ⅱ種)

1. $18\,\mathrm{kN/m^2}$ 　 2. $30\,\mathrm{kN/m^2}$ 　 3. $42\,\mathrm{kN/m^2}$
4. $270\,\mathrm{kN/m^2}$ 　 5. $305\,\mathrm{kN/m^2}$

（解）A点に作用するランキンの土圧は，次式で求める．

$$p_A = \gamma z \tan^2\left(45° - \frac{\phi}{2}\right) - 2c \tan\left(45° - \frac{\phi}{2}\right)$$

ここで，$z$ は地表面からA点までの深さを示すから

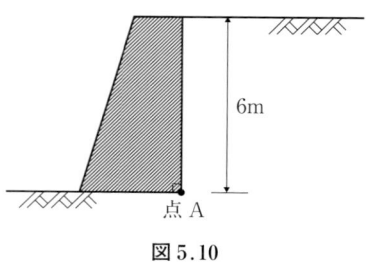

図5.10

$$p_A = \gamma z \tan^2\left(45° - \frac{\phi}{2}\right) - 2c \tan\left(45° - \frac{\phi}{2}\right) = 15 \times 6 \times 0.333 - 2 \times 10 \times 0.577$$
$$= 18.457 = 18\,(\mathrm{kN/m^2})$$

（正解 1）

## チャレンジ

**A.20** 壁体に作用する土圧に関する記述㋐，㋑，㋒の正誤の組合せとして最も妥当なのはどれか． （H18 国家Ⅱ種）

　㋐　壁体の変位の仕方による土圧の大小関係は，主働土圧＜静止土圧＜受働土圧である．

　㋑　クーロンの土圧は，壁体の変位に伴う壁背面のくさび状すべり土塊に働く力の系の塑性平衡状態から求める．

　㋒　ランキンの土圧は，壁体の変位に伴う滑らかで鉛直な仮想壁の背後土の極限つり合い状態にある応力条件から求める．

|   | ㋐ | ㋑ | ㋒ |
|---|---|---|---|
| 1. | 正 | 正 | 誤 |
| 2. | 正 | 誤 | 正 |
| 3. | 正 | 誤 | 誤 |
| 4. | 誤 | 正 | 正 |
| 5. | 誤 | 正 | 誤 |

**A.21** 図 5.11 に示すような高さ 6 m の重力式擁壁の点 A に作用するランキンの主働土圧（$kN/m^2$）と間隙水圧の和はおよそいくらか．

ただし，擁壁裏込め土中の地下水位はその地表面から 2 m に位置し，この地下水位より上層の裏込め土の湿潤単位体積重量を $18\,kN/m^3$，下層の裏込め土の飽和単位体積重量を $20\,kN/m^3$ とする．また，裏込め土は粘着力のない砂質土で，その内部摩擦角を地下水の有無にかかわらず 30° とし，さらに，その地表面は水平であるものとする．

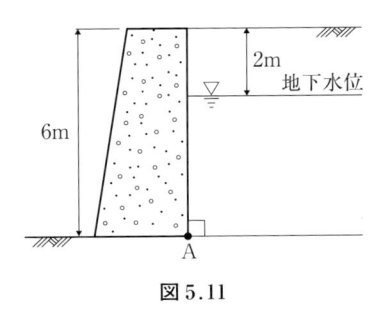

なお，水の単位体積重量を $10\,kN/m^3$ とする． （H15 国家Ⅱ種）

図 5.11

1. $25.3\,\mathrm{kN/m^3}$　　2. $38.0\,\mathrm{kN/m^3}$　　3. $38.7\,\mathrm{kN/m^3}$
4. $65.3\,\mathrm{kN/m^3}$　　5. $78.7\,\mathrm{kN/m^3}$

**A.22** 図5.12のような高さ3mの擁壁に単位幅当たりに作用するクーロンの主働土圧はいくらか．

ただし，土の内部摩擦角 $\phi=30°$，単位体積重量を $18\,\mathrm{kN/m^3}$ とし，壁面と土との摩擦は考えないものとする．

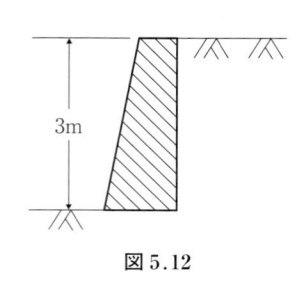

図5.12

（H10 国家Ⅱ種）

1. 27 kN　　2. 36 kN　　3. 45 kN　　4. 54 kN　　5. 63 kN

**A.23** 図5.13のような高さ6.0mの擁壁がある．この擁壁の滑動に対する安全率として1.5以上を確保するためには，底面の長さ $B$ は最低いくらでなければならないか．

ただし，土の内部摩擦角 $\phi$ を30°，土の単位体積重量を $18\,\mathrm{kN/m^3}$，擁壁の単位体積重量を $24\,\mathrm{kN/m^3}$ とし，擁壁と基礎地盤の摩擦係数を0.5とする．また，擁壁と擁壁背面土との摩擦は考慮しないものとする．

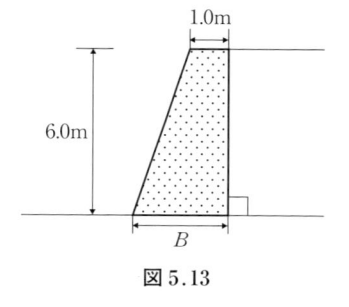

図5.13

（H20 国家Ⅱ種）

1. 1.5 m　　2. 2.5 m　　3. 3.5 m　　4. 4.0 m　　5. 4.5 m

**A.24** 図5.14の水平な地表面から深さ6.0mまで剛で鉛直な地下壁がある．この地下壁の一側面に作用する奥行き1m当たりの静止土圧の合力として最も妥当なのはどれか．

ただし，地下水位は考慮せずに，地下壁周辺の地盤の単位体積重量は $20\,\mathrm{kN/m^3}$ で，静止土圧係数を $\dfrac{1}{3}$ とする．

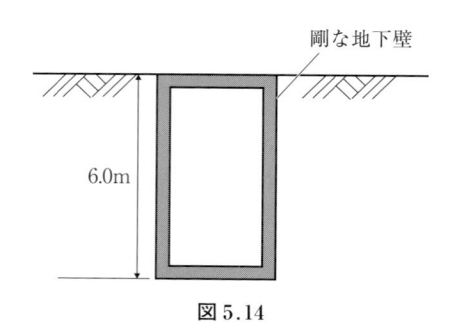

図5.14

1. 120 kN/m   2. 180 kN/m   3. 240 kN/m
4. 300 kN/m   5. 360 kN/m

(H21 国家Ⅱ種)

**B.6** 図 5.15 のような地表面が水平な箇所に設置された躯体背面が鉛直である高さ 7 m の逆 T 型擁壁がある．

いま，地表面に 30.0 kN/m² の一様載荷重が作用しているとき，仮想背面 AB に働くクーロンの主働土圧の合力 $P_a$ とその作用位置 $h_0$ に最も近い値の組合せとして正しいのはどれか．ただし，裏込め土は粘着力のない砂で，その内部摩擦角を 30°，単位体積重量を 18.0 kN/m³ および壁面摩擦角を 0° とし，地下水はないものとする．

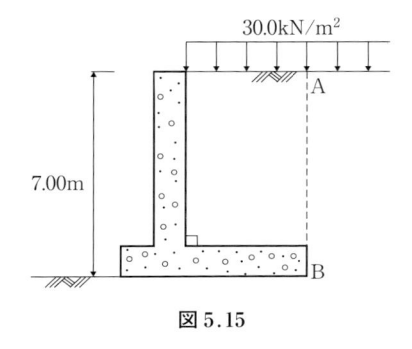

また，$P_a$ は奥行き単位長さ当たりの合力，$h_0$ は擁壁底版下面からの高さとする． (H14 国家Ⅱ種)

|   | $P_a$ | $h_0$ |
|---|---|---|
| 1. | 217 kN/m | 2.33 m |
| 2. | 217 kN/m | 2.71 m |
| 3. | 225 kN/m | 2.33 m |
| 4. | 225 kN/m | 2.71 m |
| 5. | 376 kN/m | 2.33 m |

**B.7** 砂質土地盤の掘削（根切り）工事で図 5.16 のような高さ 4.0 m，根入れ深さ 5.0 m の鉛直な自立式土留め矢板 ABC を用いた．前面土および背面土の土圧による下端 C 点回りのモーメントに基づく，この矢板の安全率はおよそいくらか．ただし，この砂質土の単位体積重量は 18 kN/m³，ランキンの主働土圧係数は $\frac{1}{3}$，受働土圧係数を 3.0 とし，粘着力はないものとする．また，地下水は考慮しないものとする．

図 5.15

1. 0.65
2. 0.80
3. 1.3
4. 1.5
5. 1.8

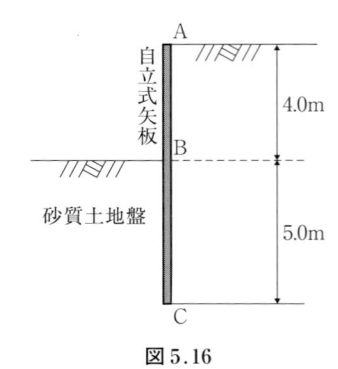

自立式矢板

砂質土地盤

A — 4.0m — B
B — 5.0m — C

図 5.16

# 6 斜面の安定

## 要　点

**(1)　斜面の崩壊**

わが国の国土は，平地が少ない代わりに山岳地帯や急傾斜地が多く，また，人工的に作られた盛土や切土の斜面も多いため，**地すべり**や**山くずれ**など斜面に関わる災害も多い．

**斜面**の力学的な安定性は，土の強さ（**せん断強度**）に依存している．

斜面の崩壊の形状は，図6.1に示す3つに大別することができる．斜面の崩壊がどの形状になるかは，土の性質と斜面の角度，斜面の高さなどによって決まる．

(a)　底部破壊

斜面が比較的緩い傾斜面に起こりやすい．すべり面の先端が斜面先から離れたところに地盤のふくれ上がりが生じる破壊のことをいう．

(a)底部破壊　　(b)斜面先破壊　　(c)斜面内破壊

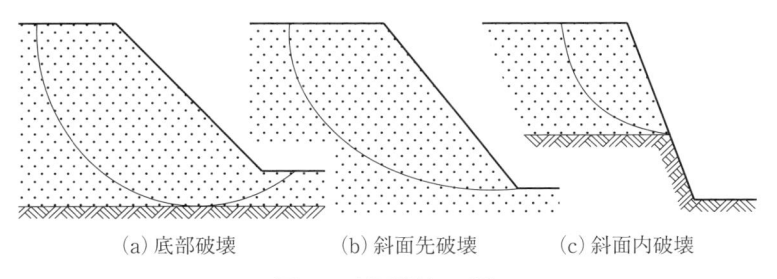

図6.1　斜面崩壊の形状

(b) 斜面先破壊

すべり面の下端が斜面先を通る破壊をいう．

(c) 斜面内破壊

斜面の途中に固い地盤があると，その地盤より浅い部分（斜面の途中）ですべり面が発生する破壊をいう．

**(2) 安定解析**

斜面の安定解析には，破壊が起こりそうな面を想定して，その面に沿ってせん断抵抗について検討する方法と図式解析を行う方法がある．

**せん断抵抗**について検討する安定解析の方法としては，すべり面を想定して繰返し計算をして，その面の最も低い**安全率**を求める方法や斜面をすべり面上の土塊を鉛直方向にいくつかの帯状に分割したものについて安定計算をする方法，斜面に平行にすべり面が発生するような場合に行う平面すべりの安定解析などがある．

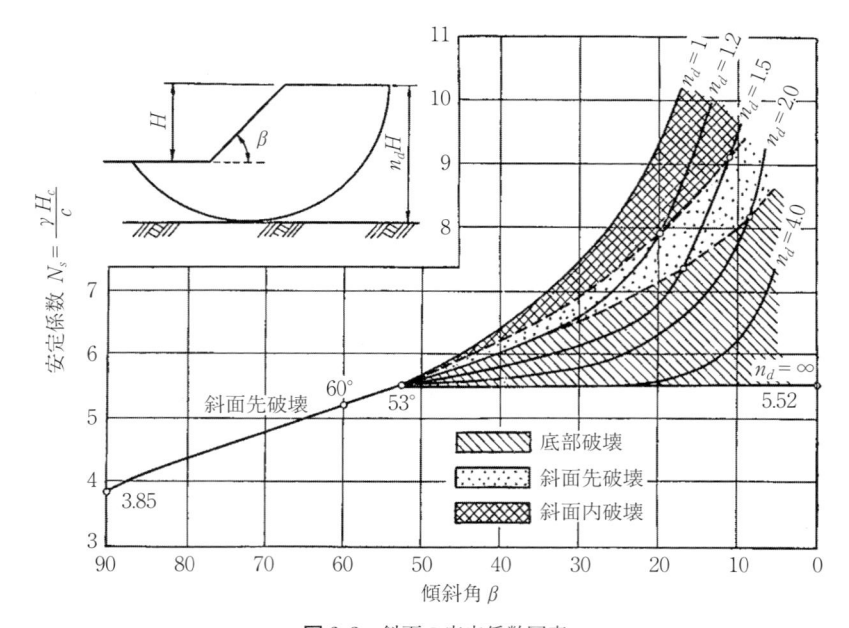

**図 6.2** 斜面の安定係数図表
（出典　箭内・浅川：土質工学，新訂第 3 版, p. 179, 彰国社）

図式解法では，図6.2に示す**テイラーの図表**を用いて安定解析を行う方法がよく用いられる．

### (3) 地すべりと山くずれ

自然界における土の移動は，地盤が長い時間をかけて風化していく過程の一つである．土の移動は，重力によるものとそれを助長させる雨水や浸透水圧，地震力のような外力によって起こるものがある．この移動は，規模や速度によって表6.1に示すように地すべりと山くずれに分けることができる．

地すべりは，比較的勾配の緩い斜面が広い範囲にわたって長時間，継続的または断続的にゆっくりと滑動するもので，滑動土砂がほぼ原形を保ちながら移動する．急斜面が急激に崩壊する山くずれ，崖くずれ，表面崩壊とは区別される．

地すべりと急斜面崩壊の中間的なものを崩壊性地すべりということもある．

山くずれは，斜面崩壊の一種で，山腹斜面が，豪雨，地下水，地震，雪崩，山脚の侵食等の外部誘因によって安定を失い崩れ落ちる現象のことをいう．**間隙水圧**や地下水の増大が引き金となる場合が多く，地すべりより移動速度が速く，土砂が破砕され原形を留めず崩落する．

表6.1 地すべりと山くずれの違い

|  | 広さ | 傾斜 | 速さの単位 | 破壊する深さ | 特徴 | 破壊発生の時期 |
|---|---|---|---|---|---|---|
| 地すべり | 数千～数十万$m^2$ | 5～20° | m/月～m/年 | 数十m | 岩盤を含めて地塊がすべる | 豪雨がやんでから1両日中にすべる |
| 山くずれ | 数百$m^2$ | 30°以上 | m/分 | 数m | 岩盤の上の表土，深くても風化岩の表層が落ちる程度 | 豪雨の最盛時にほぼ一致してくずれる |

## 例　題

**6.1** 図6.3のような軟らかい土層の上にある斜面の移動すべりに対する安全率 $F_s$ として最も妥当なのはどれか．

ただし，斜面の土のせん断抵抗角は30°，粘着力は0，単位体積重量は

$20 \text{ kN/m}^3$ とし,軟らかい土層の粘着力 $c_0$ は $30 \text{ kN/m}^3$, せん断抵抗角は $0°$ とする.

1. 1.04　　2. 1.06　　3. 1.08　　4. 1.10　　5. 1.12

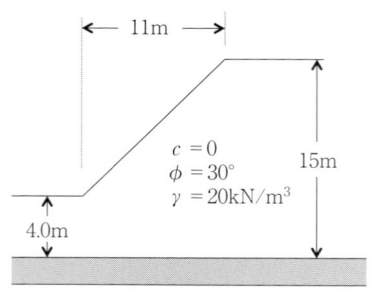

図 6.3

**（解）** 斜面の土は粘着力を有していないので,以下の式を用いて主働土圧と受働土圧を求める.

$$P_A = \frac{\gamma H^2}{2}\tan^2\left(45° - \frac{\phi}{2}\right) = \frac{20 \times 15^2}{2}\tan^2\left(45° - \frac{30°}{2}\right) = 750 \text{ (kN/m)}$$

$$P_P = \frac{\gamma H^2}{2}\tan^2\left(45° + \frac{\phi}{2}\right) = \frac{20 \times 4^2}{2}\tan^2\left(45° + \frac{30°}{2}\right) = 480 \text{ (kN/m)}$$

この傾斜の移動すべりに対する安全率は

$$F_S = \frac{c_0 L + w \tan\phi + P_P}{P_A}$$

で求めることができるが,この問題では軟らかい土層の粘着力による抵抗は幅 1 m 当たり $c_0 L = 30 \times 11 = 330$ (kN/m). よって,この傾斜のすべりに対する安全率は

$$F_S = \frac{330 \times w \times 0 + 480}{750} = 1.08$$

（正解 3）

## チャレンジ

A.25 単位体積重量 $16\,\mathrm{kN/m^3}$,粘着力 $20\,\mathrm{kN/m^2}$ および内部摩擦角 $0°$ の粘土地盤を鉛直に切り取れる限界高さはおよそいくらか.
ただし,この場合の安定係数は 3.85 である.

  1. $3.1\,\mathrm{m}$  2. $4.0\,\mathrm{m}$  3. $4.8\,\mathrm{m}$  4. $5.7\,\mathrm{m}$  5. $6.5\,\mathrm{m}$

A.26 図 6.4 の水平地表面に対する傾斜角が $15°$ の粘着力のない砂質土で構成された,一様な半無限斜面がある.
いま,斜面内に浸透流がなく,仮想すべり面を図のように斜面に対して平行であると想定したとき,この斜面の安全率はおよそいくらか.
ただし,砂質土の内部摩擦角を $30°$ とする.また,$\sqrt{2}=1.4$,$\sqrt{3}=1.7$,$\sin 15°=0.26$ 及び $\cos 15°=0.97$ とする. (H14 国家Ⅱ種)

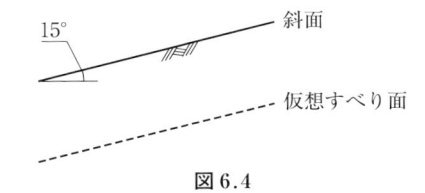

図 6.4

  1. 0.88  2. 1.20  3. 1.92  4. 2.19  5. 2.26

A.27 図 6.5 の図Ⅰのように,かたい地層上にある粘着力 $c=12\,\mathrm{kN/m^2}$,内部摩擦角 $\varphi=0°$,単位体積重量 $\gamma_t=15\,\mathrm{kN/m^3}$ の均質な水平地盤土を掘削し,傾斜角 $\beta=30°$,高さ $H=4.0\,\mathrm{m}$ の切土斜面を施工する予定である.図Ⅱに示すテイラーの安定図表を利用して求められる,この斜面の高さに関する安全率として最も妥当なのはどれか.
なお,深さ係数 $n_d=H_1/H$ である. (H23 国家Ⅱ種)

  1. 1.2  2. 1.4  3. 1.6  4. 1.8  5. 2.0

図I

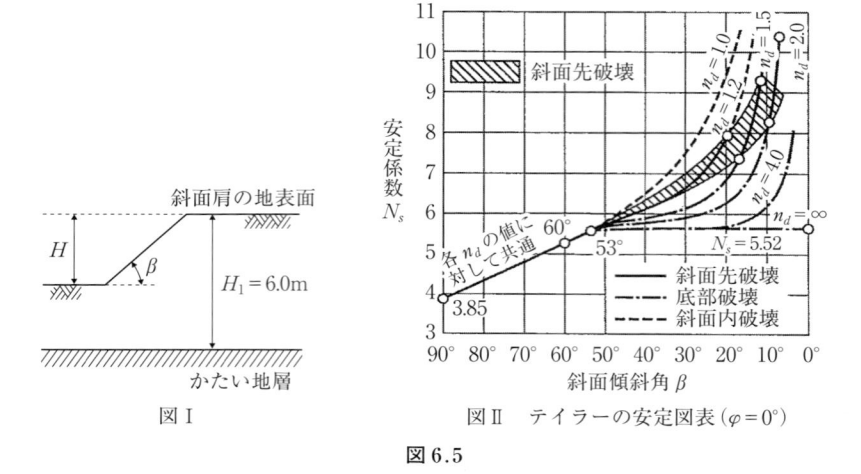

図II テイラーの安定図表 ($\varphi = 0°$)

図 6.5

**B.8** 図 6.6 に示すような，半無限長の斜面がある．乾燥砂中に地表面に平行な浸透流が存在するとき，地表面から深さ $z$ における単位斜面長幅当たりの滑りに対する安全率を示しているのはどれか．

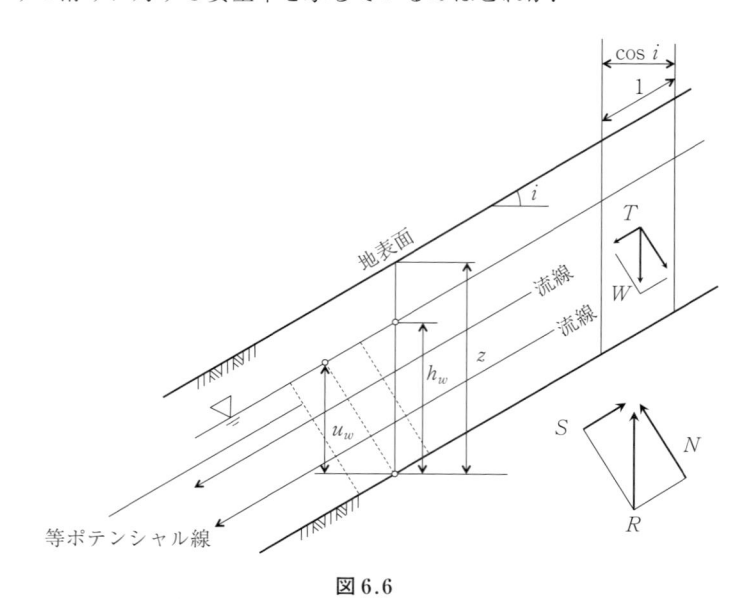

図 6.6

## 第6章 斜面の安定

ただし，砂試料の湿潤単位体積重量を $\gamma_t$，水中単位体積重量を $\gamma_{\text{sub}}$，飽和単位体積重量を $\gamma_{\text{sat}}$，せん断抵抗角を $\phi$ とする．

1. $\dfrac{\gamma_{\text{wub}} \tan \phi'}{\{\gamma_t(z-h_w)+\gamma_{\text{sat}}h_w\} \cos i \cdot \sin i}$

2. $\dfrac{\{\gamma_t(z-h_w)+\gamma_{\text{sub}}h_w\} \tan \phi'}{\gamma_{\text{sat}} \cos i \cdot \sin i}$

3. $\dfrac{\gamma_{\text{sub}} \cos i \cdot \sin i}{\gamma_{\text{sat}} \tan \phi'}$

4. $\dfrac{\{\gamma_t(z-h_w)+\gamma_{\text{sub}}h_w\} \cos^2 i \cdot \tan \phi'}{\{\gamma_t(z-h_w)+\gamma_{\text{sat}}h_w\} \cos i \cdot \sin i}$

5. $\dfrac{(\gamma_t+\gamma_{\text{sub}}h_w)\cos^2 \cdot \tan \phi'}{(\gamma_t+\gamma_{\text{sat}}h_w)\cos i \cdot \sin i}$

# 7 地盤の支持力

要　点

### (1) 支持力
地盤上に構造物を構築するとき，構造物からの荷重は基礎を通じて地盤に伝達されて安定を失うことなく，構造物を支える．この構造物の荷重を支える力を**支持力**と呼ぶ．

### (2) 基　礎
**基礎**は，構造物の荷重および構造物に作用する力を支持地盤まで伝えるものである．

また基礎は，上部構造物の種類，施工位置，地盤の良否などによって，その構造や工法が異なる．支持地盤となる堅固な地盤が地表面から浅い所にあるか，深い所にあるかによって**浅い基礎**と**深い基礎**に分けられる．一般に，根入れ幅比 $D_f/B$（根入れ深さ $D_f$，基礎の幅 $B$）によって区別される．

浅い基礎と深い基礎は設計に対する思想が異なり，浅い基礎の場合，基礎底面の支持力と根入れ深さの押さえを考えて設計するが，深い基礎は主として先端支持力と周面摩擦抵抗力を合計して支持力を求める点が異なっている．

良好な基礎として必要な条件は，図7.1に示すとおりである．

基礎底部が直接地盤と接しており，前述した**根入れ幅比**が1.0以下である場合，**浅い基礎**と呼ばれ，フーチング基礎やベタ基礎のような直接基礎がこれに当たり，設計には**テルツァギーの支持力算定式**が用いられる．

一方，根入れ幅比が1.0より大きい場合，**深い基礎**と呼ばれ，機能や用いら

# 第7章 地盤の支持力

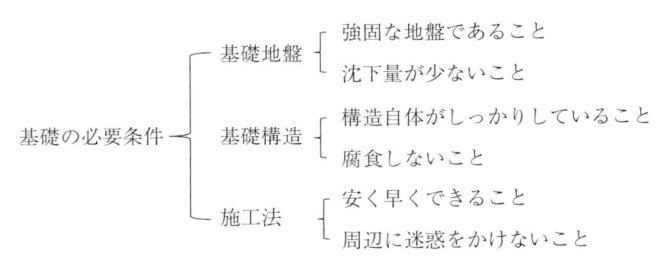

```
                    ┌ 基礎地盤 ┬ 強固な地盤であること
                    │        └ 沈下量が少ないこと
基礎の必要条件 ─────┼ 基礎構造 ┬ 構造自体がしっかりしていること
                    │        └ 腐食しないこと
                    └ 施工法  ┬ 安く早くできること
                             └ 周辺に迷惑をかけないこと
```

**図 7.1** 良好な基礎としての必要条件

れる材料，杭の製造方法によって分類することができる．

## 例　題

**7.1** 一辺が 4m の正方形フーチング底面が地表面より 1m の深さに設置されている．地盤は，単位体積重量が $19\,\mathrm{kN/m^3}$（飽和単位体積重量 $9.0\,\mathrm{kN/m^3}$）の砂礫層からなっている．全般せん断破壊が発生すると仮定して，地下水位とフーチング底面が一致している場合の極限支持力をテルツァギーの一般支持力公式を用いて算出したとき最も妥当なものはどれか．

ただし，地盤の粘着力は $c=0$，せん断抵抗角が $\phi=30°$，支持力係数は $N_\gamma=20$，$N_c=37$，$N_q=22$ とする．また，正方形フーチングに関する支持力係数への補正値は，$0.85N_\gamma$ および $1.25N_c$ とする．

1. 120 $(\mathrm{kN/m^2})$
2. 242 $(\mathrm{kN/m^2})$
3. 424 $(\mathrm{kN/m^2})$
4. 524 $(\mathrm{kN/m^2})$
5. 724 $(\mathrm{kN/m^2})$

**(解)**　テルツァギーの一般支持力公式は

$$q_0 = \frac{\gamma B}{2} N_\gamma + c N_c + q N_q$$

ここで，$q$ は基礎底面と同一レベルの載荷重，$N_\gamma$，$N_c$，$N_q$ はいずれも地盤のせん断抵抗角 $\phi$ の関数である支持力係数を示す．

よって極限支持力は次の関係式によって求める.

$$q_0 = \frac{\gamma' B}{2} N_\gamma \times 0.85 + c N_c \times 1.25 + \gamma D_f N_q$$

$$= \frac{9 \times 4}{2} \times 20 \times 0.85 + 0 + 19 \times 1 \times 22 = 724 \ (kN/m^2)$$

（正解 5）

## チャレンジ

**A.28** 地盤の支持力と基礎に関する記述㋐, ㋑, ㋒の正誤の組合せとして最も妥当なのはどれか. (H22 国家Ⅱ種)

㋐ 浅い基礎は直接基礎とも呼ばれ，その代表的なものに杭基礎がある.

㋑ 地盤がせん断破壊を生じるときの荷重を許容支持力という.

㋒ ゆるい砂や軟らかい粘土地盤の破壊型式は，一般に局部せん断破壊である.

|   | ㋐ | ㋑ | ㋒ |
|---|---|---|---|
| 1. | 正 | 正 | 正 |
| 2. | 正 | 正 | 誤 |
| 3. | 誤 | 正 | 誤 |
| 4. | 誤 | 誤 | 正 |
| 5. | 誤 | 誤 | 誤 |

**A.29** 図 7.2 のように，一様な地盤の地表面に幅 $B = 15$ m，長さ $L = 20$ m の長方形べた基礎が設置され，等分布荷重 $q = 200 \ kN/m^2$ が作用している. 基礎面直下深さ $z = 10$ m における土被り圧と載荷重による増加応力を合わせた全鉛直応力 $\sigma_z$ として最も妥当なのはどれ

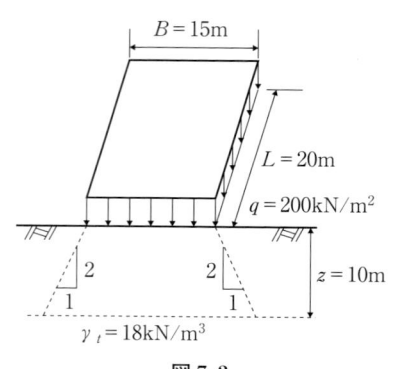

図 7.2

か.

ただし，土の湿潤単位体積重量は$\gamma_t = 18\,\mathrm{kN/m^3}$で，載荷重による応力分散は載荷面の縁から2：1の勾配で広がり，各深さでの等分布となるものとする． (H17国家Ⅱ種)

1. $220\,\mathrm{kN/m^2}$ 2. $230\,\mathrm{kN/m^2}$ 3. $240\,\mathrm{kN/m^2}$
4. $250\,\mathrm{kN/m^2}$ 5. $260\,\mathrm{kN/m^2}$

B.9 図7.3のように地表面から2.0 m掘削して$5.0 \times 5.0\,\mathrm{m}$の底面が正方形の独立基礎を建設した．全荷重5000 kNが加わるとすると，地表面から7.0 mの深さにおけるこの基礎荷重による垂直応力の平均増加量を近似計算法により求め，最も妥当なのはどれか．

1. $5\,\mathrm{kN/m^2}$
2. $10\,\mathrm{kN/m^2}$
3. $20\,\mathrm{kN/m^2}$
4. $50\,\mathrm{kN/m^2}$
5. $70\,\mathrm{kN/m^2}$

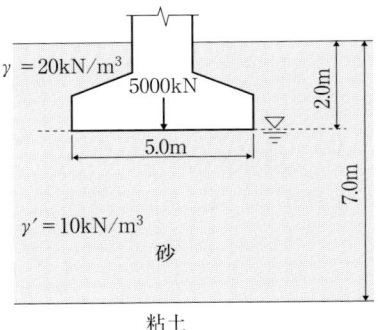

図7.3

# 8 地盤改良

## 要 点

**(1) 地盤改良**

わが国は，国土の約7割が急峻な山間部や傾斜地で構成されており，人間が生活しやすい平地は3割弱である．その約3割の平地に人口の約90％が生活をしている．したがって，構造物を構築しづらいような軟弱な地盤上にも構造物を構築せざるを得ない状況となってきた．

そこで，軟弱地盤上に安全に構造物を構築するために地盤の改良が必要である．

**地盤改良**は，対象とする地盤が砂質土系か粘性土系で対策工法が異なる．

また，セメント系固化材や石灰系の安定材を地盤中に混合して地盤を安定させる化学的な方法と締め固めたり圧密排水を促進させたり，低質な地盤を良質地盤材料と入れ替えたりする物理的な方法がある．

近年では，物理的な対策工法として**荷重軽減工法**の一つとして軽量土工法が使われるようになってきた．代表的なものは，発泡スチロールを地盤材料の代わりに使用するEPS（Expanded Polystyrene）**土木工法**がある．軽量土工法の他に新材料である**ジオシンセティックス**（化学合成土木資材）を使用した補強土工法も積極的に使われるようになった．

第8章 地盤改良

## 例　題

8.1 次に示す軟弱地盤対策工法とその対象となる地盤の組合せの正しいものはどれか．

| 工　法 | 対象地盤 |
|---|---|
| 1. プレローディング工法 | 砂質土地盤 |
| 2. サンドドレーン工法 | 粘性土地盤 |
| 3. サンドコンパクション工法 | 粘性土地盤 |
| 4. 真空圧密工法 | 砂質土地盤 |
| 5. ペーパードレーン工法 | 砂質土地盤 |

（解）　プレローディング工法とペーパードレーン工法，真空圧密工法は，圧密促進工法の一種であり，粘性土地盤を対象としたものである．サンドコンパクション工法は砂質土地盤を対象としたものである．したがって，正しい組合せは2である．　　　　　　　　　　　　　　　　　　　　　　　　　（正解2）

## チャレンジ

A.30 軟弱地盤対策工法に関する記述㋐〜㋓の正誤の組合せとして最も妥当なのはどれか． (H19国家Ⅱ種)

　㋐ 軽量盛土工法の一つにEPS工法がある．
　㋑ 深層混合処理工法は，固結による地盤改良工法に分類される．
　㋒ サンドコンパクションパイル工法は，補強による地盤改良工法に分類される．
　㋓ 地下水位低下工法の一つにプレローディング工法がある．

|  | ㋐ | ㋑ | ㋒ | ㋓ |
|---|---|---|---|---|
| 1. | 正 | 正 | 誤 | 誤 |

| | | | | |
|---|---|---|---|---|
| 2. | 正 | 誤 | 正 | 正 |
| 3. | 正 | 誤 | 正 | 誤 |
| 4. | 誤 | 正 | 正 | 誤 |
| 5. | 誤 | 正 | 誤 | 正 |

**B.10** ジオシンセティックスを使用した軟弱地盤対策工法に関する記述㋐〜㋓の正誤の組合せとして最も妥当なのはどれか.

　㋐　ジオシンセティックスは，軟弱地盤対策専用の材料として開発された.

　㋑　ジオシンセティックスは，シート状のものを軟弱地盤上に敷設して，軟弱土との付着力を利用して沈下を抑制する.

　㋒　ジオシンセティックスによる軟弱地盤対策は，即効性があるので積極的に採用するのが良い.

　㋓　ジオシンセティックスは，圧密促進工法のドレーン材として用いられることがある.

　　1.　㋐　と　㋑　　　2.　㋐　と　㋓　　　3.　㋑　と　㋒
　　4.　㋑　と　㋓　　　5.　㋒　と　㋓

# 9 地盤材料試験および地盤調査法

## 要　点

### (1) 地盤材料試験

建設工事に使用する地盤材料の物理的および力学的特性を把握するための手段として**地盤材料試験**がある．

土の基本的な状態量を把握する試験としては，土粒子の密度試験や含水比試験，**コンシステンシー限界試験**（液性限界試験，塑性限界試験），粒度試験，砂の最大・最小密度試験等があり，化学的な性質を把握する試験としては，pH試験や強熱減量試験等があり，力学的な性質を把握する試験としては，土の締固め試験やCBR試験，透水試験，圧密試験，一面せん断試験，一軸圧縮試験，三軸圧縮試験などがある．いずれも，室内で実施される試験で，これらの試験法は，JIS（日本工業規格・国家規格）やJGS（地盤工学会基準・団体基準）で規定されている．

力学的性質を把握する試験は，試料土の状態および試験時の条件を対象となる建設工事の種類や施工過程に合わせて検討を実施する必要がある．これは，実施工時に遭遇する条件と異なるとまったく異なった結果になることがあるので注意する必要がある．

### (2) 地盤調査法

**地盤調査**は，前述の地盤材料試験とは異なり，屋外（現場）で実施されるものが多い．また，建設工事の種類と地盤の状態によって，どの調査が必要か事前に検討する．

調査の手順としては，まず既往の資料に基づき地盤の成り立ちや特性の把握をして，調査予定地の現地踏査を行う．この2つの作業を予備調査と呼ぶ．

予備調査によって，以下に示す調査の中から，建設工事を安全かつ迅速に遂行するためには，どのような地盤情報が必要か検討をして調査法を選択する．

地盤調査の中で，よく使われるのがサウンディングである．動的な方法と静的な方法に分けることができる．動的なもので代表的なものは標準貫入試験である．静的なものでは**スウェーデン式サウンディング**がある．

**標準貫入試験**から得られた$N$値は，地盤の相対的な強さを推定するもので，軟弱地盤の判定にも使われる．一方，スウェーデン式サウンディングからは回転抵抗を求めることによって，粘土地盤では軟らかさの程度，砂質土地盤ではしまり具合を把握することができて，その結果より土の密度や強さを推定することができる．

## 例　題

**9.1** 次の地盤調査および地盤材料試験に関わる記述のうち，誤っているものの組合せとして妥当なのはどれか．

㋐　含水比試験，土粒子の密度試験などは物理的性質を求めるための試験である．

㋑　液性限界・塑性限界試験は，力学特性を把握するための試験である．

㋒　圧密試験やせん断試験は，力学特性を把握するための試験である．

㋓　強熱減量試験は，物理的性質を把握するための試験である．

1. ㋐　と　㋑
2. ㋐　と　㋓
3. ㋑　と　㋒
4. ㋑　と　㋓
5. ㋒　と　㋓

（解）

- ㋑ 液性限界・塑性限界試験は物理的性質を求める試験になる．
- ㋣ 強熱減量試験は，化学的性質を求める試験になる．　　　　（正解 4）

## チャレンジ

A.31 原位置試験や室内土質試験とそれから求められる値の組合せとして最も妥当なのはどれか． （H19 国家Ⅱ種）

原位置・室内土質試験　　　　　　求められる値

1. 粒度試験　————————湿潤密度
2. 締固め試験　————————$N$ 値
3. 三軸圧縮試験————————鋭敏比
4. 圧密試験　————————体積圧縮係数
5. 標準貫入試験————————CBR 値

A.32 土質について調査する項目とそのために実施する室内試験の組合せとして正しいのはどれか． （H11 国家Ⅱ種）

|  | 調査項目 | 室内試験 |
|---|---|---|
| 1. | 斜面の安定性 | 一軸圧縮試験 |
| 2. | 路盤材料の強さ | 透水試験 |
| 3. | クイックサンドの判定 | CBR 試験 |
| 4. | 沈下量 | 三軸圧縮試験 |
| 5. | 支持力 | 圧密試験 |

A.33 次の㋐，㋑，㋒は現場における土の強度を測定する試験方法の記述である．その試験名と試験法の組合せとして正しいのはどれか．

（H10 国家Ⅱ種）

㋐　四枚羽根を軸に取り付けた装置を，ボーリング孔底から鉛直に貫入させ，軸を回転させてトルクを測り，土の乱さない状態における非排水強さを求める．

㋑　100 kg のおもりを載せて地中に回転しながら貫入させ，一定回転数における貫入量から貫入抵抗を測定するものである．砂地盤や粘土地

盤にも適用でき，連続的な土層の構成を知ることができる．

㋒　ボーリング孔底を利用した原位置試験であり，63.5 kg のドロップハンマーを高さ 75 cm から落下させ，サンプラーを 30 cm 貫入させるのに必要な打撃数 $N$ を測定する．

|   | ㋐ | ㋑ | ㋒ |
|---|---|---|---|
| 1. | 標準貫入試験 | ベーンせん断試験 | スウェーデン式貫入試験 |
| 2. | スウェーデン式貫入試験 | 標準貫入試験 | ベーンせん断試験 |
| 3. | ベーンせん断試験 | スウェーデン式貫入試験 | 標準貫入試験 |
| 4. | ベーンせん断試験 | 標準貫入試験 | スウェーデン式貫入試験 |
| 5. | スウェーデン式貫入試験 | ベーンせん断試験 | 標準貫入試験 |

**B.11** 地盤調査を行う際の留意点として不適切なものはどれか．

1. 地盤は多種多様な土や岩から構成されていることを認識すること．
2. 地形・地質的な観点からの巨視的な評価の重要性を考慮すること．
3. 構造物の品質および経済性に及ぼす影響の大きさを認識すること．
4. 既往の実績や経験に基づく技術的判断および動態観測の重要性を十分認識すること．
5. 結果の判断をするときは，十分に主観を持って対応し，考慮すること．

# チャレンジ問題の解答

## 〈第Ⅰ編　水理学〉

**A.1** 1気圧は

工学単位　　$p = w \times h = 13.595^{\text{grf/cm}^3} \times 76^{\text{cm}} = 1033.22 \text{ grf/cm}^2 = 10.3322 \text{ tf/m}^2$

SI 単位　　$p = 10.3322^{\text{tf/m}^2} \times 9.8^{\text{m/sec}^2} = 101.26 \text{ tf·m/sec}^2/\text{m}^2 \approx 101.3 \text{ kN/m}^2$

$\hspace{20em}$(101.3 kPa, 1013 hPa)

**A.2** 海水密度　　$\rho = \dfrac{m}{V} = \dfrac{2.050}{2} = 1.025 \text{ kg}/l = 1025 \text{ kg/m}^3$

海水単位体積重量　　$w_0' = \rho \times g = 1025 \times 9.8 = 10045 \text{ N/m}^3 = 10.045 \text{ kN/m}^3$

淡水単位体積重量　　$w_0 = 9.8 \text{ kN/m}^3$

海水比重　　$\gamma = \dfrac{w_0'}{w_0} = \dfrac{10.045}{9.8} = 1.025$

**A.3** 門扉に働く全水圧 $P$ は

$$P = w_0 A H_G = 10^{\text{kN/m}^3} \times \left(2.5 \times \dfrac{3}{\sin 30}\right)^{\text{m}^2} \times (4 + 1.5)^{\text{m}} = 825 \text{ kN}$$

〔別解〕　水圧図　$P = \dfrac{1}{2} \times (40 + 70)^{\text{kN/m}^2} \times \dfrac{3^{\text{m}}}{\sin 30} \times 2.5^{\text{m}} = 825 \text{ kN}$

作用点の位置（斜辺距離門扉下端から）

$$y = \dfrac{1}{3} \times \dfrac{3^{\text{m}}}{\sin 30} \times \left(\dfrac{2 \times 40 + 70}{40 + 70}\right) = 2.73 \text{ m} \hspace{4em} \text{（正解 4）}$$

**A.4** 水門 A の水圧　　$F_A = \dfrac{1}{2} w_0 2h \cdot 2h = 2 w_0 h^2$

水門 B の水圧　　$F_B = \dfrac{1}{2} w_0 \cdot 2h \cdot 2h - \dfrac{1}{2} w_0 h \cdot h = \dfrac{3}{2} w_0 h^2$

水門 C の水圧　　$F_C' = \dfrac{1}{2} w_0 \cdot 2h \cdot \dfrac{2h}{\sin 60} - \dfrac{1}{2} w_0 \cdot h \cdot \dfrac{h}{\sin 60} = \dfrac{3}{2} w_0 \cdot \dfrac{h^2}{\sin 60}$

水門 C の水平成分水圧　　$F_C = F_C' \times \cos 30 = \dfrac{3}{2} w_0 h^2$

水門 D の水平成分水圧　　$F_D = \left(\dfrac{1}{2} w_0 \cdot \dfrac{h^2}{\sin 60}\right) \times \cos 30 = \dfrac{1}{2} w_0 h^2$

したがって，$F_A > F_B = F_C > F_D$. （正解 4）

**A.5** 全水圧 $P = \dfrac{1}{2} w_0 \cdot 3H \cdot 3H = 4.5 w_0 H^2 = 4.5 \rho g H^2$

作用位置 $Z = \dfrac{2}{3} \cdot 3H = 2H$ （水面から） （正解 2）

**A.6** 止水板左側液体圧 $P_1 = \dfrac{1}{2} \rho g \cdot 2H \cdot 2H = 2 \rho g H^2$

止水板右側液体圧 $P_2 = \dfrac{1}{2} \rho' g \cdot H \cdot H = \dfrac{1}{2} \rho' g H^2$

止水板安定（静止）条件 $\dfrac{2}{3} H \times P_1 = \dfrac{1}{3} H \times P_2$ より $\rho' = 8\rho$ （正解 5）

**A.7** 水平方向の全水圧 $P_x$ は

$$P_x = \dfrac{1}{2} \times 50^{\text{kN/m}^2} \times 5^{\text{m}} \times 2^{\text{m}} = 250 \text{ kN}$$

鉛直方向の全水圧 $P_y$ は

$$P_y = \left\{ \dfrac{\pi \times 20^2}{4} \times \dfrac{30}{360} - \dfrac{1}{2} \times 50 \times 10 \times \cos 30 \right\}^{\text{m}^2} \times 2^{\text{m}} \times 10^{\text{kN/m}^3} = 91 \text{ kN}$$

よって，合水圧 $P$ は

$$P = \sqrt{P_x^2 + P_y^2} = 266 \text{ kN}$$

合力 $P$ と水平方向の全水圧 $P_x$ のなす角 $\theta$ は

$$\tan \theta = \dfrac{P_y}{P_x} = \dfrac{91}{250} = 0.36$$ （正解 3）

**A.8** ケーソン全重量 $W$

$$W = \{(15 \times 30 \times 15) - (13 \times 27 \times 14)\}^{\text{m}^3} \times 2.4^{\text{tf/m}^3} = 4406.4^{\text{tf}}$$

ケーソンが受ける浮力 $F$

$$F = (30 \times 15 \times d) \times 1.02^{\text{tf/m}^3} = 459 d \quad \text{（ここで，} d：喫水\text{）}$$

$W = F$ から $\therefore d = 9.6 \text{ m}$

水面に出ている高さ乾舷 $h$ は，$h = 15 - 9.6 = 5.4 \text{ m}$ （正解 3）

**A.9** 水面の放物線の方程式は

$$h = \dfrac{\omega^2 R^2}{2g}$$

ここで，$h$：水面の高低差，$R$：円筒半径，$\omega$：角速度.

よって，半径 $R$ をそれぞれ $r$，$2r$，$3r$ と変化させ，上式に代入して高低差，つまり水深の増加分を求めると

$h_r : h_{2r} : h_{3r} = 1 : 4 : 9$ （正解 3）

**A.10** ベルヌーイの定理から

$$h = \frac{p_1}{w_0} - \frac{p_2}{w_0} = \frac{1}{2g}(V_2{}^2 - V_1{}^2)$$

円管部の面積 $A$，狭窄部の面積 $1/3A$ であるから，円管部流速 $V_1$ と狭窄部流速 $V_2$ の関係は

$$V_2 = 3V_1$$

以上より，円管部の流速 $V_1$ は

$$V_1 = \frac{\sqrt{gh}}{2}$$ （正解 1）

**A.11** 蛇口出口と蛇口下方距離 $y$ 点にベルヌーイの定理を適用すると

$$z_1 + \frac{p_1}{w_0} + \frac{V_1{}^2}{2g} + z_2 + \frac{p_2}{w_0} + \frac{V_2{}^2}{2g}$$

ここで，$V_1 = V_0$：蛇口流速，$V_2$：$y$ 地点の流速．
$y$ 地点を基準にすると $z_1 = y$，$z_2 = 0$，両位置とも大気圧 $p_1 = p_2 = 0$
よって，上式は

$$y + \frac{V_0{}^2}{2g} = \frac{V_2{}^2}{2g}$$

水の連続性から，$V_2 = \left(\frac{D_0}{D}\right)^2 V_0$

以上より，$D = D_0 \sqrt[4]{\dfrac{V_0{}^2}{2gy + V_0{}^2}} = D_0 \left(1 + \dfrac{2gy}{V_0{}^2}\right)^{-\frac{1}{4}}$ （正解 1）

**A.12** 断面 a, b にベルヌーイの定理を適用すると

$$\frac{\Delta p}{w_0} = \frac{p_B - p_A}{w_0} = \frac{1}{2g}(V_A{}^2 - V_B{}^2)$$

水の連続性より，$V_B = \dfrac{A}{B} V_A$．したがって

$$\Delta p = \frac{1}{2}\rho V_A{}^2 \left(1 - \frac{A^2}{B^2}\right) = \frac{1}{2}\rho V_A{}^2 \left(1 - \frac{1}{\left(\frac{B}{A}\right)^2}\right)$$

両管断面積比 $B/A$ は 1.0 で $\Delta p = 0$，$B/A$ が 0.5～1.0 間で圧力差 $\Delta p < 0$，$B/A$ が限りなく 0 に近づくと $\Delta p$ は $-\infty$ となる．したがって，$\Delta p \sim B/A$ の関係は $B/A = 0$ に漸近する曲線となる． （正解 2）

**A.13** 噴流が壁に衝突する力 $F_a$ は小孔の直径 $d$ とすると

$$F_a = \frac{w_0 Q}{g}(V_1 - V_2) = \frac{w_0 A}{g} V_1{}^2 = \frac{w_0 \pi d^2}{4g} V_1{}^2$$

トリチェリーの定理より，小孔からの流速を上式に代入すると

$$F_a = \frac{w_0 \pi d^2}{4g} \times (\sqrt{2gh})^2 = \frac{w_0 \pi d^2 h}{2}$$

小孔の直径を $2d$ にしたときの力 $F_b$ は

$$F_b = \frac{w_0 \pi d^2}{g} V_1{}^2 = \frac{w_0 \pi d^2}{g} \times (\sqrt{2gh})^2 = 2w_0 \pi d^2 h$$

小孔の直径を 2 倍にしたときの力 $F_b = 4F_a$ の関係にあり，さらに，水深を $2h$ にしたときの力 $F_c$ は

$$F_c = \frac{w_0 \pi d^2}{g} \times (\sqrt{4gh})^2 = 4w_0 \pi d^2 h$$

水深を 2 倍にしたときの力 $F_c = 2F_b$ の関係にある． (正解 4)

**A.14** トリチェリーの定理により，水槽出口からの噴流速度 $V$ は

$$V = \sqrt{2gh}$$

① 平板に衝突する力 $F_1$

$$F_1 = \frac{w_0 A}{g} V^2 = \frac{w_0}{g} \times \frac{\pi d^2}{4} \times (\sqrt{2gh})^2 = \frac{\rho g \pi d^2 h}{2}$$

② 平板を 60° 傾けたときの衝突する力 $F_2$ は，壁面に垂直方向の運動量方程式を立てると

$$F_2 = \frac{w_0 A}{g} V \cdot V \sin 30 = \frac{w_0}{g} \times \frac{\pi d^2}{4} \times (\sqrt{2gh})^2 \times \frac{1}{2} = \frac{\rho g \pi d^2 h}{4}$$

したがって，$F_2 = \frac{1}{2} F_1$ (正解 1)

**A.15** 管出口流速を $V_0$ とし，水の連続性より

$$\frac{V_0}{V} = \left(\frac{D}{D/3}\right)^2 \quad \therefore \quad V_0 = 9V$$

断面 I と管出口とにベルヌーイの定理を適用すると

$$\frac{p}{w_0} = \frac{V_0{}^2}{2g} - \frac{V^2}{2g} = \frac{1}{2g}(81V^2 - V^2) = \frac{40}{g} V^2$$

$$p = \frac{40V^2}{g} \times \rho g = 40 \rho V^2$$

断面 I と管出口間の管中心方向に沿った運動量の方程式を用いる．

$$pA - F = \frac{w_0 Q}{g}(V_0 - V) = \frac{w_0 A}{g} V(9V - V)$$

$$F = 40\rho V^2 \times \frac{\pi D^2}{4} - \frac{\rho D^2}{4} \times 8V^2 = 8\rho \pi D^2 V^2 \qquad \text{(正解 2)}$$

**A.16** 管末端からの出口流速 $V$ はトリチェリーの定理より

$$V = \sqrt{2gh} = \sqrt{2 \times 10 \times 20} = 20 \text{ m/sec}$$

出口の流量 $Q$ は流量係数 $c=1$ として

$$Q = cAV = \frac{\pi \times 1^2}{4} \times 20 = 15.71 \text{ m}^3/\text{sec} \qquad \text{(正解 3)}$$

**A.17** 孔口 A からの流出速度 $V_A$ は, $V_A = \sqrt{\dfrac{2gH}{3}}$

孔口 A から流出した水が底面に達するまでの時間 $t_A$ は

$$\frac{2}{3}H = \frac{1}{2}gt_A^2 \quad \therefore \quad t_A = \sqrt{\frac{4H}{3g}}$$

したがって, 底面に到達する水平距離 $L_A$ は

$$L_A = V_A \times t_A = \frac{2\sqrt{2}}{3}H$$

同様に, 孔口 B からの流出速度 $V_B$ は, $V_B = \sqrt{\dfrac{4gH}{3}}$

孔口 A から流出した水が底面に達するまでの時間 $t_A$ は

$$\frac{1}{3}H = \frac{1}{2}gt_B^2 \quad \therefore \quad t_B = \sqrt{\frac{2H}{3g}}$$

底面に到達する水平距離 $L_B$ は

$$L_B = V_B \times t_B = \frac{2\sqrt{2}}{3}H \qquad \text{(正解 3)}$$

**A.18** 管の摩擦損失水頭 $h_f$ を表す式は, ワイスバッハ式により

$$h_f = f \times \frac{L}{D} \times \frac{V^2}{2g}$$

ここで, $f$:摩擦損失係数, $D$:管径, $L$:管長, $V$:流速, $g$:重力加速度. いま, 円管(満水)を流れる管径 $D$ と径深 $R$ との関係は

$$R = \frac{A}{S} = \frac{\pi D^2/4}{\pi D} = \frac{D}{4}$$

よって, 摩擦損失水頭式は次のように表すことができる.

$$h_f = f \times \frac{L}{4R} \times \frac{V^2}{2g}$$

したがって, 摩擦損失水頭は, 管長 $L$, 速度水頭 $V^2/2g$ に比例し, 管径 $D$,

径深 $R$ に反比例する． (正解 2)

**A.19** 水位差 $H$ は

$$H = h_L = f_L \frac{V^2}{2g} \quad \therefore \quad f_L = \frac{2gH}{V^2}$$

ここで，$f_L$ は各種損失係数等の総和

$$f_L = \frac{2 \times 10 \times 8}{4^2} = 10$$

したがって，水位差 $H = 2^m$ のときの管内流速は

$$V = \sqrt{\frac{2 \times 10 \times 2}{10}} = 2 \text{ m/sec} \quad \text{(正解 3)}$$

**A.20** 両管の摩擦抵抗，すなわち A，B 間の圧力差はどちらの管も同じであるから

$$f_1 \frac{l_1}{D_1} \frac{V_1^2}{2g} = f_2 \frac{l_2}{D_2} \frac{V_2^2}{2g} \quad \therefore \quad V_1 = \sqrt{\frac{f_2 l_2 D_1}{f_1 l_1 D_2}} V_2$$

したがって

$$\frac{Q_1}{Q_2} = \frac{\frac{\pi D_1^2}{4} V_1}{\frac{\pi D_2^2}{4} V_2} = \sqrt{\frac{f_2 l_2 D_1}{f_1 l_1 D_2}} \times \frac{D_1^2}{D_2^2} = \sqrt{\frac{f_2 l_2}{f_1 l_1}} \times \left(\frac{D_1}{D_2}\right)^{\frac{5}{2}} \quad \text{(正解 3)}$$

**A.21** 管の急拡損失係数 $f_e$ は

$$f_e = \left(1 - \frac{A_1}{A_2}\right)^2 = \left(1 - \frac{Q/3V}{Q/V}\right)^2 = \frac{4}{9}$$

ここで，$A_1$：急拡前の管断面積，$A_2$：急拡管断面積．

急拡損失水頭 $h_e$ は

$$h_e = f_e \frac{V_1^2}{2g} = \frac{4}{9} \times \frac{(3V)^2}{2g} = \frac{2V^2}{g} \quad \text{(正解 4)}$$

**A.22** 一般に管水路および開水路の等流における平均流速を求める場合，マニングの式を使用する．

$$V = \frac{1}{n} \times R^{\frac{2}{3}} \times I^{\frac{1}{2}}$$

ここで，$n$：粗度係数（今回の条件，$n = 0.03 \sim 0.04$），$R$：径深，$I$：エネルギー勾配． (正解 3)

**A.23** 満水管 $(H = D)$ の場合の流積 $A_1$，径深 $R_1$，流速 $V_1$，流量 $Q_1$ とする．

径深比 $(R/R_1)$ は水深の増加とともに大きくなり，水深が管径の約 8 割でピークに達し，満水になるまで減少していく．これは，流積の増加率よりも潤

辺の増加率に影響するものである．(径深 $R$ = 流積 $A$ / 潤辺 $S$)
マニングの平均流速公式を用いた流量 $Q$ は

$$Q = A \times \frac{1}{n} \times \left(\frac{A}{S}\right)^{\frac{2}{3}} I^{\frac{1}{2}}$$

流量 $(Q/Q_1)$ が最大になる水深比 $(H/D)$ は 0.94 付近にあり，満水のときではない．これも径深の影響による．

水理特性曲線は水深が特定できれば，流速，流量が求められ，さらに，最大流速，最大流量をもつ水深も特定することができる． (正解 5)

**A.24** 一定流水断面積 $A$ の下で，流量が最大となるような断面は，この場合，三角形断面の潤辺を最小にするような断面である．

水深 $h$ とすると，流積 $A$，および潤辺 $S$ は

$$A = \frac{1}{2} \times 2mh \times h = mh^2$$

$$S = 2\sqrt{1+m^2}\, h = 2\sqrt{1+m^2} \times \sqrt{\frac{A}{m}} = 2\sqrt{A\left(\frac{1}{m}+m\right)}$$

潤辺 $S$ を最小にするためには，上式 $f_{(m)} = m + (1/m)$ が最小のときであり，したがって

$$f_{(m)}' = \frac{-1}{m^2} + 1 = 0 \quad \therefore \quad m = 1$$

(正解 3)

**A.25** 射流から常流になる現象に跳水がある．このときの射流水深 $h_1$，常流水深 $h_2$ には対応関係にあり，共役水深と呼ばれている．(解図 A.25 参照)

それぞれの比エネルギー $E_1$, $E_2$ とすると

$$E_1 = \frac{V_1^2}{2g} + h_1, \quad E_2 = \frac{V_2^2}{2g} + h_2$$

その差 $\Delta E$ は

$$\Delta E = \frac{V_1^2}{2g}\left\{1 - \left(\frac{h_1}{h_2}\right)^2\right\} + (h_1 - h_2)$$

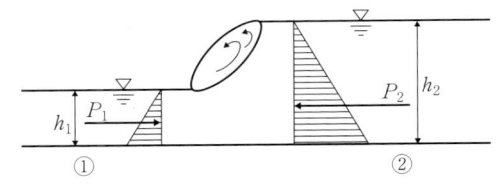

**解図 A.25** 対応水深

次に，跳水前後の検査面領域で運動量方程式を適用すると

$$P_1-P_2=\frac{w_0 q}{g}(V_2-V_1)=\rho q(V_2-V_1)$$

ここで，$P_1$, $P_2$ は静水圧，$q$ は単位幅の流量，$q=h_1 V_1=h_2 V_2$ より

$$\frac{\rho g}{2}(h_1{}^2-h_2{}^2)=\rho q^2\left(\frac{1}{h_2}-\frac{1}{h_1}\right)$$

$$\therefore\quad V_1{}^2=\frac{g}{2}\left(\frac{h_2}{h_1}\right)\cdot(h_1+h_2)$$

$V_1{}^2$ を $\varDelta E$ に代入して，整理すると

$$\varDelta E=\frac{(h_2-h_1)^3}{4h_1 h_2}>0 \tag{正解 1}$$

**A.26** 水路の流れは一般的に常流→限界流→射流→跳水→常流へと遷移していく．したがって

　　　　常流水深＞限界水深＞射流水深

　　　　射流勾配＞限界勾配＞常流勾配　　　　　　　　　　　　　　　　（正解 5）

**A.27** 前々問の跳水前の流速 $V_1$ は

$$\therefore\quad V_1{}^2=\frac{g}{2}\left(\frac{h_2}{h_1}\right)\cdot(h_1+h_2)$$

両辺に $2/(gh_1)$ を掛けて整理すると

$$\left(\frac{h_2}{h_1}\right)^2+\left(\frac{h_2}{h_1}\right)-2\left(\frac{V_1{}^2}{gh_1}\right)=0$$

フルード数 $F_1$ は，$F_{r1}=\dfrac{V_1}{\sqrt{gh_1}}$

上 2 式より

$$\left(\frac{h_2}{h_1}\right)^2+\left(\frac{h_2}{h_1}\right)-2F_{r1}{}^2=0$$

2 次方程式の解より，正の実根として

$$\frac{h_2}{h_1}=\frac{1}{2}(-1+\sqrt{1+8F_{r1}{}^2})\quad 同様に\quad \frac{h_1}{h_2}=\frac{1}{2}(-1+\sqrt{1+8F_{r2}{}^2})$$

したがって，本問は

$$\frac{h_2}{0.6}=\frac{1}{2}\left(-1+\sqrt{1+8\times\left(\frac{6}{\sqrt{10\times 0.6}}\right)^2}\right)=3$$

$$\therefore\quad h_2=3\times 0.6=1.8\ \mathrm{m} \tag{正解 5}$$

**A.28** この流れは全域にわたって常流であるから，常流の水路勾配は限界勾配より

緩やかである（$i<i_c$）．したがって，常流の領域は①，②である．③は射流領域となる．等流の水深 $h_0$，マニングの流速公式を適用して単位幅流量 $q$ を求めると

$$q = h_0 \cdot \frac{1}{n} R^{\frac{2}{3}} i_0^{\frac{1}{2}}$$

いま，広長方形断面水路（$h_0 \ll b$）とすると，$R \doteqdot h_0$ とおくことができる．
したがって，水路勾配 $i_0$ は

$$i_0 = \frac{n^2 q^2}{h_0^{\frac{10}{3}}}$$

上式より，等流水深 $h_0$ が深くなると，水路勾配 $i_0$ が小さく，緩やかになり，等流水深 $h_0$ が浅くなると，水路勾配 $i_0$ が大きく，急になる．

（正解 2）

A.29 水の連続性から　$Q = Bhv$
ベルヌーイの定理から比エネルギー $E$ は

$$E = \frac{v^2}{2g} + h$$

それぞれ流下方向（$x$ 軸）に微分すると

$$\frac{dQ}{dx} = Bh\frac{dv}{dx} + Bv\frac{dh}{dx} + hv\frac{dB}{dx} = 0$$

$$\frac{dE}{dx} = \frac{v}{g}\frac{dv}{dx} + \frac{dh}{dx} = 0$$

上式より $dv/dx$ を消去すると，次式を導くことができる．

$$\frac{dh}{dx} = \frac{F_r^2}{1-F_r^2} \cdot \frac{h}{B} \cdot \frac{dB}{dx}$$

ここで，$F_r$：フルード数，$B$：水路幅，$h$：水深．
これによって，流れが常流では（$F_r<1$），$dh/dx$ と $dB/dx$ は正符号，したがって，水路幅が拡大すると（$dB/dx>0$），水深が深くなり（$dh/dx>0$），逆に水路幅が縮小すれば（$dB/dx<0$），水深は浅くなるのである（$dh/dx<0$）．射流のときは（$F_r>1$）は，$dh/dx$ と $dB/dx$ は異符号となり，水路幅が拡大すると（$dB/dx>0$），逆に水深は浅くなるのである（$dh/dx<0$）．　（正解 2）

A.30 水と壁面，および水の各層間に働く力は，全体として水の流れに対する抵抗となり摩擦力（せん断力）が働くことになる．このせん断力 $\tau$ は，粘性の大きさに影響され，速度の変化率に比例し，次式で示される．

$$\tau = \mu \frac{du}{dy}, \quad \text{ここで,} \quad \mu:\text{粘性係数}$$

層流の流速式を上式に代入して整理すると，せん断力 $\tau$ は

$$\tau = \mu \frac{gI}{\nu}(h-y)$$

$$\therefore \quad y = \frac{-\nu}{\mu gI}\tau + h$$

任意点 $y$ はせん断力 $\tau$ との1次関数の関係となる．

水路床に働くせん断力（掃流力）$\tau_0$ は，任意の区間の水の重さを $W$，水路勾配 $\theta$ とすると，$i = \tan\theta \fallingdotseq \sin\theta$ より

$$\tau_0 = W\sin\theta = w_0 h\sin\theta \fallingdotseq \rho ghI \tag{正解 3}$$

**A.31** 流量 $Q = 1\times 10^{-8}\,\text{m}^3/\text{sec} = 1\times 10^{-2}\,\text{cm}^3/\text{sec} = 10\,\text{mm}^3/\text{sec}$

したがって，透水係数 $k = \dfrac{Ql}{Ah} = \dfrac{10}{400}\times 10 = 0.25\,\text{mm/sec}$

平均流速 $v = kI = 0.25 \times \dfrac{1}{10} = 0.025\,\text{mm/sec} = 2.5\times 10^{-3}\,\text{cm/sec}$

水の動粘性係数 $\nu = 0.01\,\text{cm}^2/\text{sec}$ とし，砂の大きさに基づくレイノルズ数 $R_e$ を求めると

$$R_e = \frac{vd}{\nu} = \frac{2.5\times 10^{-3}\times 0.03}{0.01} = 7.5\times 10^{-3} < 1\sim 10$$

$R_e < 1$ なのでダルシーの法則は成立し，試験法も妥当といえる． （正解 2）

**A.32** 粘性力を卓越する現象はレイノルズ相似則を適用することになるから

$$\frac{V_m \times L_m}{\nu_m} = \frac{V_p \times L_p}{\nu_p}$$

よって，$\dfrac{V_m}{V_p} = \dfrac{\nu_m}{\nu_p} \times \dfrac{L_p}{L_m} = \dfrac{\nu_m}{\nu_p} \times \lambda^{-1}$

ここで，$\nu$：動粘性係数，$\lambda = L_m/L_p$：縮尺比． （正解 2）

**B.1** （解図 B.1 参照）

液層 A 全水圧 $P_1 = \dfrac{1}{2}\rho g h_1{}^2 = \dfrac{1}{2}\rho g$

液層 B 全水圧 $P_2 = \dfrac{1}{2}(p_1 + p_2)\cdot h_2$

$\qquad\qquad\qquad = \dfrac{1}{2}(\rho g h_1 + 4\rho g h_2)\cdot h_2 = \dfrac{5}{2}\rho g$

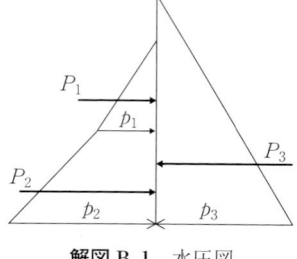

**解図 B.1** 水圧図

第 I 編　水　理　学

液層 C 全水圧　$P_3 = \frac{1}{2} \cdot 2\rho g h_3{}^2 = \rho g h_3{}^2$

$P_1 + P_2 = P_3$ から，$\rho g h_3{}^2 = 3\rho g$　∴　$h_3 = \sqrt{3}$ m　　　　（正解 2）

B.2　活荷重を含めたポンツーンの全重量
$$W = 20000^{kN} + 40^m \times 20^m \times 5^{kN/m^2} = 24000 \text{ kN}$$

喫水高　$d = \dfrac{24000^{kN}}{40^m \times 20^m \times 10^{kN/m^3}} = 3$ m

重心高　$\overline{OG} = \dfrac{20000^{kN} \times 1.6^m + 4000^{kN} \times 4^m}{24000^{kN}} = 2$ m

浮心高　$\overline{OC} = d/2 = 1.5$ m

重心〜浮心高　$\overline{GC} = \overline{OG} - \overline{OC} = 0.5$ m

傾心〜浮心高　$\overline{MC} = \dfrac{I}{V'} = \dfrac{40 \times 20^3/12}{2400} = \dfrac{100}{9} = 11.11$ m

ここで，$V'$：喫水体積，$I$：水平断面の横揺れ方向（長軸方向）に関する断面二次モーメント．

傾心〜重心高　$\overline{MG} = \overline{MC} - \overline{GC} = 10.61$ m $> 0$（安定）　　　　（正解 3）

B.3　（解図 B.3 参照）
角柱容器が斜面自由落下しているときの加速度 $a$ は
$$a = g \sin \theta$$
水平方向の力（慣性力）成分 $F$ は
$$F = a \cos \theta = g \sin \theta \cos \theta$$
鉛直方向の力成分は
$$W = g - a \sin \theta = g - g \sin^2 \theta$$
したがって，水平に対する水面の傾き $\alpha$ は
$$\tan \alpha = \frac{F}{W} = \frac{g \sin \theta \cos \theta}{g \cos^2 \theta} = \tan \theta \qquad （正解 5）$$

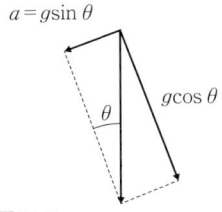

解図 B.3

B.4　水の連続性より
$$d_1{}^2 V_1 = d_2{}^2 V_2 = d_3{}^2 V_3$$
断面Ⅱ，断面Ⅲとにベルヌーイの定理を適用すると
$$\frac{p_2}{\rho g} + \frac{V_2{}^2}{2g} = \frac{V_3{}^2}{2g}，\text{ ここで，} \rho：\text{管内の流体密度}$$
水槽水面と断面Ⅱにベルヌーイの定理を適用すると

$\dfrac{p_2}{\rho_1 g} = -h$，ここで，$\rho_1$：水槽内の液体密度

管内の密度と水槽の液体密度が等しいから $(\rho = \rho_1)$，上式を整理すると

$$d_2 = \dfrac{d_3}{\left\{1 + \dfrac{2gh}{V_3{}^2}\left(\dfrac{\rho_1}{\rho}\right)\right\}^{\frac{1}{4}}} = \dfrac{d_3}{\left(1 + \dfrac{2gh}{V_3{}^2}\right)^{\frac{1}{4}}} \qquad \text{(正解 3)}$$

**B.5** (1)，(2) の出口流速は，密度に関係なくトリチェリーの定理より

$$V_1 = V_2 = \sqrt{2gH}$$

(3) の出口の流速は，液体境界面と出口とにベルヌーイの定理を適用すると

$$H - h + \dfrac{p_1}{w_0} = \dfrac{V_3{}^2}{2g}, \quad \text{ここで } p_1 = \rho_1 gh,\ w_0 = \rho_2 g$$

したがって

$$V_3 = \sqrt{2g\left(H - \left(1 - \dfrac{\rho_1}{\rho_2}\right)h\right)}$$

(4) の出口の流速は同様に

$$V_4 = \sqrt{2g\left(H - \left(1 - \dfrac{\rho_2}{\rho_1}\right)h\right)}$$

以上，$\rho_2 > \rho_1$ より $V_4 > V_1 = V_2 > V_3$ （正解 5）

**B.6** 大気圧上で水平ジェットが平板に衝突して分岐しているので，ベルヌーイの定理によって，$V_1 = V_2 = V_3$

解図 B.6 より，$Q_1 = Q_2 + Q_3$

平板に直角な力 $F$ が作用し，$X$，$Y$ 軸に沿って運動量の法則を適用すると，$X$ 軸方向は

$$\dfrac{w_0 Q_2}{g} V_2 - \dfrac{w_0 Q_3}{g} V_3 - \dfrac{w_0 Q_1}{g} V_1 \cos\theta = 0$$

$$\rho Q_2 V_2 - \rho Q_3 V_3 - \rho Q_1 V_1 \cos\theta = 0$$

$Y$ 軸方向は $F - \rho Q_1 V_1 \cos\theta = 0$

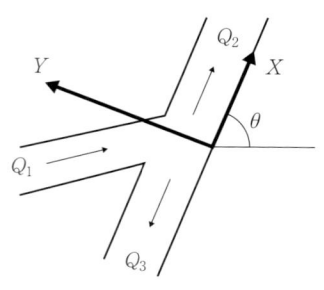

したがって，$X$ 軸方向の成分のみ考えると

$$Q_2 - Q_3 - Q_1 \cos\theta = 0$$

$$Q_2 - Q_3 - (Q_2 + Q_3)\cos\theta = 0$$

**解図 B.6**

$$\frac{Q_2}{Q_3} = \frac{1+\cos\theta}{1-\cos\theta} \qquad \text{(正解1)}$$

**B.7** 孔口が大きくなると水槽水面の低下速度がある程度速くなり，孔口からの流出速度に大きく影響を与える．このような，水平断面全体の水面低下速度を接近流速という．

接近流速を $V_A$，孔口からの流速を $V_a$，水面と孔口の距離を $h$ とし，水槽の水面と孔口にベルヌーイの定理を適用すると

$$h + \frac{V_A{}^2}{2g} = \frac{V_a{}^2}{2g}$$

水の連続性より

$$A \cdot V_A = a \cdot V_a \qquad \therefore \quad V_A = (a/A) \cdot V_a$$

以上より

$$h + \frac{1}{2g}\left(\frac{a}{A}\right)^2 V_a{}^2 = \frac{V_a{}^2}{2g} \qquad \therefore \quad V_a = \sqrt{2gh} \cdot \left(1 - \left(\frac{a}{A}\right)^2\right)^{-\frac{1}{2}}$$

$a \ll A$ の関係から，近似式を利用して

$$V_a = \sqrt{2gh} \cdot \left(1 + \frac{1}{2}\left(\frac{a}{A}\right)^2\right)$$

接近流速を無視したときの孔口から流出速度 $V = \sqrt{2gh}$，計算の誤差が2%以内なので

$$\frac{1}{2}\left(\frac{a}{A}\right)^2 < 0.02 \qquad \therefore \quad \frac{a}{A} < 0.2 \qquad \text{(正解2)}$$

**B.8** 水槽水面，C点にベルヌーイの定理を適用すると

$$H = \frac{V^2}{2g}\left(f_i + f_b + f_0 + f\frac{l_{AB} + l_{BC}}{D}\right)$$

$$\therefore \quad V = \sqrt{\frac{2gH}{f_i + f_b + f_0 + f\frac{l_{AB} + l_{BC}}{D}}}$$

ここで，$f_i$ は入口損失係数，$f_b$ は曲がり損失係数，$f_0$ は出口損失係数（出口開放端の場合は無視），$f$ は摩擦損失係数．

水槽水面，B点曲がり直後にベルヌーイの定理を適用すると

$$0 = h + \frac{p_B}{w_0} + \left(\alpha + f_i + f_b + f\frac{l_{AB}}{D}\right)\frac{V^2}{2g}$$

ここで，$\alpha$ は管内流速分布が一様でないため補正するエネルギー係数と呼ばれ，一般には1.1とするが，簡単のために1.0とする．

したがって，B 点の圧力水頭は管内流速 $V$ を上式に代入して整理する

$$\frac{p_B}{w_0} = -h - \frac{\alpha + f_i + f_b + f(l_{AB}/D)}{f_i + f_b + f_0 + f(l_{AB}+l_{BC})/D} H$$

サイホンが成立するためには，理論的には $p_B \geqq -10.33^{\mathrm{m}}$ となるが，実用的には B 点の負圧 $p_B/w_0 \geqq -8\,\mathrm{m}$ でなければならない．つまり，$p_B/w_0 = -8\,\mathrm{m}$ で空洞現象（キャビテーション）が発生し，流れが遮断される．よって $h$，$H$ の最大値は

$$h_{\max} = 8 - \frac{\alpha + f_i + f_b + f(l_{AB}/D)}{f_i + f_b + f_0 + f(l_{AB}+l_{BC})/D} H$$

$$H_{\max} = \frac{f_i + f_b + f_0 + f(l_{AB}+l_{BC})/D}{\alpha + f_i + f_b + f(l_{AB}/D)} (8-h)$$

本問における $h_{\max}$ は，摩擦以外の全ての損失を無視するので

$$h_{\max} = 8 - \frac{1 + 0.04 \times (60/0.3)}{0.04 \times (60+120)/0.3} \times 10 = 4.25\,\mathrm{m}$$

（正解 3）

**B.9** 一定断面積 $A$ を流れる長方形断面の流量 $Q$ より，水路床勾配 $I$ は

$$Q = A \times \frac{1}{n} \times R^{\frac{2}{3}} \times I^{\frac{1}{2}} \quad \therefore \quad I = \frac{n^2 Q^2}{A^2 \cdot R^{\frac{4}{3}}}$$

水路床勾配を最小にするためには径深 $R$ を最大にするとよい．つまり，水理上，有利な長方形断面形状となる．水路の幅 $b$，水深 $h$ とすると，その関係と潤辺 $S$ および水深 $h$ は

$$b = 2h, \quad A = 2h^2 \quad \therefore \quad S = 4h, \quad h = \sqrt{\frac{A}{2}}$$

以上より，水路勾配 $I$ は

$$I = \frac{n^2 Q^2}{A^2 \cdot \left(\frac{A}{4h}\right)^{\frac{4}{3}}} = \frac{n^2 Q^2}{A^2 \cdot \left(\frac{A}{8}\right)^{\frac{2}{3}}} = \frac{4 n^2 Q^2}{A^{\frac{8}{3}}}$$

（正解 1）

**B.10** 状態 A におけるゲートからの流出水深 $h$ は状態 B の限界水深 $h_c$ までは，射流である．ゲートの前後で比エネルギーは保存され，比エネルギーを一定と考えるならば，図 10.3 の $h \sim Q$ 曲線からゲートをさらに開けていくと，流出水深は増加し流量も増加してくる．そして，流出水深がちょうど限界水深に到達したとき，流量は最大になる．ゲートを限界水深以上に開けても水深は増加せず定常状態になり，ゲートは水面より上がると流量制御ができない．したがって，比エネルギー $E$ を一定とした場合，次式のような流量と

水深の関係となる．
$$Q = bh\sqrt{2g(E-h)}$$
状態 B において，流量が最大となり，そのときの水深が限界水深となる．

(正解 5)

**B.11** 広幅長方形断面水路における不等流の水面形は，次の基礎式より求める．
$$\frac{dh}{dx} = i\frac{h^3 - h_0^3}{h^3 - h_c^3}$$

緩勾配 $(i < i_c)$

$h > h_0 > h_c$ …常流，せき上げ背水曲線，$dh/dx > 0$，$M_1$ 曲線（上流に向かって $h = h_0$ に漸近，下流に向かって $h$ が増加）

$h_0 > h > h_c$ …常流，低下背水曲線，$dh/dx < 0$，$M_2$ 曲線（上流に向かって $h = h_0$ に漸近，下流に向かって $h$ が低下して $h = h_c$）

$h_0 > h_c > h$ …射流（跳水直前），$dh/dx > 0$，$M_3$ 曲線（下流に向かって $h$ が増加して $h = h_c$ となる）

急勾配 $(i > i_c)$

$h > h_c > h_0$ …常流（跳水後），$dh/dx > 0$，$S_1$ 曲線（$h = h_c$ から下流に向かって $h$ が増加）

$h_c > h > h_0$ …射流，低下背水曲線，$dh/dx < 0$，$S_2$ 曲線（$h = h_c$ から下流に向かって $h$ が低下して $h = h_0$ に漸近）

$h_c > h_0 > h$ …射流，$dh/dx > 0$，$S_3$ 曲線（下流に向かって $h$ が増加し $h = h_0$ に漸近），開度の低いゲートから放出後の水面形

水平床 $(i = 0)$

この場合，等流水深 $h_0$ は無限大となり，$h > h_0$ はあり得ない．したがって，$H_1$ 曲線は存在しないが，限界水深は存在するため，次のような水面形が現れる．$h > h_c$ のときは $(dh/dx < 0)$，下流に向かって $h$ が低下して $h = h_c$ となる水面形（$H_2$ 曲線），$h < h_c$ のときは $(dh/dx > 0)$，下流に向かって $h$ が増加して $h = h_c$ となる水面形（$H_3$ 曲線）．前者は段落部に向かう流れなどに見られ，後者は限界水深以下のゲートの下端から流出する水面形である．

逆勾配 $(i < 0)$

この場合も等流水深は存在せず，$h > h_c$ のときは $(dh/dx < 0)$，下流に向か

ってhが低下して$h=h_c$となる水面形（$A_2$曲線），$h<h_c$のときは$(dh/dx>0)$，下流に向かってhが増加して$h=h_c$となる水面形（$A_3$曲線）．このような水面形はまれである．

限界勾配 $(i=i_c)$

$h_0=h_c$のため，hに関係なく$dh/dx=i$となる．つまり，$h_0=h_c$の場合を除いて水面形は水平となる．（$C_1$，$C_3$曲線）

したがって，1は$M_1$曲線，2は$S_2$曲線，3は$C_3$曲線，4は$H_3$曲線，5は$A_2$曲線をそれぞれ示すが，妥当な曲線は$S_2$曲線の2番である．

(正解 2)

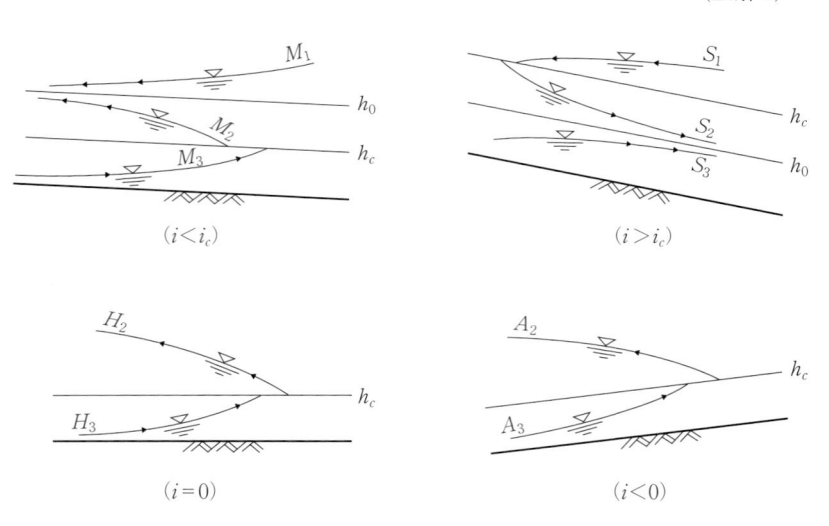

**解図 B.11**

## 〈第Ⅱ編　構造力学〉

**A.1** 設問の構造物は

図Ⅰは，ゲルバー梁で，$N=R-3-j=5-3-2=0$（静定構造）

図Ⅱは，片持ち形式で，$N=R-3-j=3-3-0=0$（静定構造）

図Ⅲは，固定端で，$N=R-3-j=6-3-2=1$（1次の不静定構造）

図Ⅳは，$N=R-3-j=5-3-1=1$（1次の不静定構造）　　　（正解 1）

**A.2** 図Aは，一端固定，他端可動梁で，$N=R-3-j=4-3-0=1$

（1次の不静定構造）

図Bは，ゲルバー梁で，$N=R-3-j=5-3-2=0$（静定構造）

図Cは，固定アーチで，$N=R-3-j=6-3-0=3$（3次の不静定構造）

（正解 2）

**A.3** 単純梁に等変分布（三角形）荷重が作用したせん断力図は2次曲線に，曲げモーメント図は3次曲線になる．問題は最大曲げモーメントを求めるもので，先ず反力を計算してせん断力が0となる位置から計算することになる．

(1)　せん断力0の位置をB支点から求める．（解図 A.3（1））

$$R_B = \frac{1}{L}\left\{\left(\frac{1}{2}wL \times \frac{L}{3}\right)\right\} = \frac{1}{6}wL$$

$$S_x = -R_B + \left(\frac{1}{2} \times \frac{w}{L}x \times x\right) = -\frac{1}{6}wL + \frac{w}{2L}x^2$$

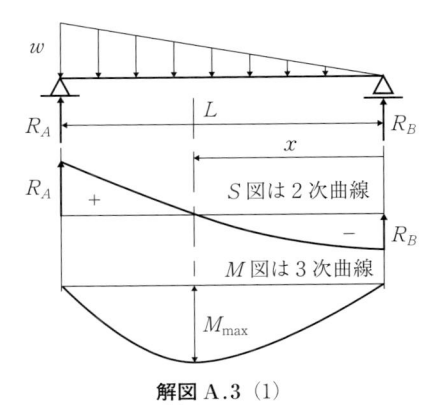

**解図 A.3（1）**

∴ $S_x=0$ より $x=\frac{\sqrt{3}}{3}L$ （B 支点より）が得られる．

(2) 最大曲げモーメント（$M_{max}$）（解図 A.3 (2)）

曲げモーメントを右側（B 支点）から計算するので，図から左回転は正（＋），右回転は負（－）となる．

$$M_{max} = R_B \times x - P \times \frac{x}{3} = \frac{1}{6}wLx - \left(\frac{1}{2} \times \frac{w}{L}x \times x\right) \times \frac{x}{3}$$

$$= \frac{1}{6}wLx - \frac{w}{6L}x^3 = \frac{1}{6}wL\left(\frac{\sqrt{3}}{3}L\right) - \frac{w}{6L}\left(\frac{\sqrt{3}}{3}L\right)^3$$

$$= \frac{\sqrt{3}}{27}wL^2$$

が得られる．また，次の関係式を利用して計算してもよい．

$$S_x = \int w_x dx = \int \left(\frac{w}{L}x\right)dx = \frac{w}{2L}x^2 + c_1$$

ここに，積分定数 $c_1$ は，$S_{x=0} = -R_B = -\frac{w}{6}L$ より，$c_1 = -\frac{w}{6}L$ となる．
B 支点から曲げモーメントを計算すると

$$M_x = \int -S_x dx = \int -\left(\frac{w}{2L}x^2 - \frac{w}{6}L\right)dx = -\frac{w}{6L}x^3 + \frac{1}{6}wLx + c_2$$

ここに，積分定数 $c_2$ は，$x=0$ のとき，$M_x=0$ で $c_2=0$ となる．上式と同様の結果が得られる． （正解3）

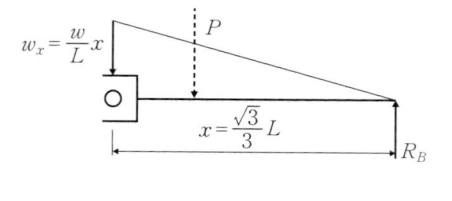

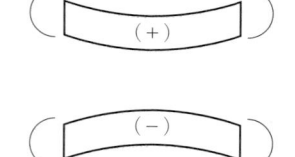

**解図 A.3** (2) 曲げモーメントの正と負

第Ⅱ編 構造力学　221

A.4　設問は張出し梁のC端に左回転のモーメント荷重が作用している．曲げモーメントの正負を間違えないように左端Cより計算する．（解図A.4）

(1)　反力 $(R_A, R_B)$

$\sum M_B = -M_1 + R_A \times l = 0$

$\sum V = R_A + R_B = 0$　より

$R_A = \dfrac{M_1}{l}$（上向き）　また，$R_B = -\dfrac{M_1}{l}$（下向き）

(2)　曲げモーメント $(M)$

$M_C = -M_1$

左端Cより $x$ の距離の曲げモーメント $(M_x)$ は

$M_x = \dfrac{M_1}{l}(x - a - l)$

$M_B = 0$

（正解 4）

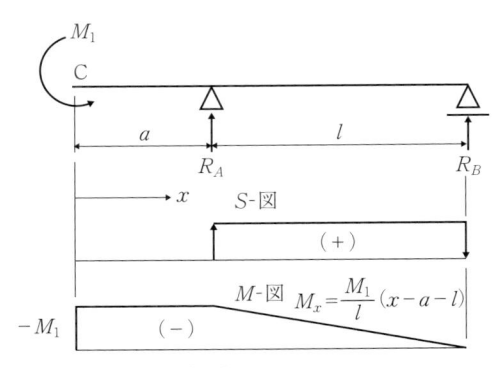

解図 A.4

A.5　曲げモーメント $M_G$ の計算は，載っている単純梁の反力 $(R_E)$ から計算すればよい．（解図A.5）

(1)　反力 $(R_A)$

先ず，反力　$R_E = \dfrac{1}{2}(2\,\text{kN} \times 6\,\text{m}) = 6\,\text{kN}$

次に，対称荷重が作用する張出し梁EFの反力 $(R_A)$ は

$R_A = \dfrac{1}{2}\{2 \times 6\,\text{kN} + (2\,\text{kN/m} \times 18\,\text{m})\} = 24\,\text{kN}$

(2)　曲げモーメント $M_G$

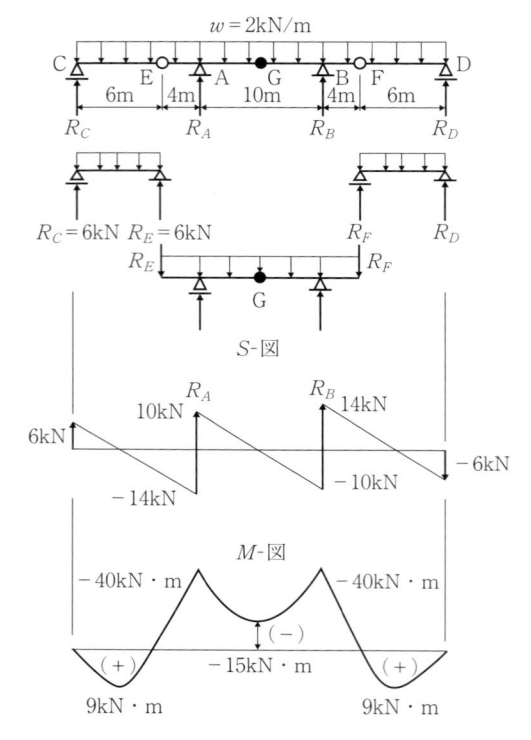

解図 A.5

図に示すように張出し梁と考えて E 点から計算する．
$$M_G = -R_E \times 9\,\mathrm{m} + R_A \times 5\,\mathrm{m} - (2\,\mathrm{kN/m} \times 9\,\mathrm{m}) \times 4.5\,\mathrm{m} = -15\,\mathrm{kN\cdot m}$$

（正解 1）

**A.6**　（解図 A.6 (1), (2) 参照）

トラスの部材力を求めるには，節点法と断面法がある．ここでは，任意の部材力のみを求める断面法により求める．断面法は，$\sum V = 0$, $\sum H = 0$, $\sum M = 0$ のつり合い式を用いる．斜材 M の軸力を求めるには，図のように①-①断面（3 部材）で切断して $\sum V = 0$ から

$$R_A = \frac{1}{12\,\mathrm{m}}(20\,\mathrm{kN} \times 9\,\mathrm{m} + 60\,\mathrm{kN} \times 3\,\mathrm{m}) = 30\,\mathrm{kN}$$　となる．

$$\sum V = R_A - 20\,\mathrm{kN} - M \times \frac{4}{5} = 0$$

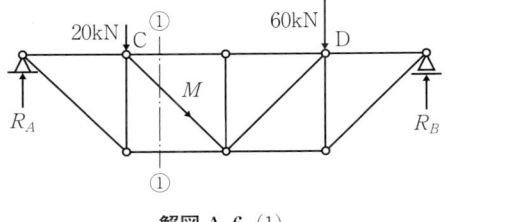

解図 A.6 (1) 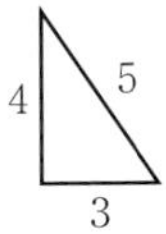　　　　　　　　　　解図 A.6 (2)

ここに，斜材 M の鉛直分力は下向き（−）で $\frac{4}{5}$ を掛けている．

$$\therefore M = \frac{5}{4}(30-20) = 12.5 \text{ kN}　(+\text{ は引張力})$$

（正解 4）

**A.7** 設問に答えるには，三角形の断面二次モーメントの公式と軸変換の公式を覚えておく必要がある．（解図 A.7）

① 三角形の中立軸に関する断面二次モーメント（$I_n$）

$$I_n = \frac{\text{幅} \times (\text{高さ})^3}{36} = \frac{bh^3}{36}$$

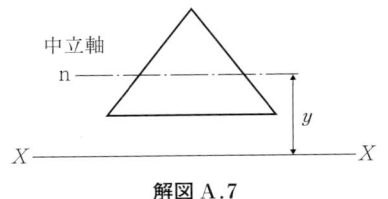

解図 A.7

② $X$ 軸に関する断面二次モーメントへの軸変換

$$I_X = I_n + A \times y^2 = \frac{bh^3}{36} + \left(\frac{1}{2}bh\right) \times y^2$$

$X$ 軸に関する断面二次モーメントの大きさを比較するのみであり，$I_n$ および面積 $A$ は同じである．したがって，軸間距離（$y$）の大小関係を求めれば答が得られる．

図 A は，$I_{XA} = I_n + A \times \left(\frac{1}{3}h\right)^2$，図 B は，$I_{XB} = I_n$，図 C は，$I_{XC} = I_n + A \times \left(\frac{2}{3}h\right)^2$

よって，図 C＞図 A＞図 B となる．　　　　　　　　　　　　（正解 4）

**A.8** 複合材で軸方向のひずみ（$\varepsilon$）は等しい．よって，それぞれの軸方向応力を $\sigma_1$，$\sigma_2$ とすると次式が成立する．

$$\sigma_1 = E_1 \varepsilon　また　\sigma_2 = E_2 \varepsilon$$

さらに，軸方向荷重 $P$ は

$$P = \sigma_1 A_1 + \sigma_2 A_2 = (A_1 E_1 + A_2 E_2)\varepsilon$$

$$\therefore \varepsilon = \frac{P}{A_1 E_1 + A_2 E_2}$$

以上より，$\sigma_1$ は $\sigma_1 = \dfrac{PE_1}{A_1E_1 + A_2E_2}$ （正解 4）

**A.9** フックの法則より，ヤング率（弾性係数）とひずみ（$\varepsilon$）の関係を理解する．問題は，2つの材質が異なるために両部材の伸びも異なり，$\Delta X + \Delta Y = \Delta L$ の関係にある．

$$E = \dfrac{\sigma}{\varepsilon} = \dfrac{\dfrac{P}{A}}{\dfrac{\Delta L}{L}} = \dfrac{PL}{A\Delta L}$$

（ア）見かけのヤング率（$E_{XY}$）は，部材長さ $2L$，断面積 $A$ であるから

$$E_{XY} = \dfrac{\sigma}{\varepsilon} = \dfrac{2PL}{A\Delta L} \quad \text{となる．}$$

（イ）部材 Y のヤング率（$E_Y$）を求める．

$\Delta X + \Delta Y = \Delta L$ の関係より，$E_Y$ を求めることになる．ここに，部材 X と Y の伸びは

$$\Delta X = \dfrac{PL}{AE_X}, \quad \Delta Y = \dfrac{PL}{AE_Y}$$

これらの式から，$E_Y$ は

$$\dfrac{PL}{AE_X} + \dfrac{PL}{AE_Y} = \Delta L \quad \text{より，} \quad E_Y = \dfrac{P}{A} \times \dfrac{L}{\Delta L - \dfrac{PL}{AE_X}} = \dfrac{1}{\dfrac{A\Delta L}{PL} - \dfrac{1}{E_X}}$$

が得られる． （正解 1）

**A.10** 設問は，短柱に偏心荷重が作用しており，各応力を求めるには，軸力とともに偏心分の曲げ力による応力を加算しなければならない．

$$\sigma_{AD} = -\dfrac{P}{A} + \dfrac{M}{W}$$

ここに，圧縮の符号は（$-$）で，偏心による応力は図より引張り応力の（$+$）としなければ間違えることになる．

モーメントは，$M = P \times e = 120\,\text{kN} \times 50\,\text{mm}$

長方形の断面係数は，$W = \dfrac{bh^2}{6} = \dfrac{150 \times 200^2}{6}$　（柱の変形方向から幅と高さを決める）

以上から

$$\sigma_{AD} = -\dfrac{P}{A} + \dfrac{M}{W} = -\dfrac{120 \times 10^3}{150 \times 200} + \dfrac{120 \times 10^3 \times 50}{\dfrac{150 \times 200^2}{6}} = -4 + 6 = 2\,\text{N/mm}^2$$

(正解 5)

**A.11** 偏心圧縮柱において，断面内に引張応力が生じないための条件は次式で与えられる．

$$\sigma = -\frac{P}{A} + \frac{M}{W} = 0$$

ここに，圧縮の符号は（−）で，偏心による応力は図より引張応力の（＋）としなければ間違えることになる．ここに $W$ は円の断面係数で

$$W = \frac{I_n}{y} = \frac{\frac{\pi D^4}{64}}{\frac{D}{2}} = \frac{\pi D^3}{32}$$

$$\sigma = -\frac{P}{A} + \frac{M}{W} = -\frac{P}{\frac{\pi D^2}{4}} + \frac{P \times e}{\frac{\pi D^3}{32}} = 0 \quad \text{これより，偏心距離 } e \text{ は，} e = \frac{D}{8}$$

となり，

核内の面積は，$\dfrac{D}{8} \times \dfrac{D}{8} \times \pi = \dfrac{\pi D^2}{64}$

(正解 4)

**A.12** 座屈荷重（$P_{cr}$）は，両端の支持条件によって大きく異なる．オイラーの座屈公式は次式で与えられる．

$$P_{cr} = \frac{m\pi^2 EI}{l^2}$$

ここに，$m$：拘束係数．
問題の，柱Ⅰおよび柱Ⅱの拘束係数は，$m=1$ と $m=4$ である．

① 柱Ⅰの座屈荷重（$P_1$）は

$$P_1 = \frac{1 \cdot \pi^2 EI}{(0.5l)^2}$$

② 柱Ⅱの座屈荷重（$P_2$）は

$$P_2 = \frac{4 \cdot \pi^2 EI}{l^2}$$

となり，$P_1 = P_2$ である．
一方，柱Ⅲと柱Ⅳの比較では，断面二次モーメントの大小を求めればよい．
円の断面二次モーメントの公式は（解図 A.12）

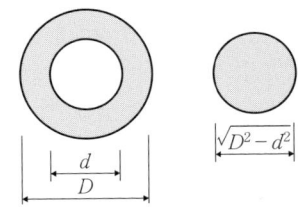

**解図 A.12**

$$I_n = \frac{\pi(\text{直径})^4}{64} \quad \text{である.}$$

③ 柱Ⅲの断面二次モーメントは

$$I_n = \frac{\pi D^4}{64} - \frac{\pi d^4}{64} = \frac{\pi(D^4 - d^4)}{64}$$

④ 柱Ⅳの断面二次モーメントは,同断面積となる.直径 $\sqrt{D^2 - d^2}$ より

$$I_n = \frac{\pi(\sqrt{D^2 - d^2})^4}{64}$$

ここに,$D^4 - d^4 > (\sqrt{D^2 - d^2})^4$ である.これより $P_3 > P_4$ となる. (正解 3)

**A.13** 各断面力を求める影響線は次のようになる.(解図 A.13)

(1) せん断力 ($S_D$)

$$y_1 = \frac{8}{12} = 0.67, \quad y_2 = \frac{4}{12} = 0.33$$

$$S_D = w \times A_1 - w \times A_2$$
$$= 2 \times \left(\frac{1}{2} \times 0.67 \times 8\right) - 2 \times \left(\frac{1}{2} \times 0.33 \times 4\right) = 4.04 \text{ kN}$$

(2) 曲げモーメント ($M_D$)

$$y_3 = \frac{4 \times 8}{12} = 2.67, \quad y_4 = \frac{4 \times 4}{12} = 1.33$$

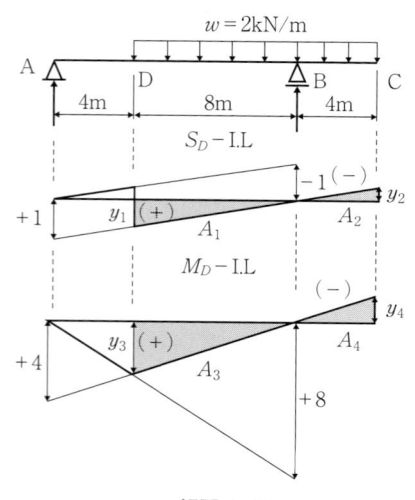

**解図 A.13**

第Ⅱ編 構造力学

$$M_D = w \times A_3 - w \times A_4$$
$$= 2 \times \left(\frac{1}{2} \times 2.67 \times 8\right) - 2 \times \left(\frac{1}{2} \times 1.33 \times 4\right) = 16.04 \text{ kN·m}$$

（正解 3）

**A.14** 問題は，片持ち梁の B 点のたわみ $y_B$ を求める問題である．弾性曲線の微分方程式により求めることになる．しかし，梁断面は三角形で断面二次モーメント（$I$）は変化する．（解図 A.14）

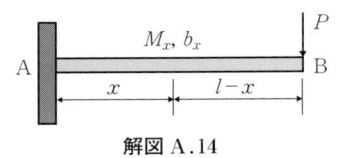

解図 A.14

固定端より $x$ をとり，$x$ 点の断面二次モーメントを計算して微分方程式を解く．

微分方程式は，$\dfrac{d^2y}{dx^2} = -\dfrac{M_x}{EI_x}$

ここに，$I_x = \dfrac{b_x h^3}{12} = \dfrac{\frac{b}{l}(l-x)h^3}{12}$．また，$M_x = -P(l-x)$

$$\theta_x = \frac{dy}{dx} = -\int \frac{M_x}{EI_x} dx + c_1$$

$$y_x = -\iint \frac{M_x}{EI} dx dx + \int c_1 dx + c_2$$

境界条件は，固定端でたわみ角，たわみは 0 である．$[\theta_x]_{x=0} = 0$ および $[y_x]_{x=0} = 0$．

これより，$c_1 = c_2 = 0$ となり，B 点のたわみ $y_B$ は

$[y_x]_{x=l} = \dfrac{6Pl^3}{Eb_0 h^3}$ が得られる． （正解 2）

**A.15** 梁のたわみを求めるには，微分方程式を解く方法とモールの弾性荷重の定理を用いる方法がある．ここでは，微分方程式から b 点，c 点のたわみを求める．微分方程式は次式で与えられる．

$$\frac{d^2v_x}{dx^2} = -\frac{M_x}{EI_x}, \quad v_x = -\iint \frac{M_x}{EI} dx dx + \int c_1 dx + c_2$$

ここに，a 点から $x$ の点のモーメント $M_x$ は，$M_x = -P(l-x)$

微分方程式に代入すると

$$\theta = \frac{dv}{dx} = \frac{P}{EI}\left(lx - \frac{x^2}{2}\right) + c_1$$

$$v = \frac{P}{EI}\left(\frac{l}{2}x^2 - \frac{1}{6}x^3\right) + c_1 x + c_2$$

境界条件は，固定端でたわみ角，たわみは 0 である．$[\theta_x]_{x=0}=0$ および $[v_x]_{x=0}=0$

これより，$c_1=c_2=0$ となり

$$v=\frac{P}{EI}\left(\frac{l}{2}x^2-\frac{1}{6}x^3\right)$$

$[v_b]_{x=\frac{l}{2}}=\frac{5P}{48EI}l^3$，また $[v_c]_{x=l}=\frac{P}{3EI}l^3$．以上より，$\frac{v_b}{v_c}=\frac{5}{16}$ が得られる．

(正解 3)

**A.16** 梁の弾性曲線が与えられているとき，任意点の曲げモーメント $M$，せん断力 $S$，荷重 $q_0$ には次の関係がある．

$$M=-EI\frac{d^2w}{dx^2}, \quad S=-EI\frac{d^3w}{dx^3}, \quad q_0=EI\frac{d^4w}{dx^4}$$

また，図の一端固定他端可動ばりの境界条件は

① 可動支点 $(x=l)$ では，たわみ $w=0$，曲げモーメントが 0 である．
　$w(l)=0, \quad -EIw''(l)=0$

② 固定端は，たわみおよびたわみ角が 0 である．
　$w(0)=0, \quad -EIw'(0)=0$

したがって，考慮すべき境界条件は以上の 4 つで，解答は (1) となる．

ここに，たわみ曲線の一般解は，$w(x)=\frac{q_0}{24EI}(x^4+ax^3+bx^2+cx+d)$ で与えられている．これより

$$w'(x)=\frac{dw}{dx}=\frac{q_0}{6EI}x^3+3ax^2+2bx+c$$

$$w''(x)=\frac{d^2w}{dx^2}=\frac{q_0}{2EI}x^2+6ax+2b$$

$$w'''(x)=\frac{d^3w}{dx^3}=\frac{q_0}{EI}x+6a$$

ここに，$a=-\frac{5q_0}{48EI}l, \quad b=\frac{3q_0}{48EI}l^2$

(正解 1)

**B.1** 正答を得るためには，各位置にモーメント荷重が作用した場合の曲げモーメントを計算することになる．解説しやすいように図のように記号を付けておく (解図 B.1)．設問の曲げモーメント図をみると，C 点において正の曲げ

第Ⅱ編　構造力学　　　229

モーメントに変化していることから，モーメント荷重の方向は右回転であることがわかる．これにより回答群から4と5が選択されるが，5はD点において $M=3Pl$ 分の変化がないことから，4が正解であることがわかる．以下，計算によって反力，せん断力および曲げモーメントを求めておく．

(1)　反力

$$\sum M_B = R_A \times 3l - P \times 2l - P \times l + 3Pl = 0 \quad \text{より} \quad R_A = 0$$

が得られる．したがって，せん断力の $S_{A\sim C} = R_A = 0$ である．

$$M_{C(左)} = 0$$
$$M_{C(右)} = M = 3Pl$$
$$M_D = R_B \times l = 2Pl$$

(正解 4)

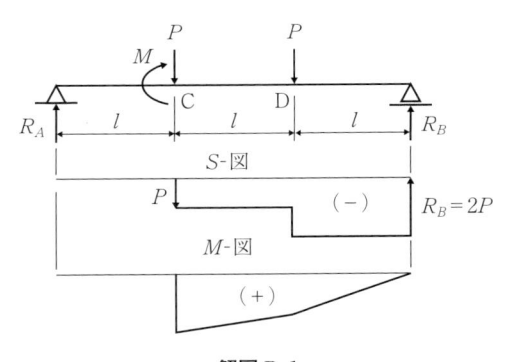

**解図 B.1**

B.2　荷重は2次曲線等変分布で，その大きさの計算には積分を利用することになる．

(1)　反力 $(R_A)$

$$\sum V = R_A - \int_0^4 (4-x)^2 dx = 0$$

$$R_A = \int_0^4 (4-x)^2 dx = \int_0^4 (16 - 8x + x^2) dx = \left[ 16x - \frac{8}{2}x^2 + \frac{x^3}{3} \right]_0^4 = 21.3 \text{ kN}$$

(2)　曲げモーメント $(M_A)$

$$M_A = -\int_0^4 (4-x)^2 x \, dx = -\left[ \frac{16}{2}x^2 - \frac{8}{3}x^3 + \frac{x^4}{4} \right]_0^4 = -21.3 \text{ kN·m}$$

(正解 3)

**B.3** 3ヒンジ静定ラーメンの問題である.

鉛直反力 $V_A$ および水平反力 $H_B$ を図の方向に仮定する.（解図 B.3）

鉛直反力は, $V_A = \dfrac{1}{6}(50 \text{ kN} \times 4 \text{ m}) = 33.3 \text{ kN}$

水平反力 $H_A$ は, ヒンジ E 点の左側の回転のつり合いから

$\sum M_E = V_A \times 3 \text{ m} - H_A \times 6 \text{ m} - 50 \text{ kN} \times 1 \text{ m} = 0$

∴ $H_A = \dfrac{1}{6}(V_A \times 3 - 50 \times 1) = 8.3 \text{ kN}$

なお，曲げモーメントは図のようになり，
$M_C = -H_A \times 6 \text{ m} = -49.8 \text{ kN·m}$ となる.  （正解 1）

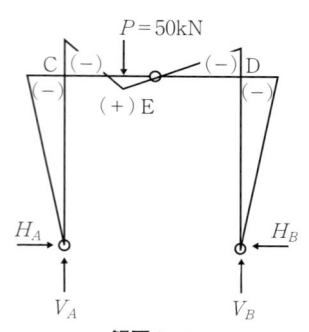

解図 B.3

**B.4** 部材力 $FG$ を求めるためには，解図 B.4（1）のように①-①で切断し，D 点に関してモーメントのつり合いを適用する.

（1）支点反力 $(R_A)$

トラス，荷重ともに対称である.

$R_A = \dfrac{3 \times 20 \text{ kN}}{2} = 30 \text{ kN}$

（2）D 点でのつり合式（解図 B.4（2））

$\sum M_D = R_A \times 6 \text{ m} - 20 \text{ kN} \times 3 \text{ m} + FG \times \cos\theta \times h_1 + FG \times \sin\theta \times \lambda = 0 \cdots (1)$

ここに，$\cos\theta$ と $\sin\theta$ は次のようになる.

$\cos\theta = \dfrac{\lambda}{\sqrt{(h_2-h_1)^2 + \lambda^2}} = \dfrac{3}{\sqrt{(4-3)^2 + 3^2}} = \dfrac{3}{\sqrt{10}}$

$\sin\theta = \dfrac{h_2 - h_1}{\sqrt{(h_2-h_1)^2 + \lambda^2}} = \dfrac{4-3}{\sqrt{(4-3)^2 + 3^2}} = \dfrac{1}{\sqrt{10}}$

第Ⅱ編　構造力学

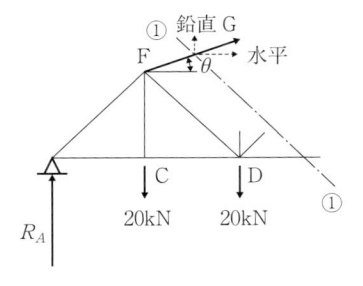

解図 B.4 (1)

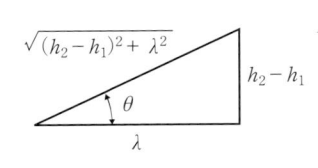

解図 B.4 (2)

したがって，部材力 $FG$ はこれらを式 (1) に代入して

$$FG\left(\frac{12}{\sqrt{10}}\right) = -120 \quad \text{から} \quad FG = -10\sqrt{10} \text{ kN} \quad （圧縮力） \quad （正解 4）$$

B.5　このような問題内容では，曲げ応力に対して最も抵抗の強い断面を求めるものと，設問であるたわみに対して最も抵抗の強い断面を求める問題がある．

曲げ応力に対して最も抵抗力の大きい断面にするためには，$\sigma = \dfrac{M}{W}$ から，この断面係数 $W$ が最大値となる $b, h$ を求めればよい．一方，設問のたわみでは，断面二次モーメント ($I$) が最大になる $b, h$ を求めることになる．

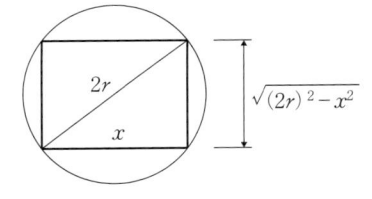

解図 B.5

図のたわみ公式 $y = \dfrac{Pl^3}{48EI}$ からも理解できよう．（図解 B.5）

ここに，最も抵抗力が大きくなる幅を $x$ とすると，高さ $h$ は，$\sqrt{(2r)^2 - x^2}$ となる．

また

$$I = \frac{幅 \times (高さ)^3}{12} = \frac{x\left(\sqrt{(2r)^2 - x^2}\right)^3}{12} = \frac{x\{(2r)^2 - x^2\}^{\frac{3}{2}}}{12}$$

これを微分（積の微分公式）して 0 とおけば，$I$ の最大値に対する幅 $x$ を求めることができる．

$$\frac{dI}{dx} = \frac{1}{12}\left[(x)'\{(2r)^2 - x^2\}^{\frac{3}{2}} + x\left(\{(2r)^2 - x^2\}^{\frac{3}{2}}\right)'\right] = 0 \quad \text{より}$$

$$y = \left(\{(2r)^2 - x^2\}^{\frac{3}{2}}\right)' = \left(u^{\frac{3}{2}}\right)'$$

とする微分は，合成関数の微分公式を利用すれば

$$\frac{dy}{dx} = \frac{du}{dx} \cdot \frac{dy}{du} = -2x \cdot \frac{3}{2}u^{\frac{1}{2}} = -2x \times \frac{3}{2}\{(2r)^2 - x^2\} \quad \text{となり，}$$

$$\frac{dI}{dx} = \{(2r)^2 - x^2\}^{\frac{3}{2}} + (-2x) \times \frac{3}{2}\{(2r)^2 - x^2\}^{\frac{1}{2}} = 0$$

$$\therefore \quad \{(2r)^2 - x^2\}^{\frac{1}{2}}[\{(2r)^2 - x^2\} - 3x^2] = 0$$

ここに，$x \neq 2r$ であり，$4r^2 - 4x^2 = 0$ となる．

これより，$x = r$ が得られ，高さ $h = \sqrt{(2r)^2 - x^2} = \sqrt{3}r$ である．

以上より，$b : h = r : \sqrt{3}r = 1 : \sqrt{3}$ （正解 4）

一方，最も抵抗力の大きい断面にする設問では，$\sigma = \dfrac{M}{W}$ から，この断面係数 $W$ が最大値となる $b, h$ を求めればよい．ここに，最も抵抗力が大きくなる幅を $x$ とすると，高さは，$\sqrt{(2r)^2 - x^2}$ となる．長方形の断面係数は

$$W = \frac{\text{幅} \times (\text{高さ})^2}{6} = \frac{x(\sqrt{(2r)^2 - x^2})^2}{6}$$

この $W$ の最大値に対する幅 $x$ は，$\dfrac{dW}{dx} = 4r^2 - 3x^2 = 0$ より $x = \dfrac{2r}{\sqrt{3}}$ が得られる．

よって，高さ $h$ は，$\sqrt{(2r)^2 - x^2}$ より $h = \sqrt{\dfrac{2}{3}}(2r)$

以上より，$b : h = \dfrac{2r}{\sqrt{3}} : \sqrt{\dfrac{2}{3}}2r = 1 : \sqrt{2}$ となる．

## B.6

（1） DE 部材には軸方向圧縮力 $F$ が作用すると仮定すると，軸力 $N$ は，つり合い式より（図解 B.6 (1)）

$$\sum M_B = -F \sin\theta \times b + P \times l = 0$$

軸力 $\quad N(F) = -\dfrac{Pl}{b\sin\theta}$ （圧縮）

したがって，部材応力は断面が半径 $r$ の円形断面から

第Ⅱ編　構造力学　　233

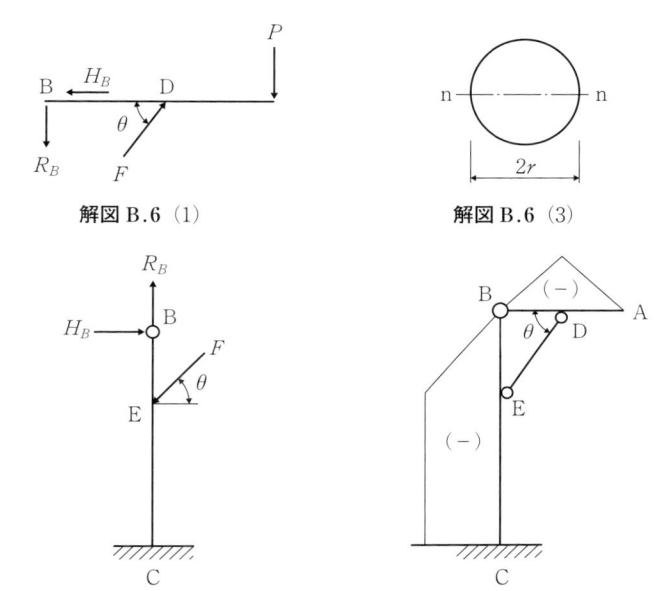

**解図 B.6 (1)**

**解図 B.6 (3)**

**解図 B.6 (2)**

**解図 B.6 (4)**

$$\sigma_{DE} = \frac{N}{A} = -\frac{Pl}{\pi r^2 b \sin\theta} \quad \text{が得られる．}$$

(2) EC 部材の部材応力は，軸圧縮応力と曲げモーメントが作用する．
（図解 B.6 (2)，(3)，(4)）

① EC 部材の軸力は

$$\sum V = -R_B + F\sin\theta - P = 0$$

$$N_{EC} = R_B - F\sin\theta = -P$$

③ EC 部材の曲げモーメントは，図より

$$H_B = F\cos\theta = -\frac{Pl}{b\sin\theta} \times \cos\theta \quad \text{となり}$$

$$M_E = -H_B \times a = -\frac{aPl}{b\tan\theta} \quad \text{が得られる．}$$

一方，$M_C$ も同様に

$$M_C = -H_B \times 2l + F\cos\theta \times (2l-a) = -F\cos\theta \times 2l + F\cos\theta \times (2l-a)$$

$$= -F\cos\theta \times a = -\frac{aPl}{b\tan\theta}$$

となり，図の曲げモーメントとなる．

以上より，軸力と曲げモーメントを受ける EC 部材の応力は

$$\sigma_{EC} = \frac{N}{A} \pm \frac{M}{I} y = -\frac{P}{\pi r^2} \pm \frac{aPl}{b \tan \theta} \times \frac{4}{\pi r^4} \times r = -\frac{P}{\pi r^2} \pm \frac{4aPl}{b \pi r^3 \tan \theta}$$

ここに，円の断面二次モーメント（$I$）は，公式より

$$I = \frac{\pi (2r)^4}{64} = \frac{\pi r^4}{4} \quad \text{である．}$$

（正解 1）

**B.7** $a$ なる長さの等分布荷重が移動するときの C 点の最大曲げモーメントは，次の条件から計算する．（解図 B.7）

$\dfrac{y}{x} = \dfrac{a}{l}$ より，$y = \dfrac{ax}{l}$ の状態のときに C 点の曲げモーメントが最大となる．

したがって，$y = \dfrac{8 \times 5}{15} = 2.7 \, \text{m}$．これより

影響線の縦距は

$$y_1 = \frac{10 \times 2.3}{15} = 1.53, \quad y_2 = \frac{14 \times 5}{15} = 4.67, \quad y_3 = \frac{5 \times 4.7}{15} = 1.57$$

$$\begin{aligned} M_{C\max} &= w \times A_1 + w \times A_2 \\ &= 10 \times \left\{ \frac{(1.53 + 4.67) \times 2.7}{2} + \frac{(4.67 + 1.57) \times 5.3}{2} \right\} \\ &= 10 \times 24.91 = 249.1 \, \text{kN} \cdot \text{m} \end{aligned}$$

（正解 3）

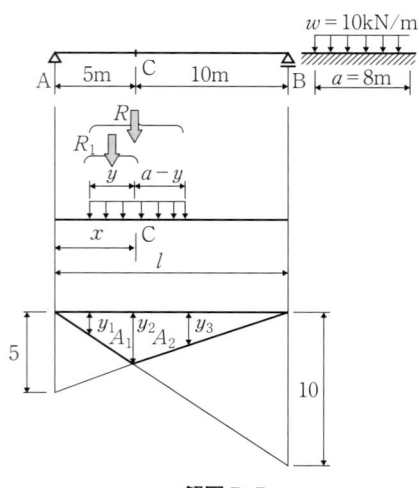

**解図 B.7**

**B.8**

(1) $P=1$ が AC 間にある場合（解図 B.8 (1)）

$$S_F = -\left(1-\frac{4}{l}x\right) - \frac{4}{l}x = -1$$

$$M_F = -\left(1-\frac{4}{l}x\right)\times\frac{3}{8}l - \frac{4}{l}x\times\frac{l}{8} = x - \frac{3}{8}l$$

(2) $P=1$ が CD 間にある場合（解図 B.8 (2)）

$$S_F = -2 + \frac{4}{l}x$$

$$M_F = -\left(2-\frac{4}{l}x\right)\times\frac{1}{8}l = \frac{x}{2} - \frac{1}{4}l$$

一方，$P=1$ が D 点を越すと $S_F$ および $M_F$ は 0 になる．

以上のことから，$S_F$ と $M_F$ の影響線を（解図 B.8 (3)）を得る．（正解 2）

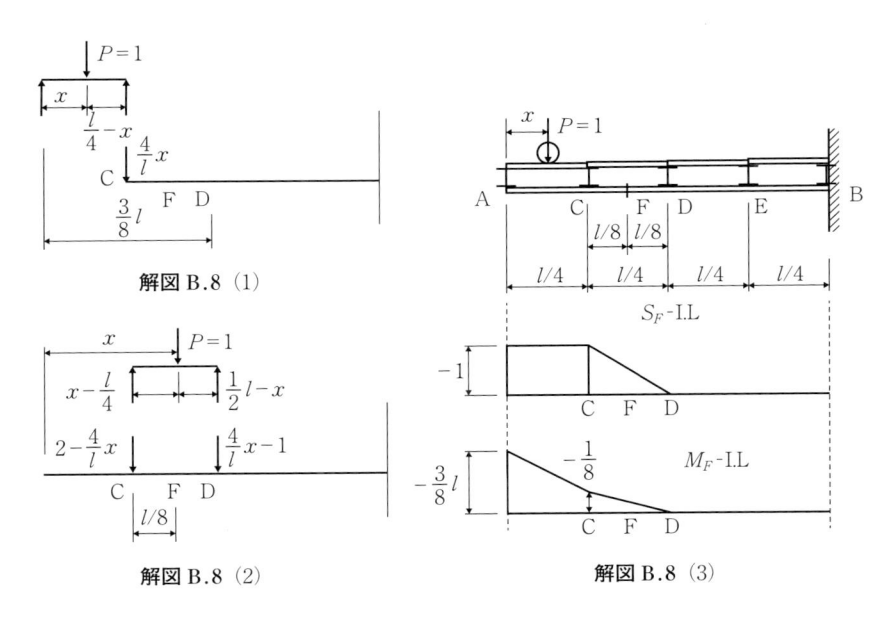

**解図 B.8 (1)**

**解図 B.8 (2)**

**解図 B.8 (3)**

**B.9** この問題の場合，片持ち梁 AB と片持ち梁 BC を解図 B.9 のように 2 つに分けて考える．たわみは，B 点において連続で等しくなることを用いて解く．解法では，先端に集中荷重を受ける片持ち梁のたわみ公式を覚えておく必要がある．

B 点に作用する内力を $P'$ とすると

$$y_{B1}=\frac{P'l^3}{3E_1I_1}, \quad y_{B2}=\frac{(P-P')l^3}{3E_2I_2}$$

ここに，B 点はヒンジで連結されており，たわみ量は等しい．

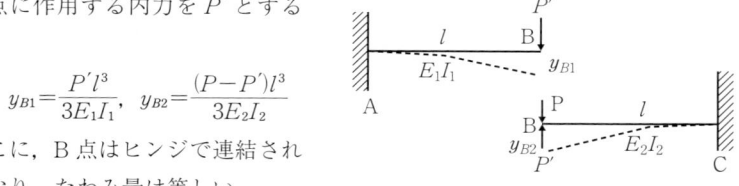

$$\frac{P'l^3}{3E_1I_1}=\frac{(P-P')l^3}{3E_2I_2} \quad \therefore \quad P'=\frac{PE_1I_1}{E_1I_1+E_2I_2}$$

これより，B 点の鉛直変位は

$$y_B=y_{B1}=y_{B2}=\frac{PE_1I_1}{E_1I_1+E_2I_2}\times\frac{l^3}{3E_1I_1}=\frac{1}{3(E_1I_1+E_2I_2)}Pl^3 \qquad (正解 5)$$

解図 B.9

**B.10** A 点の鉛直変位 $y_A$ は，B 点の変位から生じる $y_{a1}$ と B 点を固定とした片持ち梁の変位 $y_{a2}$ との合計である．したがって，$y_{a1}$ は B 点のたわみ角 $\theta_B$ を求めることになる．（解図 B.10）

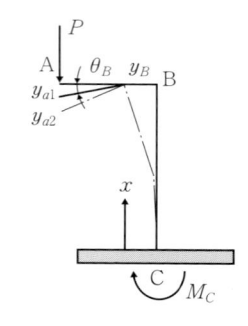

弾性曲線の微分方程式では
CB 間の曲げモーメントは，$M_x=M_C=Pl$

$$\frac{d^2y}{dx^2}=-\frac{M_x}{EI} \quad \text{より}$$

$$EI\frac{dy}{dx}=-Plx+c_1$$

$$EIy=-\frac{Pl}{2}x^2+c_1x+c_2$$

解図 B.10

ここに，境界条件は固定端 C 点（$x=0$）で，たわみ角およびたわみは 0 であるから，積分定数は $c_1=c_2=0$ となる．したがって，B 点のたわみ角 $\theta_B$ は，$x=2l$ を代入して

$$[\theta_B]_{x=2l}=\frac{dy}{dx}=-\frac{2Pl^2}{EI} ; (-は左回転の角) \quad \text{したがって，たわみ } y_{a1} \text{ は，}$$

$$y_{a1}=|\tan\theta_B|\times l \fallingdotseq |\theta_B|\times l=\frac{2Pl^3}{EI}$$

また，B 点を固定とした片持ち梁の A 点のたわみ $y_{a2}$ は

$$y_{a2}=\frac{Pl^3}{3EI}$$

以上より，A 点のたわみ $y_A$ は

第Ⅱ編　構造力学

$$y_A = y_{a1} + y_{a2} = \frac{2Pl^3}{EI} + \frac{Pl^3}{3EI} = \frac{7Pl^3}{3EI}$$ （正解 5）

**B.11** 仮想荷重における反力 $R_A{'}$ は $\sum M_B = 0$ より

$$\sum M_B = R_A{'} \times 2l + \left(\frac{M_C l}{4} \times \frac{4}{3}l\right) - \left(\frac{M_C l}{4} \times \frac{2}{3}l\right) = 0$$

$$\therefore R_A{'} = -\frac{M_C l}{12} \quad \text{(仮定に反して下向き)}$$

ここに，AC 間の最大たわみは，たわみ角 $\theta = 0$ の位置，つまり AC 間のせん断力 $S_x{'} = 0$ の位置で生じる．（解図 B.11）

$$S_x{'} = -R_A{'} + \left(\frac{1}{2} \times \frac{M_C}{2l} x \times x\right) = 0$$

より

$$x = l\sqrt{\frac{1}{3}} \quad \text{(A 支点より)}$$

また，$x$ 点の位置の曲げモーメント $M_x{'}$ は

$$M_x{'} = -R_A{'} \times x + \left(\frac{M_C}{4l} x^2\right) \times \frac{1}{3} x$$

$$= -\frac{M_C l}{12} x + \frac{M_C}{12l} x^3$$

$x = l\sqrt{\frac{1}{3}}$ を代入して

$$M_x{'} = -\frac{M_C l^2}{18}\sqrt{\frac{1}{3}}$$

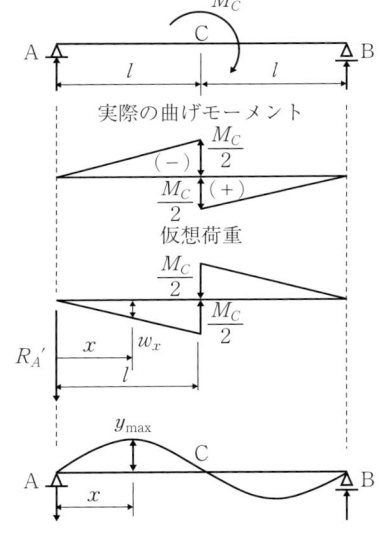

解図 B.11

以上より

$$y_{\max} = -\frac{M_x{'}}{EI} = -\frac{M_C l^2}{18EI}\sqrt{\frac{1}{3}} \quad \text{(負号は上向き)}$$ （正解 1）

**B.12** 仮想仕事の原理を利用してたわみ量を求める問題である．（解図 B.12（1））
曲げモーメントを受ける構造物の場合，変位を求めるためには，求めたい点に仮想荷重 $\overline{P} = 1$ を作用させる．

軸力は作用しないので，仮想仕事式は

$$1 \cdot \delta = \int \frac{\overline{M} M}{EI} dx$$

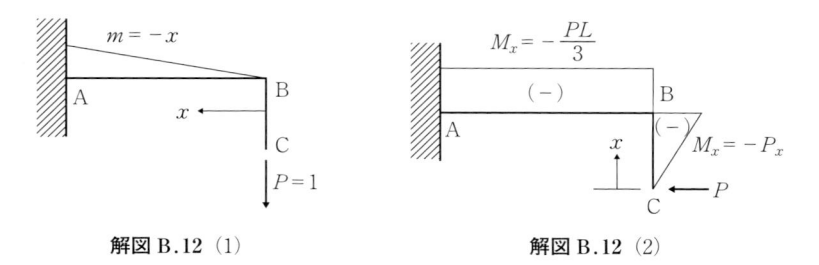

解図 B.12 (1)　　　　　　　　　解図 B.12 (2)

この $M$ は実際の曲げモーメント，$\overline{M}$ は仮想荷重 $\overline{P}=1$ による曲げモーメントである．

(1) ア，イの設問

CB 間の曲げモーメント（$M_{CB}$）の計算は，求める部材の外側が上部になるよう水平に置き換えて行う．したがって，$M_{CB}$ は右側 C 端から求めると，負（$-$）になる．

$$M_{CB} = -Px$$

また，$M_{BA} = -P \times \dfrac{L}{3} = -\dfrac{PL}{3}$ が得られる．

(2) ウ，エの設問

C 点の変位 $\delta_C$ は，$P=1$ を作用させたときの曲げモーメント $m$ を求めれば，

$$\delta = \int \frac{Mm}{EI} dx$$

から計算できる．

① CB 区間の　$m_{CB} = -P \times x = -x$

② BA 区間の　$m_{BA} = -P \times \dfrac{L}{3} = -\dfrac{L}{3}$

(3) オの設問

C 点の水平変位は，B 点の変位から生じる $\delta_{B1}$ と B 点を固定とした片持ち梁の変位 $\delta_{B2}$ との合計である．

$$\delta_C = \int \frac{Mm}{EI} dx = \frac{1}{EI} \int_0^{\frac{L}{3}} (-Px)(-x) dx + \frac{1}{EI} \int_0^L \left(-\frac{PL}{3}\right)\left(-\frac{L}{3}\right) dx$$

$$= \frac{P}{EI} \left[\frac{x^3}{3}\right]_0^{\frac{L}{3}} + \frac{PL^2}{9EI} [x]_0^L = \frac{10PL^3}{81EI}$$

（正解 5）

一方，C 点の鉛直変位は，$P=1$ を解図 B.12 (2) のように作用させる．

$$\delta_{C}{'}=\frac{1}{EI}\int_{0}^{L}\left(\frac{PL}{3}\right)(-x)dx=\frac{PL^{3}}{6EI} \quad \text{となる.}$$

**B.13** 設問は，張出し梁のたわみ $y_D$ と $y_E$ を求める問題である．ただし，図に示されているように単純梁のたわみ角 $\theta_Y=\dfrac{4PL^{2}}{9EI}$ が与えられている．

たわみの計算では，弾性微分方程式から求める方法とモールの定理（弾性荷重）から求める方法などがある．ここでは，モールの定理を利用する．

**解図 B.13**

(1) 直接荷重による反力と曲げモーメント

設問の図から

$$R_{A}=\frac{2}{3}P, \quad R_{B}=\frac{1}{3}P \quad \text{となり,}$$

$$M_{C}=R_{A}\times L=\frac{2}{3}PL$$

(2) 仮想荷重による断面力は（解図 B.13）

$$R_{A}{'}=\frac{1}{3L}\left\{\frac{1}{2}\times\frac{2}{3}PL\times L\times\left(\frac{1}{3}L+2L\right)+\frac{1}{2}\times\frac{2}{3}PL\times 2L\times\left(2L\times\frac{2}{3}\right)\right\}$$

$$=\frac{5}{9}PL^{2}$$

$$R_{B}{'}=\text{モーメント荷重}-R_{A}{'}=\left(\frac{1}{2}\times 3L\times\frac{2}{3}PL\right)-\frac{5}{9}PL^{2}=\frac{4}{9}PL^{2}$$

(3) たわみ角 $\theta_A$, $\theta_B$ は

$$\theta_{A}=\frac{S_{A}{'}}{EI}=\frac{R_{A}{'}}{EI}=\frac{5}{9EI}PL^{2}$$

$$\theta_{B}=\frac{S_{B}{'}}{EI}=\frac{-R_{B}{'}}{EI}=-\frac{4}{9EI}PL^{2}$$

また，AD 間および BD 間はたわみ曲線は直線である．以上より，たわみ $y_D$ と $y_E$ は

$$y_{D}=-\theta_{A}\times 2L=-\frac{5}{9EI}PL^{2}\times 2L=-\frac{10}{9EI}PL^{3}$$

$$y_{E}=\theta_{B}\times L=-\frac{4}{9EI}PL^{2}\times L=-\frac{4}{9EI}PL^{3}$$

両者の比は，$\dfrac{y_{D}}{y_{E}}=\dfrac{10}{4}=\dfrac{5}{2}$

なお，たわみにおける（−）は上向きを示す． (正解 4)

**B.14** 部材応力 $N$ は $\sum V = -P + 2N\cos\theta = 0$ より

$$N = \frac{P}{2\cos\theta}．（解図 B.14）$$

また，軸方向力によるひずみエネルギーは，公式 $W = \dfrac{N^2 l}{2EA}$ より

$$W_C = 2 \times \frac{N^2 l}{2EA} = \frac{l}{EA} \cdot \frac{P^2}{4\cos^2\theta}$$

したがって，鉛直変位 $\delta_C$ は $W_C$ を $P$ で偏微分して

$$\delta_C = \frac{\partial W_C}{\partial P} = \frac{Pl}{2EA} \cdot \frac{1}{\cos^2\theta} \quad \text{が得られる．}$$

(正解 2)

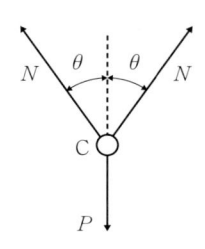

**解図 B.14**

〈第Ⅲ編　土質力学〉

**A.1** 間隙比 $e$ は，土の土粒子部分の体積に対する間隙部分の体積の比なので，$\frac{v_v}{v_s}$ で表せる．乾燥密度 $\rho_d$ は，乾燥状態での密度なので，土の土粒子部分の質量を土の体積で除したものなので，$\frac{m_s}{v_s+v_v}$ で表せる．含水比は，土に含まれる水の質量と土粒子の質量の比を百分率で表したものなので $\frac{m_w}{m_s}\times100$ となる．したがって，正解は3になる． （正解 3）

**A.2** 湿潤密度と含水比，土粒子の密度，水の密度が与えられているので，乾燥密度と間隙比を出してから飽和度を求める．

$$\rho_d=\frac{\rho_t}{1+\frac{w}{100}}=\frac{1.80}{1+\frac{40}{100}}=1.2857\cdots=1.29(\text{g/cm}^3)$$

$$e=\frac{\rho_s}{\rho_d}-1=\frac{2.70}{1.29}-1=1.0995\cdots=1.10$$

$$S_r=\frac{w\rho_s}{e\rho_w}=\frac{40\times2.70}{1.10\times1.00}=98.181\cdots=98(\%)$$ （正解 5）

**A.3** 乾燥質量，土の体積，土粒子の密度が与えられているので，乾燥密度を出してから間隙比を求める．

$$\rho_d=\frac{1458}{1000}=1.458(\text{g/cm}^3) \quad e=\frac{\rho_s}{\rho_d}-1=\frac{2.70}{1.458}-1=0.851\cdots=0.85$$

（正解 2）

**A.4** 液性指数は自然含水比と塑性限界の差を塑性指数で除したものなので

$$I_L=\frac{w_n-w_p}{I_p}=\frac{109-125}{125-83}=0.619\cdots=0.62$$ （正解 2）

**A.5** 飽和度および含水比，土粒子の密度，水の密度が与えられているので，次式の関係から求める．

$$\rho_d=\frac{\rho_w}{\frac{\rho_w}{\rho_s}+\frac{w}{S_r}}=\frac{1.00}{\frac{1.00}{2.70}+\frac{20}{90}}=1.6875\cdots=1.69(\text{g/cm}^3)$$ （正解 3）

**A.6** 透水係数の異なる2層からなる成層砂層地盤の鉛直方向の透水係数は下記の

式で求める．なお，計算するときは層厚の単位に気をつける．

$$k_v = \frac{H_1+H_2}{\frac{H_1}{k_1}+\frac{H_2}{k_2}} = \frac{600}{\frac{200}{5\times10^{-3}}+\frac{400}{2\times10^{-2}}} = 0.01 = 1.0\times10^{-2}$$ （正解3）

**A.7** 透水係数は次の関係式を用いて求める．

$$k = \frac{Ql}{Ath} = \frac{35\times20}{70\times10\times50} = 0.02 = 2.0\times10^{-2}(\text{cm/s})$$ （正解3）

**A.8** この問題で求める $h$ は，水頭差 $\Delta h$ と砂試料の高さ $l$ を足したものなので次の関係式を用いて求める．式中で，$G_s(\rho_s/\rho_w)$ は土粒子の比重を示す．

$$h = \Delta h + l = \left(\frac{G_s-1}{1+e}\right)l + l = \left(\frac{2.70-1}{1+0.70}\right)\times20 + 20 = 40(\text{cm})$$ （正解2）

**A.9** ㋐一般に砂質土の圧密現象は生じない．㋒圧密度は時間的な圧密の進行度合いを表す指標である．したがって，正しいのは㋑と㋓である． （正解4）

**A.10** ㋐，㋑，㋒は，それぞれ，圧密係数，圧縮指数，圧密降伏応力が入る．
 （正解1）

**A.11** 有効応力 $\sigma'=$ 全応力 $\sigma-$ 間隙水圧 $u$ の関係を用いて，A点に作用する全応力と間隙水圧から有効応力を求める．水深を $H$，水底面からA点までの深さを $z$，土の飽和単位体積重量を $\gamma_{\text{sat}}$ とすると

$$\sigma = \gamma_w H + \gamma_{\text{sat}} z = 10\times10 + 19\times4 = 176(\text{kN/m}^2)$$
$$u = \gamma_w(H+z) = 10\times(10+4) = 140(\text{kN/m}^2)$$
$$\therefore \quad \sigma' = \sigma - u = 176 - 140 = 36(\text{kN/m}^2)$$ （正解1）

**A.12** 圧密沈下量は，次の関係式を用いて求める．

$$S = \frac{\Delta e}{1+e_0}H = \frac{e_0-e_1}{1+e_0}H = \frac{2.2-1.8}{1+2.2}\times10 = 1.25(\text{m})$$ （正解2）

**A.13** 圧密時間は，同じ粘土であれば排水距離の2乗に比例する．
粘土層Aは上下の両面排水で，粘土層Bが片面排水なので，粘土層BはAの2倍の排水距離を有している．したがって，圧密時間は4倍になる．

（正解4）

**A.14** 一軸圧縮強さは，次の式を用いて求める．

$$\sigma = \frac{P}{A_0}\times\left(1-\frac{\varepsilon}{100}\right)\times10$$

式中のひずみ $\varepsilon$（%）は，$\varepsilon = \frac{\Delta H}{H_0}\times100$ で求める．

$$\varepsilon = \frac{\Delta H}{H_0} \times 100 = \frac{8.0}{80} \times 100 = 10(\%)$$

$$\sigma = \frac{P}{A_0} \times \left(1 - \frac{\varepsilon}{100}\right) \times 10 = \frac{22}{10.0} \times \left(1 - \frac{10}{100}\right) \times 10 = 19.8 = 20(\mathrm{kN/m^2})$$

（正解 4）

A.15 モール・クーロンの破壊規準に基づく破壊面と水平面のなす角度は次の式で求める．

$$\alpha = 45 + \frac{\phi}{2} = 45 + \frac{26}{2} = 58(°)$$

（正解 3）

A.16 ㋐，㋑，㋒は，それぞれ一軸圧縮，含水比，15%が入る． （正解 4）

A.17 乾燥したゆるい砂の供試体について一面せん断試験を行った場合，$T$-$\delta$ の関係（図-Ⅰ）においては明確な最大値（ピーク値）が発生しないのでbのような曲線になる．また，$\Delta h$-$\delta$ の関係（図-Ⅱ）ではせん断過程中に体積が減少する傾向を示すのでdのような曲線になる．せん断強さ-$\delta$ の関係（図-Ⅲ）では，同一の $N$ で試験を行った場合，$s$ は密な砂と比べて低い値を示すのでfの直線になる． （正解 5）

A.18 ㋐，㋑，㋒には，減少，増加，減少が入る． （正解 2）

A.19 ㋐細粒分が少なく粒度分布が均一なほど液状化現象が発生しやすい．㋒有効土被り圧が大きいと比較的液状化は発生しづらい． （正解 5）

A.20 クーロンの土圧は極限平衡状態から求める．また，ランキンの土圧は，塑性平衡状態から求める．したがって，㋑と㋒の記述が間違っている．

（正解 3）

A.21 裏込め土の地表面が水平（$\beta = 0°$）で擁壁背面の傾斜角が鉛直（$\theta = 90°$）のときの主働土圧係数を

$$K_A = \tan^2\left(45° - \frac{\phi}{2}\right) = \tan^2\left(45° - \frac{30}{2}\right) = \frac{1}{3} = 0.333$$

として A 点に作用する主働土圧と間隙水圧を求める．このとき，地表面から地下水面までの深さを $z_1$，地下水位以下の深さを $z_2$ とする．

$$p_A = (\gamma_t z_1 + \gamma_t' z_2) K_A = \{18 \times 2 + (20-10) \times 4\} \times 0.333 = 25.330$$
$$= 25.3(\mathrm{kN/m^2})$$

$$u = \gamma_w z_2 = 10 \times 4 = 40(\mathrm{kN/m^2})$$

よって，A 点に作用する主働土圧と間隙水圧の和は

$$p_A + u = 25.3 + 40 = 65.3(\mathrm{kN/m^2})$$

（正解 4）

**A.22** A.21 同様に $\beta=0°$, $\theta=90°$ のときの主働土圧係数を

$$K_A = \tan^2\left(45° - \frac{\phi}{2}\right) = \tan^2\left(45° - \frac{30}{2}\right) = \frac{1}{3} = 0.333$$

として単位幅当たりの主働土圧を求める．

$$P_A = \frac{1}{2}\gamma H^2 K_A = \frac{1}{2} \times 18 \times 3^3 \times 0.333 = 26.973 ≒ 27 (\text{kN}) \qquad (\text{正解 1})$$

**A.23** 擁壁の滑動に対する安定は，安全率を $F_s$ とすると $F_s = \dfrac{Q_V \cdot \tan\phi''}{Q_H} \geq 1.5$ で検討する．ここで，$\phi''$ は土と壁底との摩擦角，$\tan\phi''$ は擁壁と基礎地盤の摩擦係数である．

$Q_H$ は擁壁に作用する主働土圧に相当する．$Q_V$ は擁壁の重量 $W$ に相当する．
まず，擁壁に作用する主働土圧 $P_A$ を求める．主働土圧係数 $K_A = \tan^2(45° - \phi/2) = 0.333$ とすると

$$Q_H = P_A = \frac{\gamma H^2 K_A}{2} = \frac{18 \times 6^2 \times 0.333}{2} = 108 (\text{kNm})$$

次に $W$ を求めるが，擁壁の底面の長さ $B$ が未知数なので，擁壁の単位体積重量を $\gamma_0$ とすると $\quad Q_V = W = \left(\dfrac{B+1}{2}\right) H \gamma_0 \quad$ となる．

求めた $Q_V$ と $Q_H$ と安全率の関係から $B$ を求める．

$$F_s = \frac{Q_V \cdot \tan\phi''}{Q_H} = \frac{\left(\dfrac{B+1}{2}\right) H \gamma_0 \times 0.5}{\dfrac{\gamma H^2 K_A}{2}} = \frac{\left(\dfrac{B+1}{2}\right) \times 6 \times 24 \times 0.5}{\dfrac{18 \times 6^2 \times 0.333}{2}} = \frac{36B + 36}{108} \geq 1.5$$

$$\therefore \ B = 3.5 (\text{m}) \qquad (\text{正解 3})$$

**A.24** 静止土圧は $P_0 = \dfrac{\gamma H^2 K_0}{2}$ で求めることができる．

$$P_0 = \frac{\gamma H^2 K_0}{2} = \frac{20 \times 6^2 \times \dfrac{1}{3}}{2} = 120 (\text{kN/m}) \qquad (\text{正解 1})$$

**A.25** 切り取りの限界高さ $H_c$ は，次式で求める．このとき，安定係数 $N_s = 3.85$ なので

$$H_c = \frac{N_s c}{\gamma} = \frac{3.85 \times 20}{16} = 4.812 ≒ 4.8 (\text{m}) \qquad (\text{正解 3})$$

**A.26** 粘着力のない砂質土で構成された半無限斜面の安全率は

第Ⅲ編　土質力学

$$F_s = \frac{\tan \phi}{\tan i}$$

の式で求める．

この式で，$\theta = 30°$，$i = 15°$ とすると，$\tan \phi$ と $\tan i$ は，次のように求める．

$$\tan \phi = \frac{y}{x} = \frac{1}{\sqrt{3}} = 0.588, \quad \tan i = \frac{\sin i}{\cos i} = \frac{0.26}{0.97} = 0.26804 = 0.268$$

$$F_s = \frac{\tan \phi}{\tan i} = \frac{0.588}{0.268} = 2.194 = 2.19 \tag{正解 4}$$

**A.27** 斜面傾斜角 $\beta = 30°$ と $n_d = H_1/H = 6.0/4.0 = 1.5$ の値から図Ⅱのテイラーの安定図表を利用して安定係数 $N_s = 6.2$ が得られる．

この $N_s$ を次の式に代入して安全率を求める．

$$F_s = \frac{cN_s}{H\gamma} = \frac{12 \times 6.2}{4 \times 15} = 1.24 = 1.2 \tag{正解 1}$$

**A.28** ⑦杭基礎は深い基礎，①地盤がせん断破壊を生じるときの荷重は極限支持力である． (正解 4)

**A.29** 長方形のべた基礎直下の全鉛直応力 $\sigma_z$ は，土被り圧と載荷重の増分で示され，下記のように求める．

土被り圧による応力　$\sigma = \gamma_t z = 18 \times 10 = 180 (kN/m^2)$

載荷重増分による応力

$$\Delta \sigma = \frac{qBL}{(B+z)(L+z)} = \frac{200 \times 15 \times 20}{(15+10)(20+10)} = 80 (kN/m^2)$$

全鉛直応力　$\sigma_z = \sigma + \Delta\sigma = 180 + 80 = 260 (kN/m^2)$ (正解 5)

**A.30** ⑦サンドコンパクションパイル工法は，密度増加による地盤改良工法に分類され，①プレローディング工法は，圧密促進工法の一つである．

(正解 1)

**A.31** 湿潤密度は密度試験，$N$ 値は標準貫入試験，鋭敏比は一軸圧縮試験，CBR 値は CBR 試験から求まる． (正解 4)

**A.32** 透水試験からは地盤の透水特性，CBR 試験からは路盤材料の強さ，三軸圧縮試験からは強度定数 $(c, \phi)$，圧密試験からは圧密定数 $(C_c, C_v, p_c 等)$ が求まる． (正解 1)

**A.33** ⑦，①，⑦には，ベーンせん断試験，スウェーデン式貫入試験，標準貫入試験が入る． (正解 3)

**B.1** 塑性指数 $I_p$ は塑性状態を示す試料土の含水比の幅を示し,液性限界から液性限界を引いたもの.コンシステンシー指数 $I_c$ は液性限界と自然含水比との差を塑性指数で除したもの.タフネス指数 $I_t$ は塑性限界と流動指数の比を示したもの.液性指数 $I_l$:自然含水比と塑性限界との差を塑性指数で除したもの. (正解3)

**B.2** 問題では,土粒子の密度と間隙率が与えられているが,限界動水勾配を求めるには $i_c = \dfrac{G_s - 1}{1 + e}$ を用いるため,土粒子の密度を比重に,間隙率を間隙比に換算をする.

$$e = \dfrac{\dfrac{n}{100}}{1 - \dfrac{n}{100}} = \dfrac{\dfrac{42}{100}}{1 - \dfrac{42}{100}} = \dfrac{0.42}{0.58} = 0.7241\cdots = 0.72$$

$$G_s = \dfrac{\rho_s}{\rho_w} = \dfrac{2.68}{1.00} = 2.68$$

$$i_c = \dfrac{G_s - 1}{1 + e} = \dfrac{2.68 - 1}{1 + 0.72} = 0.9764\cdots = 0.98$$

(正解1)

**B.3** 体積圧縮係数は,次の関係式によって求める.なお,断面積が変化しないと仮定をして軸ひずみを用いて求める.各数値の単位に気をつけること.

$$m_v = \dfrac{\Delta \varepsilon}{\Delta p} = \dfrac{0.3/4.0}{50} = 0.0015 = 1.5 \times 10^{-3} (\text{m}^2/\text{kN})$$

(正解2)

**B.4** 圧密時間は,$t = \dfrac{T_v(H')^2}{c_v}$ の関係式を用いて排水距離 $H'$ を変えてそれぞれの粘土層について求める.

㋐の場合,両面排水なので

$$H' = 3\,\text{m} = 300\,\text{cm},\quad t = \dfrac{T_v(H')^2}{c_v} = \dfrac{0.2 \times 300^2}{60} = 300\,(日)$$

㋑の場合,片面排水なので

$$H' = 6\,\text{m} = 600\,\text{cm},\quad t = \dfrac{T_v(H')^2}{c_v} = \dfrac{0.2 \times 600^2}{60} = 1200\,(日)$$

(正解2)

**B.5** ④の一軸圧縮試験は間接せん断試験に分類されるが,一面せん断試験は直接せん断試験に分類されるので間違っている. (正解2)

**B.6** 図中のAB面に対して土圧が作用すると考える.また,裏込め土による土圧と地表面に作用している等分布荷重による土圧に分けて求める.

第Ⅲ編 土質力学

裏込め土による土圧 $P_{a1}$ は

$$P_{a1} = \frac{1}{2}\gamma H^2 K_A = \frac{1}{2} \times 18 \times 7^2 \times 0.333 = 146.985 \fallingdotseq 147 \text{(kN/m)}$$

一方，等分布荷重による土圧 $P_{a2}$ は

$$P_{a2} = HqK_a = 7 \times 30 \times 0.333 = 69.93 \fallingdotseq 70 \text{(kN/m)}$$

よって，擁壁に作用する土圧は

$$P_a = P_{a1} + P_{a2} = 147 + 70 = 217 \text{(kN/m)}$$

$P_a$ が作用する位置は，$P_{a1}$ と $P_{a2}$ の B 点回りのモーメントを計算して求める．

$P_{a1}$ は擁壁底面から $H/3$，$P_{a2}$ は同じく底面から $H/2$ の位置に作用することから，$P_a$ の作用位置は

$$P_a y = P_{a1} y_1 + P_{a2} y_2$$

$$217y = 147 \times \frac{7}{3} + 70 \times \frac{7}{2} = 588$$

$$\therefore \quad y = 2.7096 \fallingdotseq 2.71 \text{(m)} \tag{正解 2}$$

本来，主働土圧は $P_A$ と表すが，設問に合わせて $P_a$ を用いて解説した．

**B.7** 矢板の安全率 $F_S$ は，矢板に作用する $P_A$ と $P_P$ の C 点回りのモーメントから求める．根入れ深さを $D$ とすると

$$F_S = \frac{P_P \cdot \dfrac{5}{3}}{P_A \cdot \dfrac{9}{3}} = \frac{\dfrac{1}{2}\gamma D^2 K_P \cdot 1.67}{\dfrac{1}{2}\gamma H^2 K_A \cdot 3} = \frac{\dfrac{1}{2} \times 18 \times 5^2 \times 3 \times 1.67}{\dfrac{1}{2} \times 18 \times 9^2 \times 0.333 \times 3} = 1.54 \fallingdotseq 1.5$$

(正解 4)

**B.8** 図に示すような斜面と平行な浸透流がある場合は，地表面から鉛直深さ $z$，その地下水位を $h_w$ とすると，地表面から鉛直深さ $z$ 点での間隙水圧は次のようになる．

$$u_w = \gamma_w h_w \cos^2 i$$

単位斜面長幅の土塊によるすべり面に働く全応力は

$$\sigma_v = \{\gamma_t (z - h_w) + \gamma_{\text{sat}} h_w\} \cos^2 i$$

となり，有効応力は，$\gamma_{\text{sat}}$ を飽和単位体積重量とすると

$$\sigma' = \{\gamma_t (z - h_w) + \gamma_{\text{sat}} h_w\} \cos^2 i - \gamma_w h_w \cos^2 i = \{\gamma_t (z - h_w) + \gamma_{\text{sub}} h_w\} \cos^2 i$$

すべり面を起こそうとするせん断応力 $\tau$ は

$$T = \tau = \{\gamma_t (z - h_w) + \gamma_{\text{sat}} h_w\} \cos i \cdot \sin i$$

また，すべりに抵抗しようとするせん断抵抗強さ $s$ は

$$s = \{\gamma_t(z-h_w) + \gamma_{sub}h_w\}\cos^2 i \cdot \tan\phi'$$

したがって，安全率を求める式は次のようになる．

$$F_s = \frac{\{\gamma_t(z-h_w)+\gamma_{sub}h_w\}\cos^2 i \cdot \tan\phi'}{\{\gamma_t(z-h_w)+\gamma_{sat}h_w\}\cos i \cdot \sin i} \qquad \text{(正解 4)}$$

**B.9** $\Delta\sigma = \dfrac{qBL}{(B+z)(L+z)} = \dfrac{Q}{(B+z)(L+z)} = \dfrac{5000}{(5+5)(5+5)} = 50(\text{kN/m}^2)$ （正解 4）

**B.10** ㋐ジオシンセティックスは，補強，分離，排水，遮水，濾過等等の機能を単独または重複して有している材料である．

㋒軟弱地盤対策として，即効性はない．むしろ，ある程度の変形を有してから補強効果が発揮される． （正解 4）

**B.11** 結果を判断するときは，主観を交えず客観的に判断することが重要である．

（正解 5）

# 索　引

## 〈ア　行〉

浅い基礎 …………………………… 192
圧縮係数 …………………………… 157
圧縮指数 …………………………… 158
圧密 ………………………………… 156
圧密係数 …………………………… 159
圧密沈下量 ………………………… 156
圧密度 ……………………………… 159
アルキメデスの原理 ……………… 12
安全率 ……………………………… 186
一軸圧縮試験 ………………… 165,199
位置水頭 …………………………… 19
一面せん断試験 ……………… 165,199
一点法 ……………………………… 67
入口損失 …………………………… 34
運動量の法則 ……………………… 24
影響線 ……………………………… 109
鋭敏比 ……………………………… 167
液状化現象 ………………………… 167
液性限界 …………………………… 144
液性指数 …………………………… 145
エネルギー勾配 …………………… 34,41
エネルギー線 ……………………… 34
エネルギー保存則 ………………… 19
遠心力 ……………………………… 15
オイラーの公式 …………………… 105
オリフィス ………………………… 29

## 〈カ　行〉

開水路 ……………………………… 33,52
回転半径 …………………………… 15
角速度 ……………………………… 15
核点 ………………………………… 100
荷重軽減工法 ……………………… 196
荷重の偏心 ………………………… 99
カスチリアーノの定理 …………… 126

仮想荷重 …………………………… 129
仮想仕事の原理 ……………… 124,131,132
片持ち梁 ……………………… 73,75,87
可動支点 …………………………… 70
カルバート ………………………… 180
間隙水圧 ……………………… 156,187
間隙比 ……………………………… 141
間隙率 ……………………………… 142
含水比 ……………………………… 141
含水比試験 ………………………… 199
管水路 ……………………………… 33
慣性力 ……………………………… 15,62
間接荷重梁 ………………………… 73,80
乾燥密度 …………………………… 142
基礎 ………………………………… 192
喫水 ………………………………… 11
急拡損失 …………………………… 34
急縮損失 …………………………… 34
吸着水 ……………………………… 150
共役梁 ………………………… 121,129
共同溝 ……………………………… 180
強度定数 …………………………… 164
強熱減量試験 ……………………… 199
曲弦ワーレントラス ……………… 91
曲率係数 …………………………… 144
切土 ………………………………… 185
均等係数 …………………………… 144
クイックサンド …………………… 152
組合せ部材 ………………………… 98
クーロン土圧論 …………………… 175
傾心 ………………………………… 11
径深 ………………………………… 41
ゲージ圧 …………………………… 3
ゲルバー梁 …………………… 73,79,87
限界勾配 …………………………… 53
限界水深 …………………………… 47
限界流 ……………………………… 47

| | |
|---|---|
| 限界流速 | 47 |
| 孔口 | 29 |
| 格点法 | 89 |
| 国際単位 | 2 |
| 固定支点 | 70 |
| コンシステンシー | 143, 144 |
| コンシステンシー限界試験 | 199 |

〈サ 行〉

| | |
|---|---|
| 最大乾燥密度 | 145 |
| 最適含水比 | 145 |
| 細粒分 | 143 |
| サウンディング | 200 |
| 座屈荷重 | 105 |
| 砂質土 | 164, 166 |
| 三軸圧縮試験 | 165, 199 |
| 三点法 | 66 |
| ジオシンセティックス | 196 |
| 仕事率 | 3 |
| 仕事量 | 123 |
| 支持地盤 | 192 |
| 支持力 | 152, 192 |
| 湿潤単位体積重量 | 167 |
| 湿潤密度 | 142 |
| 支配断面 | 53 |
| 支保工 | 180 |
| 締固め | 145 |
| 締固め試験 | 145, 199 |
| 斜面 | 185 |
| 射流 | 46 |
| 収縮限界 | 144 |
| 重心 | 11 |
| 自由水 | 150 |
| 重力 | 15, 62 |
| 重力加速度 | 2 |
| 重力単位 | 2 |
| 主働土圧 | 173 |
| 受働土圧 | 173 |
| 常流 | 46 |
| 浸透水圧 | 152 |
| 浸透流 | 152 |
| 潤辺 | 41 |
| 水位流量曲線 | 65 |

| | |
|---|---|
| 水浸密度 | 142 |
| 水中孔口 | 30 |
| 水中単位体積重量 | 142 |
| 垂直応力 | 164 |
| 水頭差 | 150 |
| 水面勾配 | 41 |
| 水理学的有利な断面 | 42 |
| 水理特性曲線 | 42 |
| スウェーデン式サウンディング | 200 |
| すべり破壊 | 164 |
| 静止土圧 | 173 |
| 静水圧 | 3 |
| 静定ラーメン | 82 |
| せき上げ背水曲線 | 52 |
| 絶対圧力 | 3 |
| 絶対単位 | 2 |
| 節点法 | 89 |
| セル圧 | 165 |
| 全応力 | 157 |
| 全水圧 | 4 |
| せん断試験 | 165 |
| せん断強さ | 145, 164, 174 |
| せん断抵抗 | 186 |
| せん断抵抗角 | 164, 174 |
| せん断力 | 74, 164 |
| 相似則 | 62 |
| 相対的に静止 | 15 |
| 速度水頭 | 19 |
| 塑性限界 | 144 |
| 粗度係数 | 41 |
| 粗粒分 | 143 |

〈タ 行〉

| | |
|---|---|
| 体積圧縮係数 | 157 |
| ダイレイタンシー | 167 |
| ダルシーの法則 | 59, 151 |
| たわみ | 119, 120 |
| たわみ角 | 120, 121 |
| 単位体積重量 | 3, 141, 142 |
| 単純梁 | 73, 86 |
| 弾性荷重 | 121 |
| 弾性係数 | 98 |
| 断面一次モーメント | 93 |

# 索　引

断面係数 …………………………… 100
断面収縮係数 ………………………… 29
断面二次モーメント ……………… 5, 93
断面法 ………………………………… 89
地すべり ………………………… 185, 187
地盤改良 …………………………… 196
地盤材料試験 ……………………… 199
跳水 ………………………………… 46
長柱 ………………………………… 105
長波 ………………………………… 47
沈下量 ……………………………… 157
沈降分析試験 ……………………… 143
通過質量百分率 …………………… 143
土構造物 …………………………… 164
土粒子 ……………………………… 140
土粒子の比重 ……………………… 141
土粒子の密度 ……………………… 141
津波 ………………………………… 47
つり合いの3条件 …………………… 70
低下背水曲線 ……………………… 53
定常流 ……………………………… 41
テイラーの図表 …………………… 187
定流 ………………………………… 41
出口損失 …………………………… 34
テルツァギーの支持力算定式 …… 191
土圧 ………………………………… 173
土圧係数 …………………………… 174
透水係数 ……………………… 59, 150
動水勾配 ……………………… 33, 150
動水勾配線 ………………………… 33
透水試験 …………………… 151, 199
透水性 ……………………………… 156
動粘性係数 …………………… 59, 62
等ポテンシャル線 ………………… 152
等流 ………………………………… 41
トラス ……………………………… 89
トリチェリーの定理 ……………… 29

〈ナ　行〉

内部摩擦角 ………………………… 164
軟弱地盤 …………………………… 196
二点法 ……………………………… 67
ニュートンの法則 …………………… 2

根入れ幅比 ………………………… 192
粘性係数 …………………………… 62
粘性土 ………………………… 156, 164, 167
粘性力 ……………………………… 62
粘着力 ……………………………… 164

〈ハ　行〉

破壊包絡線 ………………………… 165
張出し梁 ………………………… 73, 75, 87
反力数 ……………………………… 70
ピエゾ水頭 …………………… 19, 33
比エネルギー ……………………… 46
比重 ………………………………… 12
ひずみエネルギー …………… 124, 126, 130
非定常流 …………………………… 41
非排水せん断 ……………………… 167
標準貫入試験 ……………………… 200
表面崩壊 …………………………… 187
ヒンジ支点 ………………………… 70
ヒンジ数 …………………………… 70
フォールコーン試験 ……………… 167
深い基礎 …………………………… 192
浮心 ………………………………… 11
不静定構造 ………………………… 71
不静定次数 ………………………… 70
浮体 ………………………………… 11
フーチング基礎 …………………… 192
フックの法則 ……………………… 101
不定流 ……………………………… 41
不等流 ………………………… 41, 52
プラットトラス …………………… 89
フルード数 ………………………… 48
フルード相似則 …………………… 62
噴砂 ………………………………… 152
噴流 ………………………………… 24
ベタ基礎 …………………………… 192
ベルヌーイの定理 …………… 19, 46
ベーンせん断試験 ………………… 167
ベンチュリー管 …………………… 19
ベンチュリメータ ………………… 19
偏微分 ………………………… 126, 132
ボイリング ………………………… 152
飽和単位体積重量 ………………… 142

飽和度 ………………………………… *141*
補強土工法 …………………………… *196*

〈マ 行〉

埋設管 ………………………………… *180*
曲がり損失 ……………………………… *34*
曲げ剛性 ……………………………… *119*
曲げモーメント ………………………… *74*
摩擦損失 ………………………………… *34*
マニング（Manning）の平均流速公式 …… *41*
マノメータ ……………………………… *33*
水の連続性 ……………………………… *20*
密度 ……………………………………… *3*
密度試験 ……………………………… *199*
メタセンター …………………………… *11*
毛管水 ………………………………… *150*
モーメント荷重 …………………… *75,87*
盛土 …………………………………… *185*
モール・クーロンの破壊規準 ……… *165*
モールの応力円 ……………………… *164*
モールの定理 ………………………… *121*

〈ヤ 行〉

矢板 …………………………………… *180*
山くずれ ………………………… *185,187*
有効応力 ……………………………… *156*
有効径 ………………………………… *144*
四点法 …………………………………… *67*

〈ラ 行〉

ラーメン構造 …………………………… *88*

ランキン土圧論 ……………………… *175*
力積 ……………………………………… *24*
粒径加積曲線 ………………………… *143*
流積 ……………………………………… *41*
流線網 ………………………………… *152*
流速 …………………………………… *151*
流速係数 ………………………………… *29*
粒度 …………………………………… *143*
粒度試験 ………………………… *143,199*
流量係数 …………………………… *20,29*
レイノルズ数 ………………………… *59,62*
レイノルズ相似則 ……………………… *62*

〈英 名〉

CBR 試験 ……………………………… *199*
CGS 系単位 ……………………………… *2*
$e$-$\log p$ 曲線 ……………………… *158*
EPS 土木工法 ………………………… *196*
JGS（地盤工学会）基準 …………… *199*
JIS 規格 ……………………………… *199*
$M_1$ 曲線 …………………………… *52*
$M_2$ 曲線 …………………………… *53*
$M_3$ 曲線 …………………………… *53*
MKS 単位系 ……………………………… *2*
$N$ 値 ………………………………… *200*
pH 試験 ……………………………… *199*
$S_1$ 曲線 …………………………… *53*
$S_2$ 曲線 …………………………… *53*
SI 単位 …………………………………… *2*

〈著者紹介〉

山本　忠幸　（やまもと　ただゆき）
　1977 年　日本大学大学院理工学研究科土木工学専攻修了
　　　　　元日本大学理工学部交通土木工学科専任講師
　現　在　日本大学理工学部交通システム工学科非常勤講師
　　　　　中央工学校土木測量系兼任講師
　　　　　㈱シーエスエンジニアズ技術顧問
　　　　　博士（工学）

金光　寿一　（かなみつ　じゅいち）
　1978 年　日本大学大学院生産工学研究科土木工学専攻修了
　現　在　日本大学生産工学部土木工学科非常勤講師
　　　　　中央工学校土木測量系兼任講師
　　　　　博士（工学）

峯岸　邦夫　（みねぎし　くにお）
　1989 年　日本大学大学院理工学研究科交通土木工学専攻修了
　現　在　日本大学理工学部交通システム工学科教授
　　　　　博士（工学）

## 土木職公務員試験　過去問と攻略法
――水理学・構造力学・土質力学――

2013 年 5 月 5 日　初版 1 刷発行
2018 年 9 月 10 日　初版 3 刷発行　　　　　　　　　　　検印廃止

著　者　山本　忠幸　Ⓒ 2013
　　　　金光　寿一
　　　　峯岸　邦夫

発行者　南條　光章

発行所　共立出版株式会社
　　　　〒112-0006　東京都文京区小日向 4 丁目 6 番 19 号
　　　　電話　03-3947-2511
　　　　振替　00110-2-57035
　　　　URL　http://www.kyoritsu-pub.co.jp/

（一般社団法人　自然科学書協会　会員）

印刷：真興社／製本：ブロケード
NDC511／Printed in Japan

ISBN 978-4-320-07433-0

JCOPY ＜出版者著作権管理機構委託出版物＞
本書の無断複製は著作権法上での例外を除き禁じられています．複製される場合は，そのつど事前に，出版者著作権管理機構（TEL：03-3513-6969，FAX：03-3513-6979，e-mail：info@jcopy.or.jp）の許諾を得てください．

編集委員：足立紀尚・髙木不折・樗木　武・長瀧重義・西野文雄

# テキストシリーズ 土木工学

近年、社会基盤施設整備に対する市民のニーズは単に経済発展や地域の活性化を推進するためというだけにとどまらず、豊かで快適な生活環境の創造や地球規模ともいえる環境問題への取組みなどを求める方向にあります。本テキストシリーズは、この新時代に相応しい土木工学のカリキュラム編成を考慮しながら、将来の関係分野の専攻にかかわらず必要とされる基礎が十分理解でき、また、最新の技術、今後の動向が把握できるように配慮したものです。【各巻：A5判・190～360頁・上製本】

## ① 海岸海洋工学
水村和正著　波の基本的性質／波の変形／波の性質／海面の変動／沿岸の流れと砂の移動／波力と海岸・海洋構造物／他 256頁・本体3,900円

## ② 交通計画学 第2版
樗木　武・井上信昭著　交通と交通計画／交通問題と交通政策／交通網の計画と評価／交通結節点の計画／他・・・・・・・・272頁・本体3,900円

## ③ 橋梁工学 第2版
長井正嗣著　荷重／鋼材／許容応力度と安定照査／接合／床版／床組／Ｉげた橋／箱げた橋／合成げた橋／トラス橋／他 292頁・本体4,000円

## ④ 交通システム工学
笠原　篤編著　交通システムと複合輸送／交通システムと心理学／道路と自動車交通／交通運用システム／他・・・・・・・・238頁・本体3,400円

## ⑤ 鉄筋コンクリート構造 第2版
大和竹史著　鉄筋コンクリートの概説／限界状態設計法の基本的事項／材料の性質と設計用値／荷重と構造解析／他・・・・242頁・本体3,500円

## ⑥ 線形代数
田村　武著　ベクトルと行列／行列式と逆行列／連立1次方程式／1次変換と固有値問題／線形代数学とトラス構造の力学 190頁・本体2,500円

## ⑦ 環境衛生工学
津野　洋・西田　薫著　総論／水質汚濁／水道／下水道／大気汚染・悪臭／騒音・振動／廃棄物／環境影響評価／他・・・308頁・本体4,000円

## ⑧ 構造振動・制御
山口宏樹著　構造物の振動問題／構造物のモデル化と定式化／構造物の固有振動／構造物の振動解析／制御／構造物の振動制御／他・・・品　切

## ⑨ 土木工学概論
黒田勝彦・和田安彦著　土木工学の起源と体系／社会資本と公共投資／公共土木事業と行財政の仕組み／他・・・・・・・・・・・272頁・本体3,600円

## ⑩ 鋼構造
三木千壽著　鋼構造の歴史／鉄と鋼／鋼材の力学的性質／鋼材の規格と鋼種の選定／引張部材／ロープとケーブル／他・・・360頁・本体5,000円

## ⑪ 土質力学
足立格一郎著　建設プロジェクトにおける土質力学の役割／土の構成と基本的物理量／透水／土の分類／他・・・・・・・・・・・296頁・本体3,900円

## ⑫ 標準 構造力学
阿井正博著　静力学の基礎／静定はり系／静定トラス／弾性体の応力とひずみ／はりのたわみ／曲げ座屈／他・・・・・・310頁・本体3,800円

≪主な続刊項目≫
コンピュータ概論
応用弾塑性学
水理学
土木材料
コンクリート
基礎工学
土木計画学
都市・地域計画
景観工学
河川工学

※税別価格（価格、続刊テーマは変更される場合がございます）

## 共立出版
http://www.kyoritsu-pub.co.jp/